МЕТОДИКА ОБУЧЕНИЯ РУССКОМУ ЯЗЫКУ КАК ИНОСТРАННОМУ

Учебное пособие для вузов

Под редакцией профессора И.П. Лысаковой

Допущено Учебно-методическим объединением
по направлению «Педагогическое образование»
Министерства образования и науки РФ
в качестве учебного пособия для высших учебных заведений,
ведущих подготовку по направлению 44.03.01/44.04.01
«Педагогическое образование»

Москва
2016

УДК 811.161.1
ББК 81.2 Рус-96
М54

Авторы:
И.П. Лысакова, Г.М. Васильева, С.А. Вишнякова, Т.Н. Матвеева, О.В. Миловидова, Л.В. Московкин, О.Г. Розова, Т.Ю. Уша, С.А. Хамшовски, Л.И. Харченкова, М.Б. Хрымова

М54 **Методика обучения русскому языку как иностранному: учебное пособие для вузов** / И.П. Лысакова, Г.М. Васильева, С.А. Вишнякова и др.; под ред. проф. И.П. Лысаковой. — М.: Русский язык. Курсы, 2016. — 320 с.

ISBN 978-5-88337-433-2

В пособии рассматриваются теоретические вопросы методики преподавания русского языка как иностранного (РКИ), актуальные проблемы этой педагогической науки, приёмы обучения речевой деятельности и основным аспектам русского языка. В отличие от других пособий по методике обучения РКИ настоящее издание содержит такие разделы, как «Социолингвистические основы обучения РКИ», «Лингвокультурология», «Межкультурная коммуникация», «Стилистика», «Инновационные технологии в методике обучения РКИ»; теоретическое изложение иллюстрируется примерами практических заданий для иностранцев, изучающих русский язык.

Пособие написано коллективом преподавателей кафедры межкультурной коммуникации РГПУ им. А.И. Герцена, создавшим одну из ведущих научных школ Санкт-Петербурга по теме «Межкультурное образование» (зарегистрирована в 2013 году).

Книга предназначена для студентов, аспирантов и преподавателей русского языка как иностранного, а также для слушателей курсов повышения квалификации.

УДК 811.161.1
ББК 81.2 Рус-96

ISBN 978-5-88337-433-2

© Издательство «Русский язык». Курсы, 2016
© Лысакова И.П., Васильева Г.М., Вишнякова С.А., Матвеева Т.Н., Миловидова О.В., Московкин Л.В., Розова О.Г., Уша Т.Ю., Хамшовски С.А., Харченкова Л.И., Хрымова М.Б., 2016

Содержание

Предисловие ... 5

1. Теоретические основы методики обучения русскому языку как иностранному ... 6
  1.1. Методика обучения иностранцев русскому языку как наука ... 6
  1.2. Основные понятия методики обучения РКИ ... 12
  1.3. Психологические основы методики обучения РКИ ... 23
  1.4. Лингвистические основы обучения РКИ ... 30
  1.5. Социолингвистические основы обучения РКИ ... 37
  1.6. Социокультурные основы обучения РКИ ... 53
    1.6.1. Лингвострановедение ... 53
    1.6.2. Лингвокультурология ... 76
    1.6.3. Межкультурная коммуникация ... 86

2. Обучение речевой деятельности ... 96
  2.1. Специфика речевой деятельности в системе обучения языку ... 96
  2.2. Аудирование ... 103
  2.3. Говорение ... 116
  2.4. Чтение ... 135
  2.5. Письмо ... 148
  2.6. Государственные образовательные стандарты как руководство к владению видами речевой деятельности ... 159

3. Обучение аспектам русского языка как иностранного ... 167
  3.1. Фонетика русской речи ... 167
  3.2. Грамматика ... 180
  3.3. Лексика ... 196
    3.3.1. Методические принципы организации лексического материала ... 196
    3.3.2. Особенности обучения лексике на начальном и продвинутом этапах ... 215
  3.4. Стилистика ... 223

4. Актуальные проблемы теории и практики обучения русскому языку как иностранному ... 234
  4.1. Средства обучения РКИ ... 234
    4.1.1. Общая характеристика средств обучения ... 234

  4.1.2. Учебные, адаптированные, аутентичные средства обучения 235
  4.1.3. Средства обучения на традиционном бумажном носителе 238
  4.1.4. Аудиовизуальные средства обучения 243
  4.1.5. Использование информационных технологий в обучении РКИ 260
 4.2. Инновационные технологии в методике обучения РКИ....267
  4.2.1. Основные понятия и термины компьютерной лингводидактики 269
  4.2.2. История развития компьютерной лингводидактики 271
  4.2.3. Программное обеспечение обучения языку в Интернете 273
  4.2.4. Сетевое дистанционное обучение 279
 4.3. Сертификационное тестирование 285

5. Основные методы научно-методического исследования 295

Рекомендуемая литература ко всему курсу 316

Предисловие

Учебное пособие подготовлено на основе курса лекций по методике обучения русскому языку как иностранному, который более 25 лет читается будущим преподавателям русского языка как иностранного, магистрантам и аспирантам кафедры межкультурной коммуникации Российского государственного педагогического университета им. А.И. Герцена.

В учебном пособии представлены новые тенденции в методике преподавания русского языка как иностранного, что подтверждает зависимость методики преподавания иностранных языков от состояния общества и его задач (Л.В. Щерба). В нём учтены достижения методической мысли отечественных и зарубежных учёных последнего десятилетия (см. разделы «Социолингвистические основы обучения РКИ», «Лингвокультурология», «Межкультурная коммуникация», «Стилистика», «Сертификационное тестирование» и др.). Отдельные фрагменты материалов пособия были прочитаны в качестве докладов на международных конференциях «Русистика и современность», на конгрессах Российского общества преподавателей русского языка и литературы (РОПРЯЛ) и Международной ассоциации преподавателей русского языка и литературы (МАПРЯЛ).

Концепция курса отражает направление учебно-методической деятельности кафедры межкультурной коммуникации РГПУ им. А.И. Герцена и научной школы «Межкультурное образование» (руководитель — проф. И.П. Лысакова), сформированной на кафедре и в 2013 году признанной одной из ведущих научных школ Санкт-Петербурга.

Авторы разделов:

1.1–1.4, 4.3, 5 — проф. Л.В. Московкин;
1.5 — проф. И.П. Лысакова и проф. Л.И. Харченкова;
1.6.1 — проф. Л.И. Харченкова;
1.6.2 — проф. И.П. Лысакова и проф. Г.М. Васильева;
1.6.3 — проф. Г.М. Васильева;
2 — проф. С.А. Вишнякова;
3.1 — доц. О.Г. Розова и доц. М.Б. Хрымова;
3.2 — доц. Т.Н. Матвеева;
3.3 — доц. Т.Н. Матвеева и проф. С.А. Хамшовски;
3.4 — проф. И.П. Лысакова;
4.1 — доц. Т.Ю. Уша;
4.2 — доц. О.В. Миловидова.

Научная редакция курса осуществлена заведующей кафедрой межкультурной коммуникации профессором, доктором филологических наук И.П. Лысаковой.

1. Теоретические основы методики обучения русскому языку как иностранному

1.1. Методика обучения иностранцев русскому языку как наука

Методика обучения русскому языку как иностранному (РКИ) — это педагогическая наука. Она входит в цикл педагогических наук и тесно связана с каждой из них, прежде всего с дидактикой. У дидактики и методики один и тот же объект исследования — вся совокупность явлений и процессов, имеющих отношение к обучению. Однако предметы исследования у них разные. Дидактика занимается общими вопросами обучения независимо от специфики конкретного учебного предмета. Методика исследует вопросы обучения конкретному учебному предмету, в данном случае — предмету «Русский язык как иностранный». Отношения между дидактикой и методикой — это отношения между общей и частной теориями обучения.

Связь методики с дидактикой проявляется в общности категориального аппарата, с помощью которого описываются разные стороны процесса обучения. И та и другая наука используют понятия целей, содержания, методов, принципов, средств обучения и др. Каждое методическое понятие глубже, чем соответствующее дидактическое, так как наряду с общими оно содержит специфические для методики компоненты. Например, под принципами обучения методист понимает не только дидактические, общие для всех учебных предметов, но и специфические методические принципы, важные для обучения русскому языку как иностранному: коммуникативности, учёта особенностей родного языка и др.

Ещё одно проявление связи методики с дидактикой — в единстве основных методов научного исследования, таких как изучение и обобщение педагогического опыта, наблюдение, устный и письменный опросы, тестирование, опытное обучение, эксперимент. Методика обучения русскому языку как иностранному использует и специфические методы научного исследования из области лингвистики: анализ формы, лексических и грамматических значений, употребления языковых средств, сопоставление явлений родного и русского языков и др.

У методики обучения русскому языку как иностранному имеются общие черты с методикой обучения русскому языку как родному, однако отличия этих методик настолько существенны, что не позволяют считать их одной наукой. Несходные по своей психологической сути процессы изучения родного и иностранного языков обусловливают разный характер целей, содержания, методов обучения и других категорий этих наук.

Много общего у методики обучения русскому языку как иностранному с методиками обучения другим иностранным языкам, в частности в области методов, приёмов и средств обучения. Однако каждый язык обладает своей внутриструктурной спецификой, и перенос приёмов обучения одному языку в область обучения другому без учёта этой специфики не всегда целесообразен. Кроме того, обучение русскому языку как иностранному в России отличается от обучения иностранным языкам тем, что оно осуществляется в условиях языковой среды, что, с одной стороны, облегчает овладение речевой деятельностью (учащиеся начинают говорить легче и быстрее), а с другой — может препятствовать становлению речевых навыков, особенно на начальных стадиях обучения (заговорившие быстро и легко часто допускают множество речевых ошибок). Учёт естественной языковой среды как важного фактора, влияющего на эффективность учебного процесса, — особенность методики обучения русскому языку как иностранному.

Методика обучения русскому языку как иностранному связана не только с педагогическими науками, но также с лингвистикой и психологией. Данные лингвистики позволяют корректно определить содержание учебного предмета «Русский язык как иностранный», решить вопросы организации учебного материала, выделения единиц обучения, наполнения упражнений, отбора текстов и др. Данные психологии, в частности психологии обучения неродному языку, дают возможность установить характеристики речевой деятельности как системы действий, которыми должны овладеть иностранные учащиеся в курсе русского языка, психологические закономерности формирования речевых навыков и умений, факторы, влияющие на процесс обучения и обеспечивающие его эффективность. Важны для методики и результаты исследований психологических характеристик участников процесса обучения — преподавателя и учащихся.

Педагогика, лингвистика и психология являются базовыми науками для методики обучения русскому языку как иностранному. Без них методика не может существовать и плодотворно развиваться. Развитию методики также способствует её взаимодействие с другими областями научного знания, в частности с такими, как теории коммуникации, информации, общая теория систем, математическая статистика.

Методикой обучения русскому языку как иностранному пройден большой путь. Первые пособия для обучения русскому языку нерусских учащихся появились в XV–XVI веках. К XVIII веку относятся первые попытки научного осмысления процесса обучения (предисловия к учебникам русского языка для французов Жан-Батиста Жюда Шарпантье и для немцев Якоба Родде).

В 1920-х годах в СССР началось массовое обучение русскому языку в национальных средних школах, а также вузовское обучение студентов нерусских национальностей и иностранных граждан. В статьях и книгах Г.К. Данилова, А.В. Миртова, Н.В. Чехова, И.М. Вульфиус и других учёных рассматривались вопросы научного обоснования целей и содержания обучения, контроля знаний, говорилось о необходимости учёта родного языка в процессе обучения, анализировалась эффективность прямого и переводного методов, приёмов обучения произношению, лексике и грамматике. Особое внимание уделялось определению статуса методики как науки и её связей с лингвистикой.

Новый виток в развитии методики пришёлся на 1950—1960-е годы, когда в советских университетах и институтах значительно увеличилось число иностранных студентов. В вузах создаются кафедры и секции русского языка как иностранного, открываются подготовительные факультеты для иностранных граждан. В этот период методика обучения русскому языку как иностранному получила своё дидактическое, лингвистическое и психологическое обоснование и окончательно оформилась как самостоятельная научная дисциплина. Были уточнены цели обучения и в соответствии с ними пересмотрено содержание обучения русскому языку, разработаны принципы отбора языкового материала, составлены первые научно обоснованные лексические и грамматические минимумы. Получили развитие вопросы обучения аспектам языка и видам речевой деятельности, сопоставительной методики и анализа художественного текста.

В 1960-х годах учёные разрабатывали сознательно-практический метод обучения русскому языку как иностранному, были сделаны попытки внедрить аудиовизуальный и аудиолингвальный методы обучения, а также метод программированного обучения. В середине 1960-х годов были опубликованы первые методики: «Преподавание русского языка студентам-иностранцам» под редакцией И.М. Пулькиной — книга, в которой системно излагались основные вопросы методики, и «Методика преподавания русского языка иностранцам» под редакцией С.Г. Бархударова, подробно освещающая лингвистические основы обучения русскому языку. Появились программы для различных форм обучения, национально ориентированные учебники и учебники общего типа.

В 1966 году для координации исследований в области изучения и преподавания русского языка как иностранного при МГУ им. М.В. Ломоносова был создан научно-методический центр русского языка (в 1974 году реорганизован в Институт русского языка им. А.С. Пушкина). Начали регулярно выходить сборники научных статей, посвящённых преподаванию русского языка как иностранного, а с 1967 года — журнал

«Русский язык за рубежом», предназначенный для советских и зарубежных преподавателей. В том же году основана Международная ассоциация преподавателей русского языка и литературы (МАПРЯЛ), объединившая усилия отечественных и зарубежных учёных в области изучения и преподавания русского языка и литературы.

1970-е годы — период интенсивного развития методики. Это связано с расширением научных исследований, проводившихся на вузовских кафедрах и в секциях русского языка. В эти годы при ведущих вузах открываются отделения по подготовке преподавателей русского языка как иностранного и факультеты повышения квалификации преподавателей, начинается подготовка научных кадров высшей квалификации. Методика испытывает влияние психологических теорий, в частности общей теории деятельности, психологии обучения и психолингвистики. Интенсивно развивается коммуникативно-деятельностное направление в методике, в рамках которого получает научное обоснование принцип коммуникативности, разрабатывается лингвострановедческий аспект преподавания русского языка (Е.М. Верещагин, В.Г. Костомаров, Ю.Е. Прохоров и др.), исследуются проблемы обучения научному стилю речи (О.Д. Митрофанова, Н.А. Метс, Т.Б. Одинцова, Е.И. Мотина), описываются методы обучения (Т.И. Капитонова, А.Н. Щукин), рассматриваются возможности использования аудиовизуальных и технических средств обучения (Г.Г. Городилова, Г.С. Мисири, А.Н. Щукин).

В 1980—1990-х годах уточняются теоретические основы методики, появляются работы, посвящённые обучению аспектам языка (С.А. Барановская, М.М. Галеева, З.Н. Иевлева, Н.А. Любимова, В.И. Остапенко, В.И. Половникова, Г.И. Рожкова, И.П. Слесарева и др.), видам речевой деятельности (Л.С. Журавлёва, М.Д. Зиновьева, Д.И. Изаренков, В.П. Павлова и др.), функциональным стилям (Е.А. Земская, О.Д. Митрофанова, С.А. Хавронина), русскому речевому этикету (Н.И. Формановская). Разрабатывается теория учебника русского языка как иностранного (А.Р. Арутюнов, М.Н. Вятютнев). Важным событием стала публикация словаря методических терминов, который в значительной мере способствует упорядочению терминологии, используемой в научных трудах (авторы: Б.А. Глухов и А.Н. Щукин, в дальнейшем Э.Г. Азимов и А.Н. Щукин).

В начале XXI века к числу наиболее актуальных проблем методики относят проблемы:
- дальнейшего совершенствования обучения аспектам русского языка;
- развития коммуникативного метода;
- обучения языку во взаимосвязях с культурой (с опорой на данные лингвострановедения, лингвокультурологии, теории межкультурной коммуникации);
- личностно ориентированного обучения;
- языкового тестирования и подготовки к нему;
- использования современных технических средств обучения.

Остаются актуальными проблемы разработки лингвистических, психологических и педагогических основ обучения русскому языку как иностранному.

Литература

Азимов Э.Г., Щукин А.Н. Новый словарь методических терминов и понятий (теория и практика обучения языкам). М., 2010.

Московкин Л.В., Щукин А.Н. История методики обучения русскому языку как иностранному. М., 2013.

Хрестоматия по методике преподавания русского языка как иностранного / Сост. Л.В. Московкин, А.Н. Щукин. 3-е изд., стер. М., 2012. С. 9—27.

Щукин А.Н. Методика преподавания русского языка как иностранного. Изд. 2-е, испр. и доп. М., 2010. Гл. 1.

Вопросы и задания

1. Какие факторы определяют научную самостоятельность методики обучения русскому языку как иностранному?

2. Какое место занимает методика среди наук педагогического цикла?

3. Как соотносится методика с лингвистикой, психологией, дидактикой, методикой преподавания родного языка, другими науками? Какие науки являются базовыми, а какие — смежными по отношению к методике обучения русскому языку как иностранному?

4. Назовите основные направления научно-методических исследований в 1920—1930, 1950—1960, 1970, 1980—1990-х годах и в начале XXI века.

1.2. Основные понятия методики обучения РКИ

Методика обучения русскому языку как иностранному обладает своим понятийным аппаратом. Среди основных понятий, составляющих её фундамент, наиболее важными являются процесс, цели, содержание, принципы, методы, приёмы, средства и организационные формы обучения. Все они в совокупности образуют систему методических категорий, позволяющую адекватно описывать варианты обучения русскому языку как иностранному в разных условиях.

Центральный компонент системы методических категорий — **процесс обучения**, структурно состоящий из двух взаимосвязанных процессов: преподавания и учения. Обучение направлено на достижение определённых целей, которые формируются под влиянием социально и личностно значимых мотивов, и состоит из системно связанных действий и операций.

Цели обучения, под которыми понимаются предполагаемые результаты совместной деятельности преподавателя и учащихся, — это наиболее важный, системообразующий компонент любого обучения. Они влияют на выбор содержания, принципов, форм, методов и средств обучения. На протяжении долгого времени в методике выделяли воспитательную, общеобразовательную, развивающую и практическую цели обучения.

Воспитательная цель заключается в формировании у иностранных учащихся:
- положительного отношения к России, её истории и культуре, её народу;
- мотивов для изучения русского языка;
- взглядов, убеждений, норм поведения, ценностных ориентаций;
- эмоционально-оценочного отношения к миру.

Общеобразовательная цель состоит в формировании у учащихся:
- языковых знаний — знаний о явлениях русского языка, их характеристиках, сходствах и различиях;
- страноведческих знаний (о географии и истории России, о современном состоянии общества, о материальной и духовной культуре);
- общеучебных навыков и умений — работать с книгой и словарём, излагать свои мысли в письменной и устной формах и др.

Развивающая цель состоит в развитии у учащихся внимания, памяти, мышления, воображения, интуиции и других психических свойств личности.

Практическая (коммуникативная) цель обучения состоит в формировании у учащихся коммуникативной компетенции, способности общаться на русском языке. Информация в процессе общения может передаваться при помощи различных знаков и знаковых систем: языка, жестов, мимики, сигналов, указателей, рисунков и др. Основным (универсальным) средством общения является язык, остальные знаковые системы применяются только в конкретных условиях и передают определённую, ограниченную этими условиями информацию, поэтому, когда говорят об обучении общению, прежде всего имеют в виду обучение речевой деятельности, т.е. общению при помощи языка. Коммуникативная цель в таком случае состоит в формировании и развитии речевых умений, способности общаться, используя языковые средства. В процессе обучения русскому языку как иностранному, в частности при обучении устной речи, уделяется внимание и формированию неречевых коммуникативных умений, или умений пользоваться невербальными средствами общения (жестами, мимикой и др.), однако по сравнению с речью они играют в обучении вспомогательную роль.

В 1990-х годах во многом под влиянием интенсивно развивающихся теории тестирования и теории коммуникативного обучения в качестве единой цели обучения стали выдвигать цель формирования коммуникативной компетенции. Под коммуникативной компетенцией понимается интегративное образование как с точки зрения психологии (в компетенцию включаются и знания, и умения, и навыки, и мотивы), так и с точки зрения лингвистики (в качестве компонентов выделяют лингвистическую, социолингвистическую, социокультурную, дискурсивную, компенсаторную, предметную и другие виды компетенций).

Для начала XXI века характерно в качестве основной цели обучения русскому языку как иностранному формирование личности учащегося. Тем не менее в различных вариантах обучения всегда присутствует коммуникативная цель, так как люди изучают иностранный язык главным образом для того, чтобы общаться на нём. Именно она оказывает определяющее влияние на все компоненты систем обучения русскому языку как иностранному, и степень достижения именно этой цели проверяется в ходе языкового сертификационного тестирования.

Курс обучения русскому языку как иностранному делится на этапы, характеризующиеся спецификой целей, содержания, методов, средств, условий обучения и определёнными временными границами. Чаще всего выделяют начальный (подготовительные отделения и факультеты вуза) и продвинутый (основные факультеты вуза) этапы. Иногда выделяют ещё средний этап — между начальным и продвинутым, а также завершающий, следующий за продвинутым. Цели каждого этапа соответствуют конечной цели обучения.

В рамках этапов обучения выделяются циклы занятий (концентры) и конкретные учебные занятия. В свою очередь каждое учебное занятие состоит из серии логически связанных между собой фрагментов. Все эти компоненты процесса обучения направлены на достижение определённых целей, соответствующих конечным целям обучения. В методической литературе эти промежуточные цели получили название задач обучения.

Цели и задачи обучения обусловливают такую важную категорию, как **принципы обучения**, под которыми понимают исходные требования к процессу обучения. Выполнение этих требований обеспечивает необходимую эффективность процесса, успешное достижение целей обучения.

Выделяют дидактические и методические принципы. *Дидактические принципы* обусловлены общими психологическими закономерностями усвоения знаний и овладения умениями и навыками. Методика обучения русскому языку как иностранному опирается на дидактические принципы, но при этом корректирует их с учётом специфики своего предмета.

Дидактические принципы — это требования, предъявляемые как к процессу обучения в целом, так и к отдельным его компонентам. В принципе взаимосвязи задач обучения, воспитания и общего развития учащихся выражаются дидактические требования к определению целей обучения. Принципы научности, связи обучения с жизнью, связи теории с практикой, доступности учитываются при определении содержания обучения. Принципы систематичности и последовательности характеризуют организацию учебного материала в курсе обучения. Принципы сознательности, наглядности, проблемности, творческой активности, индивидуализации — это требования, предъявляемые к выбору методов и приёмов, средств и форм обучения. Принцип прочности характеризует результаты обучения.

Методические принципы отражают специфику обучения неродному языку. Классифицируют их по-разному, однако в практике научно-методической работы чаще всего речь ведут

о принципах, связанных с подготовкой и проведением учебных занятий. Обычно выделяют пять групп и говорят о принципах:
- отбора учебного материала;
- упорядочивания учебного материала;
- введения учебного материала;
- организации усвоения учебного материала;
- контроля усвоения учебного материала.

Существуют и глобальные принципы, обусловливающие весь процесс обучения. К ним относятся принципы коммуникативности, языковой системности, страноведческой направленности, учёта родного языка и культуры учащихся и некоторые другие.

Коммуникативность — ведущий методический принцип, определяющий как отбор и организацию (упорядочивание) учебного материала, так и систему приёмов формирования коммуникативной компетенции. Языковой и речевой материал в коммуникативных курсах отбирается и распределяется с учётом его коммуникативной значимости — сначала обучают наиболее необходимой для общения лексике, а также минимально необходимым грамматическим правилам. Новые языковые явления представляются в составе речевых образцов, соотносимых с одной или несколькими ситуациями общения. Сам процесс обучения в известной степени уподобляется процессу реальной коммуникации, так как основой обучения являются коммуникативная тренировка и коммуникативная практика, выполнение условно-коммуникативных и подлинно коммуникативных упражнений. Главный объект контроля — успешность общения учащихся на русском языке.

Принцип языковой системности предполагает такой отбор содержания и методов обучения, который в наилучшей мере способствует формированию лингвистической компетенции. Это ведущий методический принцип в теоретических курсах языка для филологов, в практических курсах он занимает подчинённое положение, уступая первое место принципу коммуникативности. Если в практических курсах наряду с коммуникативностью признаётся важной и языковая системность, то языковой материал отбирается и распределяется не только с точки зрения его коммуникативной значимости, но и так, чтобы на каждом этапе и подэтапе представить систему языка хотя бы в основных её чертах. В таком случае в процессе обучения используются не только коммуникативные, но и языковые упражнения. Регулярно проводятся уроки обобщения и систематизации изученного языкового материала.

Страноведческая направленность предполагает обучение русскому языку на материале русской культуры. Изучение русского языка рассматривается как процесс проникновения в психологию и культуру русского народа. В то же время овладение страноведческим материалом служит реализации коммуникативной, образовательной и воспитательной целей обучения. Страноведческая направленность обучения проявляется не только в отборе текстового и тематического материала. В практических курсах русского языка выделяется особый аспект — лингвострановедение, предполагающее ознакомление иностранных учащихся с Россией, её народом, историей и культурой в процессе изучения языка. Основными объектами лингвострановедческой работы являются безэквивалентная и фоновая (неполноэквивалентная) лексика, фразеология и афористика, невербальные средства общения. Реализация принципа страноведческой направленности способствует формированию у учащихся страноведческой компетенции.

Принцип учёта родного языка и культуры предполагает такое построение процесса обучения, при котором принимается во внимание речевой и языковой опыт учащихся в области родного языка, а также особенности их родной культуры. Этот принцип реализуется прежде всего в подборе приёмов обучения, облегчающих перенос сформированных в родном языке речевых навыков при сходстве явлений родного и русского языков и предупреждающих перенос этих навыков при расхождениях между явлениями родного и русского языков. Знание родной культуры учащихся позволяет преподавателю предвидеть возможные случаи их неадекватного поведения в условиях общения на русском языке, вызванные непониманием отдельных реалий российской жизни, и принимать меры к предупреждению межкультурной интерференции. Кроме того, знание родной культуры учащихся определяет и характер поведения преподавателя, который должен вести себя так, чтобы не задеть чувства национального достоинства учащихся.

Наряду с основными выделяются и частные методические принципы — требования, предъявляемые к отдельным компонентам процесса обучения. Так, принципы минимизации учебного материала, его стилистической дифференциации, концентрического расположения, а также принцип учёта специальности студентов лежат в основе отбора и организации учебного материала в практических курсах русского языка как иностранного. Принципы взаимосвязанного обучения видам речевой деятельности, устного опережения, беспереводности характеризуют приёмы и методы обучения. Как можно увидеть, методические принципы — это требования к содержанию и методам обучения в конкретной форме организации учебного процесса.

Содержание обучения — это учебный материал, которым нужно овладеть или который нужно усвоить для достижения целей обучения. В практических курсах русского языка как иностранного с точки зрения содержания обучения выделяют:
- коммуникативный блок (речевые действия и операции, речевые произведения);
- лингвистический блок (фонетический, лексический и грамматический минимумы);
- страноведческий блок (страноведческие реалии, правила речевого поведения).

Во всех вариантах обучения русскому языку как иностранному учитывается требование минимизации учебного материала. Объясняется это требование ограниченностью учебного времени, отводимого на изучение языка, и трудоёмкостью процесса формирования умений и навыков. Обучение проводится на основе специально отобранных минимумов, которые содержат учебный материал, необходимый и достаточный для реализации целей обучения и доступный для учащихся. Учебные минимумы в курсах русского языка как иностранного отбираются на основе анализа сфер будущего реального общения студентов. Этот анализ позволяет определить ведущие виды речевой деятельности и коммуникативные потребности учащихся в каждой сфере, темы и ситуации устного общения, тематику текстов для чтения и творческих письменных работ, страноведческий и языковые минимумы.

При составлении языковых минимумов иногда разграничивают лексико-грамматический материал для продуктивных и рецептивных видов речевой деятельности. Продуктивные (активные) минимумы по объёму меньше рецептивных (пассивных), так как говорящий или пишущий, имея возможность выбирать и комбинировать лексику и грамматику, может ограничиться меньшим объёмом языковых средств, чем читающий или слушающий, который полностью зависит от языковых средств, встречающихся в тексте. Объёмы языковых минимумов зависят от количества учебных часов, отводимых на курс, и от поурочного лексико-грамматического минимума. Эксперименты в области обучения русскому языку в национальной школе и иностранным языкам показали, что средний учащийся за один час занятий способен активно усвоить и использовать в продуктивной речи только две-три учебные (лексические или грамматические) единицы. Объём рецептивного минимума может в два раза превышать объём продуктивного.

При отборе лексики наряду с критерием коммуникативной значимости слов учитывается критерий частотности (частоты употребления) и такие лингвистические критерии, как сочетаемость, словообразовательная ценность, стилистическая неограниченность, строевая способность. Отбор грамматического материала осуществляется с учётом критериев частотности, образцовости (способности служить моделью для образования аналогичных форм), типичности, сочетаемости (употребительности грамматического элемента в разных моделях), репрезентативности (охвата грамматическим правилом большого количества примеров).

Метод обучения — это система взглядов и представлений о том, как должна осуществляться работа преподавателя и учащихся с учебным материалом. Именно методы обучения регламентируют введение, организацию и контроль усвоения учебного материала. Среди методов обучения выделяют грамматико-переводной, прямой, сознательно-сопоставительный, аудиолингвальный, аудиовизуальный, сознательно-практический, когнитивный, коммуникативный, суггестопедический и др. Эти методы группируют на разных основаниях: выделяют переводные и беспереводные (прямые), сознательные и интуитивные, традиционные и альтернативные методы.

Компонентами методов обучения являются приёмы обучения. Среди них выделяют приёмы преподавания и приёмы учения. Так, различные приёмы объяснения значения новых слов относят к приёмам преподавания, а различные приёмы самостоятельного определения их значения и приёмы заучивания — к приёмам учения.

В обучении русскому языку как иностранному особое место занимают приёмы, связанные с организацией тренировки учащихся в выполнении речевых операций и с организацией речевой практики, — приёмы использования упражнений. Упражнение — специально организованное выполнение отдельных или последовательных операций, или действий, или какой-либо деятельности в целях овладения ими, а также их совершенствования в учебных условиях. Существует несколько классификаций упражнений, однако чаще всего используют деление упражнений на коммуникативные (речевые) и некоммуникативные (языковые).

Коммуникативные упражнения направлены на обучение речевой деятельности. Выделяют: 1) условно-коммуникативные упражнения — с заданными параметрами речевого творчества; 2) подлинно-коммуникативные упражнения — без заданных границ речевого творчества. Условно-коммуникативные упражнения делят на аспектные (фонетические, грамматические и лексические) и комплексные. При выполнении определённых коммуникативных заданий основное внимание учащихся направлено на содержательный аспект речи. Условно-коммуникативные упражнения развивают речевые навыки, а подлинно-коммуникативные — речевые умения.

Языковые упражнения направлены, с одной стороны, на формирование у учащихся лингвистической компетенции, с другой стороны, на подготовку к речи. Выделяют:
1) аспектные аналитические упражнения — рецептивные и репродуктивные, ориентированные на анализ языковых явлений, поэлементное воспроизведение, конструирование по правилу, трансформацию по правилу и т.д.;
2) языковые упражнения с некоторой речевой направленностью.

При выполнении таких упражнений основное внимание учащихся сосредоточено на действиях с языковым материалом.

Каждый метод находит свое воплощение в системе **средств обучения**, с помощью которых и осуществляется обучение языку. Различают средства обучения для преподавателя (учебные планы и программы, методические пособия, справочная и научная литература) и для учащихся (учебники и учебные пособия, к которым, кроме книг, относят видеофильмы, компьютерные программы, аудиозаписи, таблицы и схемы). Кроме того, выделяют технические средства обучения: компьютер, проектор, CD- и DVD-плееры, интерактивная доска.

Учебный план — документ, определяющий место учебного предмета «Русский язык» среди других предметов, устанавливающий количество учебных часов в целом и по неделям, сроки и формы обучения, виды контроля.

В программе формулируются цели обучения, описывается отобранный для овладения студентами учебный материал, даются рекомендации по планированию учебного процесса и по организации контроля результатов обучения.

Учебник — основное средство обучения, содержащее материал, предназначенный для овладения учащимися в различных видах речевой деятельности.

Учебные пособия — вспомогательные средства обучения, позволяющие повысить эффективность овладения каким-либо аспектом языка или видом речевой деятельности. Существуют пособия по обучению аспектам языка, видам речевой деятельности, функциональным стилям.

Методическое пособие — книга для преподавателя, содержащая описание организации учебного процесса и методические рекомендации по использованию тех или иных приёмов обучения.

Обучение русскому языку как иностранному осуществляется на специально организованных учебных занятиях и во внеаудиторное время. И на занятиях, и вне их учащиеся могут работать индивидуально, в парах и в коллективе, при непосредственном или опосредованном участии преподавателя. Такое внешнее выражение деятельности преподавателя и учащихся, протекающее в установленном порядке и определённом режиме, носит название **организационных форм обучения**. В практических курсах русского языка основными организационными формами обучения являются такие, как практическое занятие (доминирующая форма), лабораторное занятие, а также разные формы внеаудиторной работы — учебная экскурсия, самостоятельная подготовка к учебным занятиям, тематический вечер и др.

Литература

Капитонова Т.И., Московкин Л.В., Щукин А.Н. Методы и технологии обучения русскому языку как иностранному. 2-е изд., стер. М., 2009. Гл. 1.

Хрестоматия по методике преподавания русского языка как иностранного / Сост. Л.В. Московкин, А.Н. Щукин. 3-е изд., стер. М., 2012. С. 88—201.

Щукин А.Н. Методика преподавания русского языка как иностранного. Изд. 2-е, испр. и доп. М., 2010. Гл. 8—12.

Вопросы и задания

1. Охарактеризуйте взгляды методистов на понятие «цели обучения русскому языку как иностранному».

2. Выполнение каких дидактических и методических принципов обеспечивает эффективность обучения русскому языку как иностранному?
3. Охарактеризуйте содержание обучения русскому языку как иностранному.
4. Как соотносится понятие «метод обучения» с понятием «приём обучения»?
5. Назовите основные методы обучения языку. Какие методы активно применяются в наше время?
6. Какие типы упражнений различают в методике обучения русскому языку как иностранному? В чём их отличие?
7. Какие группы средств обучения выделяют в методике?
8. Назовите основные организационные формы обучения.

1.3. Психологические основы методики обучения РКИ

Психологические основы — это вся совокупность фактов и закономерностей психологии, используемых в методике обучения русскому языку как иностранному. Сейчас под психологическими основами методики понимают прежде всего психологию обучения неродному языку.

Психология обучения неродному языку как одно из направлений педагогической психологии — интегративная наука: в ней находят отражение любые полезные для методики данные, накопленные в общей и педагогической психологии, психолингвистике и психологии общения, социальной психологии, этнопсихологии, возрастной и дифференциальной психологии. Исследуя психологические закономерности обучения неродному языку, это направление уделяет преимущественное внимание особенностям педагогической и учебной деятельности, характеристикам участников процесса обучения, особенностям речевой деятельности как объекта овладения в процессе изучения иностранного языка.

Обучение представляет собой совместную деятельность преподавателя и учащегося, в результате которой обогащается психофизиологическая структура личности учащегося — в ней возникают определённые новообразования, готовящие учащегося к выполнению новой, ранее неизвестной ему деятельности. Эти психофизиологические новообразования или непосредственно дают возможность учащемуся осуществлять новую деятельность (умения и навыки), или становятся базой для овладения умениями и навыками (знания, способности, мотивы деятельности).

Специфика обучения русскому языку как иностранному определяется особым характером речевой деятельности на неродном языке. **Речевая деятельность** — это активный, целенаправленный, опосредованный языковой системой и обусловленный ситуацией общения процесс передачи или приёма сообщения, т.е. процесс продукции и рецепции (И.А. Зимняя). Она реализуется в таких основных видах, как аудирование, говорение, чтение и письмо.

В результате обучения разным видам речевой деятельности формируются речевые умения: говорить, слушать, читать, писать. **Речевое умение** — это способность человека осуществлять речевую деятельность в процессе общения. Каждый человек может овладеть языком, но уровень владения родным и неродным языком (объём словарного запаса, знание грамматических средств, спектр стилевых регистров и др.) у всех людей разный. Именно поэтому речевое умение рассматривается как владение речевой деятельностью на разных уровнях совершенства.

Каждое речевое умение структурно состоит из простейших умений, или микроумений, под которыми понимают способность осуществлять речевое действие, т.е. понять или выразить конкретную мысль, чувство в устной или письменной форме. Так, умение говорить складывается из простейших умений поприветствовать собеседника, выразить сожаление, извиниться, узнать о прибытии поезда и т.д. Каждое простейшее умение включает, в частности, навыки выполнения речевых операций.

В процессе общения, например при говорении, контроль сознания обычно направляется на содержание речи, а не на её операционную сторону. Это возможно только тогда, когда речевые (грамматические, лексические, фонетические и графические) операции автоматизированы, т.е. когда сформированы речевые навыки. **Речевой навык** — это способность выполнять автоматизированную речевую операцию.

Однако речевые умения состоят не только из речевых навыков. «... Речевая деятельность (в частности, устная речь, чтение, письмо) отнюдь не сводится к автоматизированным навыкам, а представляет собой некую творческую деятельность...»[1]. В основе речевой деятельности, помимо операциональных механизмов оформления и оперирования, лежат механизмы осмысления, памяти, антиципации, обеспечивающие её творческий характер.

Операциональная сторона речевой деятельности также не всегда полностью автоматизирована, и наименьшая степень автоматизации речевых операций отмечается на ранних стадиях изучения языка. Отсутствие автоматизации свидетельствует о несформированности речевых навыков и о том, что данные речевые операции выполняются под контролем сознания. Основой для осознанного выполнения таких речевых операций служат языковые знания. Способность использовать языковые знания для анализа и осознанного конструирования речевых единиц называется языковым умением.

Языковые умения наряду с речевыми навыками входят в состав речевых умений и активно участвуют в рецептивной и продуктивной речевой деятельности. Их удельный вес по сравнению с речевыми навыками невелик, в ином случае речевая деятельность на неродном языке была бы затруднена или просто невозможна.

Формирование речевых умений и навыков, а в отдельных случаях и языковых умений, — основная цель обучения не-

---

[1] *Беляев Б.В.* Очерки по психологии обучения иностранным языкам. М., 1965. С. 29.

родному языку. Общее дидактическое правило формирования умений состоит в том, что научиться деятельности можно только в процессе осуществления этой деятельности. Например, если преподаватель хочет научить иностранных учащихся говорить на русском языке, все приёмы его воздействия на учащихся должны стимулировать их говорение. Правило обучения деятельности в процессе этой деятельности лежит, в частности, в основе коммуникативного метода обучения иноязычному говорению. Главное требование к формированию речевых умений — постоянная речевая практика, организация на занятии всех видов и форм речевого общения, соответствующих потребностям и интересам учащихся.

Поскольку в основе каждого вида речевой деятельности лежат общефункциональные речевые механизмы, необходимы специальные упражнения для их развития и «прилаживания» к неродному языку. Кроме того, никакие речевые умения не могут быть сформированы без опоры на речевые навыки — навыки оформления речевых единиц и оперирования ими. Формирование речевых навыков — также одно из условий формирования речевых умений. Но становление речевых навыков не предшествует становлению речевых умений, оба эти процесса тесно переплетены и протекают параллельно.

Речевые навыки формируются поэтапно. Они включают стадии осознания учащимися операции, подлежащей автоматизации, пробного её выполнения, многократного повторения, переноса в другие контексты и ситуации и, наконец, свободного её выполнения.

Существуют два пути формирования речевого навыка, условно названные «сознательным» и «бессознательным». Результатом обучения также являются качественно различные навыки — «сознательные» и «бессознательные». Эти термины, не отражающие психологической сути навыков (которые в любом случае функционируют без участия сознания), указывают лишь на специфический характер их становления. При формировании «сознательного» навыка обязателен этап актуального сознавания учебного материала. Термин «актуальное сознавание» (А.Н. Леонтьев) означает не только понимание и осмысление изучаемых языковых явлений, но и выполнение осознанных действий с ними, например языковых упражнений. При формировании «бессознательного» навыка этап актуального сознавания отсутствует.

«Сознательные» навыки, формируемые параллельно с языковыми знаниями и умениями, — стабильные, прочные, гибкие, способные к переносу. В случае их разрушения при отсутствии речевой практики учащийся начинает выполнять речевые операции осознанно, опираясь на языковые знания, и при необходимости, используя многократные повторения, вновь достигает требуемого уровня их автоматизации. Кроме того, языковые знания и умения позволяют контролировать правильность речи и исправлять допускаемые ошибки.

«Бессознательные» речевые навыки, формируемые путём имитации образцов речи, подстройки к речевой ситуации, менее прочные, они плохо переносятся в новые ситуации и контексты, но их преимущество в том, что они появляются намного быстрее, чем «сознательные». Именно это их качество обусловило использование «бессознательного» пути становления речевых навыков в системах обучения с применением интенсивных методов. Основное условие стабильности «бессознательных» навыков — речевая практика. Если речевая практика в течение длительного времени отсутствует, то «бессознательные» навыки утрачиваются.

«Сознательный» и «бессознательный» пути формирования речевых навыков характерны не только для процесса обучения речевому общению. Аналогично осуществляется становление навыков в любом виде человеческой деятельности.

При обучении неродному языку иноязычные речевые операции неизбежно оказываются в той или иной степени соотнесены с аналогичными операциями в речевой деятельности на родном языке. Программы усваиваемых действий не формируются в сознании учащегося каждый раз заново: новая программа чаще всего возникает в результате коррекции существующих сходных программ. При этом различия между сходными явлениями родного и изучаемого языков не всегда осознаются учащимися, и они переносят в иноязычную речевую деятельность определённые речевые операции из речевой деятельности на родном языке. Это отрицательное влияние навыков родного языка на формируемые иноязычные навыки называется **межъязыковой интерференцией**. Она преодолевается путём сопоставления сходных явлений родного и изучаемого языков и выполнения серии упражнений, в том числе с заданиями по переводу.

Наряду с межъязыковой интерференцией при обучении неродному языку имеет место **внутриязыковая интерференция** — влияние уже сформированных навыков неродного языка на вновь формируемые. Этот вид интерференции преодолевается в ходе объяснения различий интерферируемых явлений и выполнения упражнений по их дифференциации.

Становление речевых умений и навыков у разных категорий учащихся проходит по-разному. Среди факторов, влияющих на успешность этого процесса, наиболее значимы психологические особенности, обусловленные возрастом, уровнем образования и лингвистическим опытом учащихся.

Исследование влияния возраста человека на успешность овладения неродным языком показали, что при выборе эффективных приёмов обучения важно учитывать зависящие от возраста свойства характера, темперамента и воли, преобладающие мотивы деятельности учащихся, различия в уровне развития их внимания, памяти и мышления (Ж.Л. Витлин). Так, психологические особенности детей диктуют необходимость широкого использования в обучении игровых упражнений, быстрой смены учебных заданий, опоры на слуховые анализаторы. Психологические особенности взрослых предполагают большую роль сознательности, большой удельный вес самостоятельной работы, опору на зрительные анализаторы, отбор речевого и текстового материала с учётом профессиональных потребностей и интересов обучаемых. Однако всё-таки возраст — менее важный фактор успешности, чем образовательный уровень и накопленный учащимися лингвистический опыт — их знания, умения и навыки в области одного или нескольких языков.

Возраст, уровень образования, лингвистический опыт учащихся должны приниматься во внимание при комплектовании учебных групп. Но даже в учебных группах, подобранных со строгим учётом этих факторов, наблюдаются различия в овладении неродным языком.

Существуют два психологических типа обучающихся иностранному языку: коммуникативный и некоммуникативный (М.К. Кабардов). Учащиеся **коммуникативного типа** легко усваивают язык в процессе речевой коммуникации; они во многих случаях не нуждаются в теоретических объяснениях, с большим интересом выполняют речевые упражнения. Учащиеся **некоммуникативного типа** легче усваивают язык сознательным путём, им необходимо тщательно осмыслить все особенности нового языкового материала. Они охотно выполняют языковые упражнения. На начальном этапе у них нелегко формируются речевые навыки, особенно в области говорения, они с трудом преодолевают психологический барьер при общении.

Принадлежность учащегося к коммуникативному или некоммуникативному типу обусловлена как индивидуально-типологическими особенностями его личности, так и предыдущим опытом учебной деятельности (опытом изучения родного и неродного языков). Знание о психологических типах учащихся позволяет преподавателю дифференцировать приёмы обучения их неродному языку.

Литература

Зимняя И.А. Психология обучения неродному языку: (На материале русского языка как иностранного). М., 1989. Гл. 4.

Кабардов М.К. Роль индивидуальных различий в успешности овладения иностранным языком: (На материале интенсивного обучения): автореферат дисс. ... канд. психол. наук. М., 1983.

Леонтьев А.А. Некоторые проблемы обучения русскому языку как иностранному: Психолингвистические очерки. М., 1970. Гл. 1.

Леонтьев А.Н. Психологические вопросы сознательности учения // Леонтьев А.Н. Избранные психологические произведения: в 2 т. М., 1983. Т. 1.

Методические рекомендации по учёту психологических особенностей взрослых в процессе обучения иностранному языку / Разраб. Ж.Л. Витлиным. Л., 1976. С. 102—109.

Шатилов С.Ф. Актуальные проблемы методики обучения русскому языку иностранных учащихся: учебное пособие. СПб., 2004. С. 14—24.

Вопросы и задания

1. Что представляет собой речевая деятельность? Какова её структура? Какие психологические механизмы лежат в её основе?

2. В чём сходство и различия аудирования, говорения, чтения и письма? Какие методические выводы следуют из этих характеристик разных видов речи?

3. Что понимают под термином «речевое умение»? Назовите основные компоненты речевых умений. Каковы пути формирования речевых умений?

4. Что понимают под термином «речевой навык»? Каковы пути формирования речевых навыков? Назовите основные виды интерференции речевых навыков.

5. Какие психологические факторы влияют на успешность овладения неродным языком?

1.4. Лингвистические основы обучения РКИ

Методика обучения русскому языку как иностранному тесно связана с лингвистикой. В истории преподавания иностранных языков эта связь прослеживается с древнейших времён: первые словари и грамматические описания создавались для того, чтобы облегчить чтение архаичных текстов или удовлетворить потребности обучающихся живым языкам. Некоторые направления в лингвистике возникли под влиянием педагогической практики, и некоторые теории обучения появлялись лишь тогда, когда для них была разработана соответствующая лингвистическая база. Многие специалисты в области языкознания являются авторами крупных методических работ (Л.В. Щерба, Е.Д. Поливанов, В.Г. Костомаров, О.Д. Митрофанова, А.А. Леонтьев и др.).

Взаимосвязь лингвистики и методики проявляется в усиленном интересе языковедов к функциональным аспектам русского языка. Так, разработки в этой сфере выступают в качестве научных основ коммуникативно ориентированного обучения русскому языку как иностранному. Очевидна и обратная связь: обучение иностранных учащихся общению на русском языке требует новых подходов к его описанию. В частности, необходим не только анализ языка как системно-структурного образования, но и его функциональное описание, связанное с будущей коммуникативной деятельностью учащихся, с выявлением актуальных для них сфер, тем, ситуаций и задач общения и отбором обусловленного спецификой этого общения языкового материала. Такое описание языка возможно на основе учёта данных функциональной грамматики, социолингвистики, теории речевых актов, лингвистики текста, стилистики и других направлений языкознания, связанных с реализацией языка в процессе общения.

Традиционное описание языка, представленное в нормативных грамматиках, обычно осуществляется по формуле «форма — значение — употребление». Для функционально-коммуникативного описания языка более важна другая схема: «потребность (коммуникативное намерение) — предмет общения (мысль) — средства общения (грамматические и лексические)», которая в основных чертах воспроизводит схему порождения речи. При такой последовательности этапов учащиеся осознают, с помощью каких средств они могут выразить свои мысли, чувства, переживания.

Функционально-коммуникативное описание русского языка связывается не только с процессами выражения мыслей и чувств, т.е. идёт не только по линии от функции к форме. Вектор такого описания может быть и противоположным (от формы к функции), что в большей степени важно для обучения рецептивным видам речевой деятельности.

Учёт реальных условий функционирования языка — сфер и ситуаций общения — приводит к необходимости описания его разновидностей, связанных с этими сферами, — функциональных стилей. Традиционно стилистика как лингвистическая наука занималась прежде всего изучением стилистических особенностей художественного текста. Потребности же обучения русскому языку как иностранному вызвали интерес учёных к научному, публицистическому, разговорному и официально-деловому стилям речи. Данные современной функциональной стилистики используются методистами при разработке учебников и учебных пособий для конкретных категорий учащихся.

Функционально-коммуникативное описание языка предусматривает также учёт социолингвистических и этнокультурных факторов, регулирующих выбор тех или иных языковых средств в процессе общения. Таким образом, этот вид описания шире традиционного описания языка.

Изучение языка не ограничивается его функциональными аспектами. Оно требует также знания и понимания системных взаимосвязей языковых явлений. В ином случае может сложиться представление о языке как о наборе разрозненных единиц. М.А. Шелякин отмечает: «Такой "язык" вообще трудно понять и усвоить, а русский тем более, поскольку он отличается от других языков функциональным синкретизмом языковых форм, широким использованием контекстных средств для выражения различных типов грамматических значений (ср. отсутствие в русском языке относительных времён, артиклей и др.) и полифункциональностью синтаксических структур (ср., например, русские инфинитивные предложения, предложно-падежные конструкции и т.д.)»[1]. Важность изуче-

---

[1] *Шелякин М.А.* Функциональная грамматика и обучение русскому языку // Научные традиции и новые направления в преподавании русского языка и литературы... М., 1986. С. 272—273.

ния языка как системы особенно актуальна на начальном этапе обучения.

Взаимосвязь системных и функциональных аспектов языка позволяет обосновывать целостный системно-функциональный подход к его описанию и преподаванию, при котором системность и функциональность сосуществуют в курсе обучения языку.

Описание языка в преподавательских целях тесно связано с процессом отбора учебного материала, в котором выделяют два этапа: определение единиц отбора и составление языкового минимума. При обучении языку как системе отбираются элементы разных языковых уровней (фонемы, морфемы, лексемы и т.д.), а при обучении его функционированию — коммуникативные (речевые) единицы, которые представляют собой самостоятельное высказывание (предложение либо текст). Предложение как единица обучения доминирует на начальном этапе, а текст — на продвинутом.

Предложение, рассматриваемое как речевая единица, в методической литературе называют речевым образцом, или моделью, так как эта единица служит эталоном для создания большого количества сходных по структуре и содержанию предложений. Методическая ценность речевой единицы в том, что в ней связь всех уровней языка (фонетического, лексического и грамматического) реализуется в простом речевом действии, естественном для языка как средства общения и мышления; значит, на основе речевого образца возможно обучение разным языковым аспектам: фонетике, лексике и грамматике.

Выделение речевых образцов осуществляется при помощи лингвистического метода моделирования. Он используется при выделении типовых речевых образцов не только на уровне предложения, но и на уровне связного текста.

При создании языковых минимумов для разных вариантов обучения русскому языку также применяют методы лингвостатистики. Отбор языкового материала осуществляется на основе лингвистических принципов:
- частотности языковых единиц;
- сочетаемости слов;

- словообразовательной ценности;
- многозначности;
- стилистической неограниченности;
- строевой способности.

Важнейший среди них — принцип частотности, употребительности языковых единиц. Именно он лежит в основе учебных словарей, которые разрабатывались на протяжении ряда лет в секторе учебной лексикографии Института русского языка им. А.С. Пушкина.

Знание лингвистики помогает не только при определении содержания обучения русскому языку, но и при выборе технологии обучения. Конкретные приёмы, которые может использовать преподаватель, зависят от специфики явлений языка: приёмы постановки звуков — от их фонетических характеристик; приёмы лексической семантизации — от особенностей формы, значения и употребления слова, а также от отношений, в которые оно вступает в рамках лексической системы; способы введения грамматического материала — от специфики изучаемых грамматических явлений. Таким образом, преподаватель русского языка как иностранного, чтобы обеспечить эффективность обучения, должен знать теорию языка.

Описание русского языка как иностранного отличается от описания русского языка в целях преподавания его как родного в российской средней школе. Учащиеся средней школы на уроках родного языка осознают и систематизируют то, чем они уже владеют, усваивают письменную форму речи, расширяют словарный запас, совершенствуют речевые умения и навыки. Обучающиеся русскому языку как иностранному, напротив, должны овладеть русской речью. Если на уроках родного языка обучение идёт по пути от умений и навыков владения речью к осознанию языка как системы, то на уроках иностранного языка — в обратном направлении: от осознания специфики явлений языка к выработке речевых умений и навыков (Л.С. Выготский).

Обучение русскому языку как иностранному требует особого видения языковых явлений — с точки зрения их восприятия носителями другого языка (Г.И. Рожкова). Показательный пример — глаголы движения. Для русских учащихся они не представляют никаких трудностей. Иностранцам же, как правило, нелегко понять разницу между глаголами *идти, ехать, нести* и глаголами *ходить, ездить, носить*; между приставочными и бесприставочными глаголами движения; между глаголами, имеющими приставки с пространственным значением, и глаголами, имеющими приставки с временным значением. Многим иностранным студентам приходится специально объяснять разницу между значениями глаголов *идти* и *ехать*. Почти для всех студентов представляет трудности употребление глаголов движения в переносном значении. Всё это должно учитываться в языковом описании.

Описание русского языка как иностранного в учебных целях может быть общим, единым для всех иностранцев. В этом случае оно раскрывает специфику языковых явлений, вызывающих трудности у любых категорий учащихся. Однако возможны и более частные описания: они ориентированы на учащихся, которые говорят на определённом языке, и позволяют предвидеть трудности усвоения русского языка учащимися именно этой категории. Такие описания обычно строятся на данных сопоставительной лингвистики.

Сопоставительный метод даёт несколько возможностей.
- Выявление сходства и различий русского (иностранного) и родного языков учащихся на всех языковых уровнях. Когда русский язык рассматривается под углом зрения другого языка, например английского, французского или арабского, это позволяет предсказать области интерференции. Однако межъязыковые оппозиции указывают лишь на вероятность интерференции. В определённых условиях обучения она может и не возникнуть, поэтому сопоставление явлений русского и родного языков лучше проводить исходя из фактического материала — ошибок в устной и письменной речи учащихся. Анализ таких ошибок позволяет также корректно составить упражнения для преодоления межъязыковой интерференции.

- Установление типологии учебного языкового материала. Типологически близкий материал можно расположить в курсе обучения по степени трудности усвоения. Такой подход нашёл отражение в национально ориентированных учебниках русского языка, созданных в 1960—1980-х годах.

Таким образом, методика обучения иностранцев русскому языку должна опираться на лингвистические данные. Роль лингвистики особенно велика при определении содержания обучения, оптимального расположения учебного материала, оптимального способа его введения, а также при выборе системы упражнений.

Литература

Костомаров В.Г., Григорьева Л.Н., Хруслов Г.В. Функционирование русского языка: итоги, состояние, перспективы... М., 1990.

Костомаров В.Г., Митрофанова О.Д. Русский язык в иноязычной среде: (Функционирование. Состояние. Изучение. Преподавание) ... М., 1991.

Рожкова Г.И. К лингвистическим основам методики преподавания русского языка иностранцам: спецкурс для иностранных студентов-филологов. 2-е изд., доп. М., 1983. Темы 1, 2.

Шелякин М.А. Функциональная грамматика и обучение русскому языку // Научные традиции и новые направления в преподавании русского языка и литературы... М., 1986.

Вопросы и задания

1. Каким образом методика обучения русскому языку как иностранному связана с лингвистикой?

2. В чём методическое значение системно-структурного и функционального способов описания языка?

3. Какова роль лингвистики в процессе отбора учебного материала? Приведите примеры.

4. Влияют ли лингвистические данные на специфику приёмов обучения русскому языку как иностранному?

5. Каким должно быть описание русского языка в целях преподавания его иностранцам? Отличается ли оно от описания русского языка для преподавания его как родного?

6. Как влияет сопоставительная лингвистика на методику обучения русскому языку как иностранному?

1.5. Социолингвистические основы обучения РКИ

Социолингвистика — междисциплинарное направление в языкознании, которое изучает причинные связи между языком и жизнью общества и развивается на стыке языкознания, социологии, социальной психологии и этнографии. В предметную область социолингвистики входят вопросы:
- социологические — языковая политика в многонациональном государстве, статус государственного языка, цензура в средствах массовой информации и др.;
- функционально-стилистические — распределение речевых вариантов в системе коммуникации в зависимости от сферы общения, социального статуса коммуникантов, ситуации и канала общения.

При социолингвистическом подходе к языковым фактам и к проблеме языковой нормы определяющим является положение о социальной дифференциации языка. Она обусловлена отражением в языке социальной дифференциации общества и влиянием на речевое поведение индивида таких социальных факторов, как социальное положение (статус), мировоззрение, возраст, образование, род занятий, место жительства, пол, канал коммуникации, обстановка, тема, форма, цель, характер общения (официальный, неофициальный).

Истоки социолингвистики — в трудах античных мыслителей (Аристотель), в работах В. Гумбольдта, А. Мейе, Ж. Вандриеса, Ш. Балли. В отечественном языкознании это труды М.В. Ломоносова, Ф.И. Буслаева, И.И. Срезневского. А.А. Потебни, И.А. Бодуэна де Куртенэ, Е.Д. Поливанова, А.М. Селищева, В.В. Виноградова, Л.В. Щербы, Б.А. Ларина. И.А. Бодуэн де Куртенэ в конце XIX века писал: «Так как язык возможен только в человеческом обществе, то, кроме психической стороны, мы должны отмечать в нём всегда сторону социальную»[1]. Учёный считал, что языки необходимо различать не только в географическом и хронологическом планах, но и с точки зрения «"общественных наслоений": языки разных возрастов, полов, сословий, классов общества»[2].

Долгое забвение социолингвистики было вызвано социально-политическими причинами, которые сформировали «новояз» (Дж. Оруэлл) и утвердили монополизм в мышлении и в речевой норме. «Канцелярит» (К.И. Чуковский) стал главным речевым стилем русского языка в 30—70-х годах XX столетия. Это обстоятельство имеет самое непосредственное отношение к преподаванию русского языка как иностранного. «... Приёмы обучения иностранным языкам, его методика, зависят в той или другой мере от состояния и структуры общества в данный момент времени... Речь идёт, конечно... о принципах этого обучения и о его системах в целом, внутри которых и возникают всякие "мéтоды" или "методы"»[3].

Исследования содержания и композиции учебных пособий по русскому языку как иностранному, изданных в СССР в 70-х и 80-х годах XX века, показывают, как зависимы учебный текст и стратегия педагогического общения от социально-политических условий в стране изучаемого языка. Сравнение учебников русского языка как иностранного с учебниками английского языка как иностранного, немецкого языка как иностранного и др. подтверждает это наблюдение. Изменившаяся в 1990-х годах политическая ситуация в России привела к открытости общества и создала предпосылки для обогащения ме-

---

[1] *Бодуэн де Куртенэ И.А.* Избранные труды по общему языкознанию: в 2 т. Т. 1. М., 1963. С. 348.

[2] Там же. Т. 2. М., 1963. С. 91.

[3] *Щерба Л.В.* Зависимость методики преподавания иностранных языков от состояния общества и его задач // Щерба Л.В. Преподавание языков в школе: Общие вопросы методики: учебное пособие: для студентов филологических факультетов. 3-е изд., испр. и доп. М.; СПб., 2002. С. 15.

тодики преподавания русского языка как иностранного, учёта достижений методистов из стран Западной Европы и США.

В соответствии с природой языка как средства общения (коммуникативная функция) и содержания понятия «языковая компетенция» владение языком (социолингвистическое знание) считается одной из базовых составляющих методической теории преподавания иностранного языка. Языковая компетенция включает компетенцию коммуникативную, так как естественная коммуникация всегда строится с учётом структуры языка общения и комплекса экстралингвистических факторов.

Общение, в том числе и такой его вид, как учебное общение, тесно взаимосвязано с процессом социализации человека. В условиях педагогически организованного общения на занятиях по русскому языку как иностранному происходит ознакомление с социокультурными особенностями страны изучаемого языка, осуществляется вторичная социализация иностранных студентов, причём в процессе ценностного изучения социально-культурного опыта народов стран родного и изучаемого иностранного языка происходит формирование личности на рубеже культур. Для такой личности характерно сложное взаимодействие общечеловеческого, национального и социально-классового в бикультурном механизме ценностного восприятия мира.

В методике преподавания иностранных языков, в том числе русского языка как иностранного, наметились тенденции к усилению социолингвистической направленности в обучении.

На основе социолингвистических исследований можно выделить обобщённые тематические комплексы, используемые в свободной беседе. Список таких комплексов включает:
1) действия, поступки, высказывания людей (сверстников), которые знакомы (или малоизвестны) собеседникам;
2) обмен впечатлениями о прочитанной книге, просмотренном видеофильме, посещении музея, поездке и др.;
3) отношения с членами семьи (родственниками);
4) отношения со сверстниками, совместные дела с ними;

5) школьная жизнь;
6) увлечения;
7) деньги, покупки, одежда;
8) дом (пребывание дома, домашние дела, предметы домашнего обихода);
9) новости (полученные от знакомых, из средств массовой информации);
10) ассоциативные реминисценции (связанные с разными событиями, переживаниями, действиями — своими и других лиц).

Слагаемые коммуникативной ситуации применительно к диалогу между собеседниками-иностранцами, принадлежащими к разным национальным культурам, обнаруживают некоторые дополнительные характеристики. Так, получатель и отправитель информации обычно различаются по психологическим и социальным характеристикам. При всём разнообразии тем, используемых в общении, существуют темы, характерные именно для межкультурного диалога: оценка речи иностранца, выяснение, где и когда он изучал язык и др. Свою специфику имеют и каналы связи, например правила отправки и оформления писем в разных странах.

Для межкультурного диалога характерно и интерферирующее влияние родного языка на язык общения. Определённый отпечаток накладывают социальные характеристики коммуникантов, в том числе такие, как возраст, профессия, пол, поскольку представители разных лингвокультурных общностей обладают разными фоновыми знаниями. Специфически проявляются в межкультурном диалоге индивидуальные «приметы» говорящего: мотив речевого действия, цели и функции общения и др.

В методике преподавания иностранных языков всё больше внимания уделяется моделированию ситуаций не только бытового, но и социально значимого общения. В тематику учебного иноязычного общения включают проблемы войны и мира, развития цивилизации, экологии, межнациональных отношений, политических и гражданских прав человека, комплекс проблем, связанных со взаимоотношениями личности и общества, семьи и общества.

Социологизация иноязычной практики обучаемых — всё более отчётливая тенденция, которая наблюдается в зарубежной и отечественной учебной литературе. В учебники иностранных языков включаются социологические темы: социология личности, культуры, молодёжи, города и деревни, социальная психология и др. Нередко материалы для чтения, аудиовизуальные курсы основываются на результатах социологических исследований или их интерпретации в средствах массовой информации. Подобные материалы могут служить базой для дискуссий на темы, связанные с социокультурными особенностями страны изучаемого языка. Например, в работе кафедры методики обучения русскому языку как иностранному РГПУ им. А.И. Герцена использовался цикл передач «Тема», в которых широко представлены материалы социологических опросов.

В условиях включённого обучения, например английскому языку в Великобритании, «широко практикуется соединение коммуникативной деятельности студентов с познавательно-исследовательской по изучению социокультурного портрета носителей языка, при этом обучаемые фактически овладевают приёмами прикладной социологии и культурной антропологии»[1].

Анализ учебно-методической литературы, а также наблюдение за учебным процессом показывают, что в практике преподавания русского языка как иностранного ролевое взаимодействие иностранных учащихся на занятиях используется в ограниченных пределах. Так, отличается бедностью ролевой репертуар, в частности мало используются психологические и межличностные роли; роли, которые предлагаются учащимся, не всегда соотносятся с видами речевой деятельности, с индивидуальными и возрастными характеристиками обучаемых,

---

[1] *Сафонова В.В.* Культуроведение и социология в языковой педагогике. Воронеж, 1992. С. 82.

с этапами обучения, с ожидаемым речевым продуктом. Так как нет чётких критериев распределения ролей, оно происходит нередко стихийно.

В ситуации общения обычно выделяют следующие компоненты.
1. Говорящий и его социальная роль.
2. Слушающий и его социальная роль.
3. Отношения между коммуникантами.
4. Тональность общения.
5. Цель.
6. Средство общения (подсистема или стиль языка, параязыковые средства — мимика, жесты и др.).
7. Место общения.
8. Способ общения (устный, письменный, контактный, дистантный).

Из этих ситуативных переменных наибольшим весом обладают социальные роли: «они накладывают ограничения как на характер коммуникативного акта, так и на действие других переменных»[1].

Под **социальной ролью** понимается «нормативно одобренный общественный образ поведения, ожидаемый от каждого, занимающего данную социальную позицию»[2]. Всякий человек вступает в различные социальные отношения и соответственно проигрывает несколько ролей — национальную, половую, возрастную, профессиональную. Любая социально значимая деятельность личности выполняется по ролевым предписаниям. Индивид, осуществляющий ту или иную деятельность, занимает в обществе определённую социальную позицию (обладает определённым социальным статусом), которая предписывает ему ролевую деятельность, характерную именно для данной позиции. Ролевая деятельность постоянно контролируется обществом, социальной группой, отдельными людьми, контактирующими с носителем роли.

---
[1] *Крысин Л.П.* Социолингвистические аспекты изучения современного русского языка. М., 1989. С. 133.
[2] *Кон И.С.* Социология личности. М., 1967. С. 23.

Ожидания окружающих и собственные представления личности об этих ожиданиях давят на человека, заставляют учитывать их в поведении, причём это может происходить и осознанно, и бессознательно. Так, один французский писатель признался, что в обществе нефранцузов он держится более легкомысленно, чем в своём кругу, так как на него давит потребность окружающих увидеть «типично французский» стиль мышления, лёгкость, шарм и т.п. Американские негры, «общаясь с белыми, специально акцентируют черты наивности и простодушия, "положенные" им по старому стереотипу. Другие, напротив, держатся подчёркнуто сдержанно вопреки стереотипу, "отмежёвываются" от него. Но и в этом случае их поведение соотносится с системой социальных символов и прошлым опытом»[1].

Социальные психологи подчёркивают, что в поведении человека есть нечто заданное, стандартизованное, превращающее его в «актёра». Это накладывает отпечаток на речевую деятельность человека. В то же время личностный аспект коммуникации обеспечивает личностную окраску исполнения социальной роли. Таким образом, социальная роль позволяет человеку реализовать свои творческие способности и индивидуальность.

Выделяют три группы социальных ролей: ситуационные, позиционные, статусные. Признаками **статусных ролей** являются пол, возраст, образование, национальность, профессия носителей, а позиционных ролей — занимаемая субъектом должность, семейное положение. Именно по этим признакам осуществляется идентификация собеседника.

Статусные роли относятся к числу наследуемых, то есть таких, которые человек получает либо с рождения (половая, расовая, этническая, роль гражданина определённого государства), либо на каком-то этапе жизни (например, возрастные роли). Для проигрывания таких ролей не требуется занимать соответствующую социальную позицию, это беспозиционные роли. «Особое значение имеют половая и возрастная статусные

---

[1] *Кон И.С.* Люди и роли // Новый мир. 1970. № 12. С. 172—173.

роли. Во всех обществах с половой и возрастной ролями связано разделение труда»[1].

Позиционные роли определяются достаточно устойчивым местом в социальной системе, занимаемым личностью. Позиционные роли отличаются тем, что они не присущи людям от рождения и могут неоднократно меняться в течение жизни. Наиболее значительную группу позиционных ролей составляют профессиональные роли.

Ситуационные роли образуют группу социальных ролей, которые используются для описания поведения, определённого эпизодическим видом деятельности. Например, врач в разные моменты выполняет роли покупателя, клиента, гостя и др. Исполнение ситуационной роли во многом обусловливается ролями статусными и позиционными. Так, человек по-разному будет исполнять роль гостя в зависимости от своего возраста, образования, пола и т.д.

Ситуационные роли подразделяют на специфические и личностные. Первые определены внешними условиями (пассажир, покупатель и др.), вторые — ценностными ориентациями личности (друг, враг, отзывчивый человек и др.).

Социальные роли выявляются во взаимодействии коммуникантов, и межличностная позиция человека определяется тем местом, которое он занимает в системе межличностных отношений. В процессе взаимодействия люди оценивают друг друга, так как совершенно неправдоподобно, чтобы двое или больше людей могли взаимодействовать, оставаясь безразличными друг к другу. То, как человек реагирует на людей, связанных с ним, образует, по мнению психолога, вторую систему прав и обязанностей. «Шаблон межличностных отношений, развивающихся между людьми, включёнными в совместные действия, создает ещё одну матрицу, которая накладывает

---

[1] *Петрова А.С.* Феномен общения с точки зрения этнопсихологии: к постановке проблемы // Советская этнография. 1987. № 3. С. 15.

дальнейшие ограничения на то, что каждый человек может или не может делать»[1].

Существуют и другие классификации социальных ролей. Выделяют роли:
1) более или менее устойчивые и эпизодические;
2) неразрывно между собой связанные, или парные (учитель — ученики), и не связанные, или единичные (учитель — член спортивной команды);
3) реальные и воображаемые (роли, о которых человек мечтает и которые ему не удаётся сыграть в жизни);
4) индивидуальные (персональные) и коллективные (групповые)[2].

Для методики преподавания русского языка как иностранного важен подход, при котором пары социальных ролей рассматриваются как основная форма ролевого взаимодействия адресанта и адресата. Роли могут соотноситься так:
1) роль первого участника ситуации выше роли второго участника;
2) роль первого участника ситуации ниже роли второго участника;
3) роли обоих участников ситуации равны.

В соответствии с типами ролевых отношений все ситуации общения подразделяются на симметричные и асимметричные. В симметричных ситуациях роли соотносятся по третьему типу, в асимметричных — по первому и второму типам.

Выбор тактики речевого поведения во многом зависит от социально-психологических характеристик коммуникантов, а также от ситуации общения. Роли обусловливают речевые стереотипы поведения, дают возможность программировать высказывание, а иногда и вид речи. Так, профессиональные роли нередко связаны с диалогом (врач и больной, продавец и покупатель, полицейский и нарушитель и др.). Диалог

---

[1] *Шибутани Т.* Социальная психология. М., 1969. С. 20.
[2] *Левитов Н.Д.* Теория ролей в психологии // Вопросы психологии. 1969. № 6. С. 150—159.

бывает диктальным и модальным. Диктальный характер носят диалоги между старшим и младшим, между более информированным и менее информированным человеком. Также профессиональные роли могут задавать программу монолога (экскурсовод, спортивный комментатор, критик). Ролевой репертуар личности оказывает влияние на выбор функционально-смыслового типа речи. Например, для адвоката, учёного предпочтительным оказывается рассуждение, для комментатора — описание с элементами повествования.

Социальные роли накладывают ограничения на выбор содержательной программы высказывания, с которой неразрывно связана его языковая форма: лексический состав, словообразовательные средства. Так, для диалогов между парикмахером и клиентом, тренером и спортсменом, врачом и медсестрой будут характерны свои наборы лексических единиц. В женской речи частотным является использование уменьшительно-ласкательных суффиксов: *Доченька, положи куколку, пойдём баиньки*. Те же суффиксы употребляются в асимметричных ситуациях общения как показатель зависимой позиции говорящего: *Двести грамм колбаски, нарежьте, пожалуйста*.

Некоторым ролям соответствует конкретный грамматический материал. Так, для приезжего, гуляющего по незнакомому городу, характерно использование вопросительных предложений, для полицейского — побудительных конструкций; для мечтателя — будущее время глагола, а для хвастуна — сравнительная и превосходная степени прилагательного.

Психологические роли, обозначенные собственными именами (например, Хлестаков, Манилов), требуют от преподавателя работы по анализу текста, с тем чтобы учащиеся, осознав логику поступков персонажа, могли смоделировать его речевое поведение. Социальные роли во многом определяют как тематическую лексику, так и грамматический материал при построении высказывания, задают программу речевого поведения.

Различные тактики речевого поведения составляют основу ролевого репертуара личности. Выделяют восемь **семантических долей**, которые реализуются через различные речевые тактики, например: «Не преувеличивай беды. / Русские люди стараются внушить пострадавшему, что беда не так велика, показать ему истинные размеры несчастья, причём иногда даже с тенденцией к преуменьшению. Говорят: Велико дело! / Не велика беда! / Что за горе! / Это ли горе! / Это ещё полбеды! / Не так страшен чёрт, как его малюют. / Это горюшко не горе! Горе будет впереди!»[1].

В речевом общении человек иногда преуменьшает затраты энергии адресата, например: *Помогите мне немножко, пожалуйста* (в вагоне с просьбой поднять чемодан наверх). В ситуации, когда человек обращается за советом, он нередко апеллирует к опыту собеседника: *У вас больше опыта! У вас такой опыт!* Это примеры **тактики социальных поглаживаний**.

Студентам-иностранцам можно предложить задание, предусматривающее выбор тактики речевого поведения в зависимости от ситуации, возраста, социального статуса адресата.

> Обратитесь к: 1) маленькой девочке, дочери ваших друзей, которую зовут Ольга, и подарите ей шоколадку; 2) вашей хорошей русской подруге, которую зовут Екатерина и которую вы хотите утешить, когда она расстроена; 3) вашей знакомой по имени Анна и скажите ей, что её маленький сын по имени Иван очень симпатичный; 4) вашему другу, которого зовут Владимир, и скажите, что вы очень по нему скучали[2].

Речевые варианты, коррелирующие с ситуативными переменными, называются **социолингвистическими переменными**.

При реализации социолингвистического подхода в обучении русскому языку как иностранному целесообразна следу-

---

[1] *Верещагин Е.М., Костомаров В.Г.* Язык и культура. М., 1990. С. 218.

[2] Практическая стилистика русского языка для учащихся с неродным русским языком: учебное пособие для продвинутого этапа: (I–II сертификационные уровни) / [И.П. Лысакова и др.]. М., 2007. С. 23.

ющая система работы. Вначале лучше предлагать материал для наблюдений и анализа. Например, перед просмотром эпизода из кинофильма можно при чтении текста эпизода предложить иностранным учащимся определить социальные особенности и роли говорящих и вспомнить соответствующие речевые корреляты. Если в тексте наблюдается обилие суффиксов субъективной оценки, это может быть характерно для женского диалога. Об этом же говорит и такое средство экспрессии разговорной речи, как форма мужского рода по отношению к лицам женского пола: *Ты мой славный*.

На следующем этапе предлагаются задания репродуктивного характера и упражнения по аналогии. Приведём пример такого задания.

На конференции вы встречаете человека, который кажется вам знакомым. Вы собираетесь обратиться к нему и узнать, действительно ли вы знакомы. Место общения (конференция) диктует некоторые социальные характеристики участников диалога: вероятно, это люди с высшим образованием, немолодые.

— *Извините, пожалуйста, за беспокойство. Мне кажется, мы с вами знакомы.*
— *Действительно, ваше лицо мне хорошо знакомо, но где мы встречались, не могу вспомнить. Может, вы были в прошлом году на конференции в Минске?*
— *Конечно, мы с вами выступали на заседании секции грамматики.*
— *Вот встреча!*
— *Да, мир тесен.*

Задание. Воспроизведите диалог с учётом предложенной ситуации. Затем разыграйте схожую сценку, но с изменением обстоятельств знакомства (совместный отдых на турбазе в Репино, соседние номера в гостинице) и возраста участников (студенты, примерно одного возраста). Начните так:
— *Слушай, где я мог тебя видеть?*

Могут быть даны задания с изменением ситуационных ролей, связанных с личностными характеристиками коммуникантов (например, прохожие на улице: отзывчивый человек — равнодушный человек).

В курсе «Деловой русский» при решении творческой задачи роли могут распределяться так:
- эрудит — человек, обладающий обширными знаниями, имеющий собственный опыт в данной области;
- генератор идей — человек с большой фантазией, всегда имеющий в запасе самые неожиданные идеи;
- критик — немного скептик по характеру, недоверчив, всегда спорит, приводя доказательства своей точки зрения; он необходим, так как всякую идею надо проверить со всех сторон;
- организатор; его задача — направлять групповой поиск по наиболее эффективному пути, ведущему к конкретным практическим результатам.

На занятиях по стилистике целесообразно давать задания, предусматривающие исполнение преимущественно ситуационных социальных ролей: пассажир такси — пассажир автобуса; сверстники — старший, младший и др.

На заключительном этапе преподаватель предлагает задания творческого характера, когда иностранные учащиеся должны сами придумать и описать ситуацию, её участников и составить соответствующие диалоги.

На занятиях по языку средств массовой информации преподаватель может после знакомства с материалами, представляющими программы различных партий и общественных движений, предложить подготовить выступления на митинге от имени какой-либо партии или движения, используя при этом разные типы обращений (*господа, товарищи, россияне, соотечественники*), а также тезисы, соответствующие программе этой партии.

Интерес представляют задания, связанные с национальным своеобразием социальных ролей. Например, прочитав диалог отца с сыном, характерный для англичан, преподаватель может попросить студентов составить аналогичный диалог в той же ситуации с изменением национальности участников диалога: пусть это будут не англичане, а русские.

При закреплении знаний иностранных учащихся о ролевом репертуаре русской языковой личности полезно применять следующие методы и приёмы.

1. Ролевая игра. Важно, чтобы у иностранных учащихся формировалось умение прогнозировать речевое поведение в зависимости от возраста, пола, образования и других социопоказателей говорящего. Преподаватель может использовать для этого фрагменты кинофильмов: учащиеся знакомятся с героями фильма, а затем предсказывают их речевые действия или поступки и объясняют логику их поведения.

2. Лингвистический эксперимент. Этот приём целесообразно использовать на занятиях по стилистике. Эксперимент показывает преимущество и уместность определённых лексических средств в той или иной ситуации общения. Приведём пример.

> Прочитайте запись телефонного диалога. Что вы можете сказать о возрасте и отношениях говорящих? Замените выделенные слова и выражения на синонимичные (используйте материал для справок). Какой вариант более уместен для участников приведённого телефонного диалога?
>
> — *Привет, старик! Это Стас, узнал?*
> — *Привет! Давненько ты мне не звонил. Рад, рад тебя слышать.*
> — *Ты бы ещё сто лет не услышал: до тебя дозвониться, как до Марса: всегда занято.*
> — *Да это моя старшая сестра любит болтать и постоянно **висит на телефоне**.*
> — *Слушай, я ведь тебе по делу звоню. Давай ты, я и Саня **махнём за город** на выходные? На наше озеро съездим.*
> — *А что, мысль интересная. Пожалуй, я согласен. А как добираться будем?*

— *Я думаю, выйдем на шоссе и будем голосовать, вдруг кто-нибудь **подбросит***.
— *Да, так быстрее и дешевле. Зачем лишний раз **сорить деньгами**?*
— *Тогда до встречи в субботу. В восемь, как всегда.*
— *Пока, до встречи.*

Для справок: *постоянно говорить по телефону, поехать за город, останавливать машины, довезти, тратить много денег*.

Учащиеся должны уловить, что при замене слов и выражений на синонимичные утрачиваются лаконичность и выразительность, свойственные разговорной речи. Такой вариант менее уместен в разговоре между людьми молодого возраста. Таким образом, лингвистический эксперимент развивает у иностранных учащихся чувство языка.

3. Составление лингвосоциограммы. Используется при анализе художественного или публицистического текста, а также при аудировании.

Выделяют лингвосоциопоказатели — социально значимые речевые единицы, соотнесённые с общественными характеристиками персонажа; такие единицы «разделяются на статусные, сигнализирующие о постоянных социально-демографических признаках персонажа, и ситуативные, выступающие в качестве сигналов реализации статуса персонажа в типичных для него ролевых позициях»[1].

Совокупность лингвосоциопоказателей представляет собой речевую модель социальных признаков литературного персонажа — лингвосоциограмму, которая используется как инструмент филологического анализа художественного произведения.

---

[1] *Доценко М.П.* Лингвосоциограмма литературного персонажа как инструмент филологического анализа художественного произведения // Лингвострановедение и текст: сборник статей / Сост. Е.М. Верещагин, В.Г. Костомаров. М., 1987. С. 31.

В качестве обобщающего задания можно предложить студентам проектную работу. Получив индивидуальные темы (например, «Нужна ли семья сегодня?», «От чего зависит выбор профессии?», «Кто такая деловая женщина?»), студенты работают с литературой на русском языке, потом опрашивают информантов из числа носителей языка, анализируют их речь и формулируют свои выводы.

Знакомить иностранных учащихся с ролевым репертуаром русской языковой личности можно при изучении различных аспектов русского языка. Поскольку ролевой репертуар реализуется в регулярно повторяющихся ситуациях, включающих символические, ритуальные и, следовательно, национально своеобразные элементы, такой подход даёт возможность постичь этно- и социокультурные особенности страны изучаемого языка, а также повысить уровень коммуникативной компетенции обучаемых.

Литература

Беликов В.И., Крысин Л.Б. Социолингвистика. М., 2001.

Вахтин Н.Б., Головко Е.В. Социолингвистика и социология языка: учебное пособие. СПб., 2004.

Верещагин Е.М., Костомаров В.Г. В поисках новых путей развития лингвострановедения: концепция речеповеденческих тактик. М., 1999.

Верещагин Е.М., Костомаров В.Г. Язык и культура: Три лингвострановедческие концепции: лексического фона, речеповеденческих тактик и сапиентемы / Под ред. и с послесловием акад. Ю.С. Степанова. М., 2005.

Иссерс О.С. Коммуникативные стратегии и тактики русской речи. М., 2003.

Крысин Л.П. Социолингвистические аспекты изучения современного русского языка. М., 1989.

Крысин Л.П. Речевое общение и социальные роли коммуникантов // Крысин Л.П. Русское слово, своё и чужое: Исследования по современному русскому языку и социолингвистике. М., 2004.

Лысакова И.П. Теоретические основы современной методики преподавания русского языка как иностранного // Вестник МАПРЯЛ. 1999. № 27.

Прохоров Ю.Е. Национальные социокультурные стереотипы речевого общения и их роль в обучении русскому языку иностранцев. М., 1996.

Современный русский язык: Социальная и функциональная дифференциация / Отв. ред. Л.П. Крысин. М., 2003.

Социолингвистика и социология языка: хрестоматия / [Пер. с англ.]; отв. ред. Н.Б. Вахтин. СПб., 2012.

Формановская Н.И. Речевое взаимодействие: коммуникация и прагматика. М., 2007.

Вопросы и задания

1. Что изучает социолингвистика?

2. Какое значение имеет социолингвистический подход для методики обучения русскому языку как иностранному?

3. Какова структура ситуации общения?

4. Что такое социальная роль? Как теория социальных ролей используется в практике преподавания иностранных языков?

5. Что обозначают термины «социолингвистическая переменная» и «лингвосоциограмма»?

6. Составьте учебный диалог на тему «Встреча», используя разные параметры ситуации.

1.6. Социокультурные основы обучения РКИ

1.6.1. Лингвострановедение

В современной методике обучения русскому языку как иностранному прочно утвердился тезис об изучении языка и культуры в их взаимосвязи и взаимодействии.

Основы лингвострановедческой теории были заложены в начале 70-х годов XX века в работах Е.М. Верещагина и В.Г. Костомарова. Лингвострановедение определялось как «аспект преподавания русского языка иностранцам, в котором с целью обеспечения коммуникативности обучения и для решения общеобразовательных и гуманистических задач лингвострановедчески реализуется кумулятивная функция языка и проводится аккультурация адресата, причем методика преподавания имеет филологическую природу — ознакомление проводится через посредство русского языка и в процессе его изучения»[1]. Отмечалось, что лингвострановедение использует собственный языковой материал, который обусловливает методы и приёмы его презентации.

Основой для лингвострановедческого подхода к преподаванию русского языка как иностранного послужило выделение кумулятивной (накопительной) функции языка — способности языка отражать, фиксировать и сохранять в языковых единицах экстралингвистическую информацию.

Особое внимание исследователи обращали на проблему учебного комментирования лексики. Были представлены виды учебного комментария: системный, комплексный, художественно-обзорный, историко-этимологический, ономастический.

Основные положения лингвострановедческой концепции можно сформулировать в следующих тезисах.

1. Семантика слова не исчерпывается лексическим понятием, в неё также входит компонент, который называется лексическим фоном.

2. В лексической семантике различаются межъязыковые и национально-культурные семантические доли.

3. Лексический фон более динамичен, чем лексическое понятие: одни семантические доли могут входить в него, а другие — исчезать.

4. Семантические доли обусловливают семантику производных слов.

5. Лексический фон может переноситься на языковые единицы, изоморфные слову, в частности на фразеологизмы и языковые афоризмы.

---

[1] *Верещагин Е.М., Костомаров В.Г.* Язык и культура: Лингвострановедение в преподавании русского языка как иностранного. 4-е изд., перераб. и доп. М., 1990. С. 37.

К существующим типам словарей необходимо добавить новый тип — лингвострановедческий словарь. В таком словаре, адресованном иностранцам, которые изучают русский язык, должно быть представлено толкование лексического фона слова. Словарь этого типа может оказаться полезным и для носителей русского языка.

Исследователи неоднократно предпринимали попытки определить лингвострановедчески значимые единицы как самостоятельную категорию: предлагались такие термины, как логоэпистема, лингвокультурема, стереотип речевого общения. Становление лингвострановедения привело к необходимости разработки специальных учебных программ по этому направлению, составленных с учётом специфики и профиля обучающихся.

Изначально лингвострановедение опиралось на данные смежных наук, таких как культурология, социолингвистика, семиотика, этнография, философия, литературоведение, отличаясь от них своеобразным подходом к анализируемому материалу и прикладным характером.

По мнению А.Н. Щукина, лингвострановедение представляет собой страноведчески ориентированную лингвистику, которая занимается иностранным языком в сопоставлении с родным языком учащихся. При этом объектом рассмотрения выступает изучаемый язык как носитель культуры страны[1].

Изменение геополитической ситуации в начале 90-х годов XX века привело к необходимости пересмотреть подходы к определению понятия «лингвострановедение», выяснить его место в кругу смежных дисциплин, а также выявить способы презентации лингвострановедческих элементов в учебном процессе.

Лингвострановедение рассматривается как «методическая дисциплина, реализующая практику отбора и презентации в языковом учебном процессе сведений о национально-куль-

---

[1] *Щукин А.Н.* Методика преподавания русского языка как иностранного: учебное пособие для вузов. М., 2003. С. 35.

турной специфике речевого общения русской языковой личности с целью обеспечения коммуникативной компетенции иностранцев, изучающих русский язык»[1].

Лингвострановедческая компетенция — «система извлечённых из языковых единиц с национально-культурным компонентом семантики и усвоенных иностранными учащимися в процессе... изучения русского языка знаний о культуре страны, а также совокупность лингвострановедческих умений, позволяющих осуществить речевую деятельность на русском языке»[2].

С точки зрения Л.И. Кан, лингвострановедческий компонент является одной из составляющих социокультурной компетенции наряду с социолингвистическим и общекультурным. Лингвострановедческий компонент включает языковые и фоновые знания, социолингвистический учитывает языковую специфику социальных слоёв, представителей разных поколений, диалекты и др., а общекультурный предполагает знание этнокультурного фона, историко- и социокультурных особенностей, моделей коммуникативного поведения и культурно обновлённых сценариев[3].

Предмет **страноведения** составляет «определённым образом отобранная и организованная совокупность экономических, социально-политических, исторических, географических

---

[1] *Прохоров Ю.Е., Чернявская Т.Л.* Лингвострановедческий аспект методики преподавания русского языка как иностранного: программа курса лекций и семинарских занятий / Под ред. В.Г. Костомарова. М., 1998. С. 6.

[2] *Томахин Г.Д., Фомин Б.Н.* Проблематика сопоставительного лингвострановедения // Научные традиции и новые направления в преподавании русского языка и литературы: Доклады сов. делегации / VI Международный конгресс преподавателей русского языка и литературы МАПРЯЛ; [редколлегия: В.Г. Костомаров (отв. ред.) и др.]. М., 1986. С. 252—261.

[3] *Кан Л.И.* Развитие социокультурной компетенции при обучении лингвострановедческому чтению на корейском языке студентов старших курсов языкового вуза: на материале СМИ: автореф. дисс. ... канд. пед. наук. СПб., 2011.

и других знаний, связанных с содержанием и формой речевого общения носителей данного языка, включаемая в учебный процесс с целью обеспечения образовательных и интеллектуальных задач обучения и связанная с обеспечением коммуникативных потребностей учащихся, реализуемых на русском языке»[1].

Лингвострановедение во многом опирается на данные **культурологии** — науки, интегрирующей различные области знания (философию, психологию, историю, социологию, этнографию и др.). Культурологические источники позволяют отобрать необходимый для контингента учащихся материал, факты национальной культуры с учётом потребностей обучаемых. Лингвострановедение следует отличать от **культуроведения** — учебной дисциплины, «предметом которой является определённым образом отобранная и организованная совокупность сведений о культуре страны изучаемого языка, необходимых для осуществления речевого общения на этом языке, и включаемая в учебный процесс с целью обеспечения решения образовательных и интеллектуальных задач обучения»[2].

С традиционным лингвострановедением сополагается такая филологическая дисциплина, как **лингвокультурология**, которая «изучает определённым образом отобранную и организованную совокупность культурных ценностей, исследует живые коммуникативные процессы порождения и восприятия речи, опыт языковой личности и национальный менталитет, даёт системное описание языковой "картины мира" и обеспечивает выполнение образовательных, воспитательных и интеллектуальных задач обучения»[3]. Лингвокультурология предполагает целостное изучение проблемы взаимодействия языка и культуры в теоретическом ракурсе, а также

---

[1] *Чернявская Т.Н.* Художественная культура СССР: лингвострановедческий словарь. М., 1984.

[2] *Чернявская Т.Н.* Указ. соч.

[3] *Журавлёва Л.С., Зиновьева М.Д.* Обучение чтению: на материале художественных текстов. М., 1984. С. 125. Подробнее о лингвокультурологии см. ниже, § 1.6.2.

контрастивный подход к анализу культурологических сфер разных языков, базирующийся на теории лингвистической относительности.

В лингвострановедении длительное время преобладал имманентный подход: национально-культурная специфика языка и текстов изучалась безотносительно к национальному составу обучаемых. Широко практиковались лингвострановедческие пособия, адресованные любым иностранцам, изучающим русский язык. В меньшей степени уделялось внимание проблемам сопоставительного лингвострановедения.

Главная цель **сопоставительного лингвострановедения** — обеспечить «через изучение выраженной в языке национальной культуры» «коммуникативную компетенцию в актах межкультурной коммуникации представителей конкретных языков и культур»[1]. Поскольку национальное своеобразие культуры находит выражение прежде всего в лексике и фразеологии, именно лексические и фразеологические единицы являются объектом сопоставительного лингвострановедения. Сравнивать лексические единицы нужно для выявления реалий, коннотаций и национально-культурного фона. При сопоставлении каждого объекта необходимо определить, в чём его национально-культурная специфика — по денотату, коннотату или по фону.

В процессе изучения иностранного языка новое понятие формируется с опорой на понятие, свойственное эквивалентному слову родного языка, или без такой опоры. Лексика, обозначающая денотативные и коннотативные реалии, прежде всего отражает национально-культурное своеобразие изучаемого языка. В учебных целях такие реалии могут быть сгруппированы по тематически-смысловому принципу, к ним нужно приложить объяснение и возможные варианты перевода. Такой подход позволяет построить лингвострановедческий курс, в который войдут установочные тексты, словарь реалий, лингвострановедческий комментарий и упражнения.

---

[1] *Томахин Г.Д., Фомин Б.Н.* Указ. соч. С. 253.

Обоснован тезис о существовании страноведчески ориентированной вариантологии на материале национальных вариантов английского языка. Успех акта коммуникации зависит от знания соответствующих культурно-исторических коннотаций в семантической структуре лексических единиц.

При работе над фоновой лексикой с конкретным контингентом учащихся возникает необходимость в выборе тех или иных семантических долей фона, которые следует семантизировать именно для данной аудитории. Например, в типологии лингвострановедческих комментариев применительно к корейской аудитории комментарии подразделяются на описательные и описательно-определительные в зависимости от наличия или отсутствия собственно толкования в тексте комментария.

В описательных комментариях толкование лексической единицы не даётся, приводится только описание существенных для адекватного понимания текста семантических долей с помощью исторической справки или указания на словообразовательный тип. К описательным комментариям относятся:
- комментарии, расширяющие лексический фон за счёт использования сведений из словаря;
- комментарии, расширяющие лексический фон за счёт языкового и бытового опыта;
- справочно-исторические комментарии;
- комментарии, содержащие словообразовательные модели.

Определительные комментарии подробно объясняют языковую единицу с использованием сведений из толкового словаря.

К **описательно-определительным** относятся комментарии:
- собственно-изъяснительный;
- этимологический;
- словообразовательный;
- контекстуальный;
- отсылочный;
- исторический;
- расширенный страноведческий.

Как национальные маркеры культуры рассматриваются различные лексические группы антропонимов, топонимов, фитонимов и зоонимов. Так, русские антропонимы являются источником сведений о возрасте и происхождении людей, имеют социальную и стилистическую окраску, тесно связаны с речевым этикетом.

Значительное внимание в области лингвострановедения уделяется национально-культурной семантике русской фразеологии и языковых афоризмов. Фразеологизм может отражать национальную культуру комплексно (идиоматическое значение фразеологической единицы) и расчленённо (через единицы состава фразеологической единицы); ту же функцию могут выполнять словосочетания — прототипы фразеологической единицы.

Текст как источник лингвострановедческой информации играет существенную роль в обучении русскому языку как иностранному. В зависимости от способа подачи информации тексты подразделяются на прагматичные и проективные. Прагматичный способ подачи информации характерен для текстов научного, учебного и справочного характера, проективный способ реализуется в художественных и художественно-публицистических текстах.

Литературные произведения для работы с иностранными учащимися отбирают исходя из двух основополагающих принципов:
- познавательная ценность художественного произведения, обусловленная его культурной значимостью;
- учёт социально-психологических, национальных особенностей учащихся, их интересов, степени подготовленности к восприятию литературы.

Для работы в иностранной аудитории предлагаются задания:
- предтекстовые, которые ориентированы на моделирование фоновых знаний, достаточных и необходимых для восприятия определённого текста, на устранение смысловых

и языковых трудностей его понимания, а также на формирование навыков и умений чтения;
- притекстовые, дающие коммуникативную установку (позволяют сделать процесс чтения целенаправленным);
- послетекстовые, нацеленные на проверку глубины и точности понимания прочитанного и готовящие к творческому использованию извлечённой информации.

Актуальным является обучение стратегиям интерпретирования художественного текста, при этом в качестве опорных элементов рассматриваются ключевые словесные образы как элементы национальной картины мира.

Важной особенностью современной компетентностной парадигмы является **междисциплинарный подход**, при котором становление компетенций должно происходить в процессе изучения различных учебных предметов, объединённых в тематические модули, поэтому в методике преподавания иностранных языков в настоящее время значительное внимание уделяется формированию лингвострановедческой компетенции студентов на междисциплинарном уровне, что в свете идей глобализации представляется закономерным. Так, в работе Е.О. Кузнецовой «Формирование лингвострановедческой компетенции студентов исторических факультетов на основе аккумулирующего лингвострановедческого чтения (на английском языке)»[1] акцентируется взаимосвязь иностранного языка и истории, что отражает требования новой парадигмы обучения иностранным языкам. Представляется плодотворным предлагаемый в этом исследовании структурный подход к понятию «лингвострановедческая компетенция», при котором в ней различаются этнопсихологический, социопсихологический, психолингвистический, этнопсихолингвистический и лингвистический аспекты.

---

[1] *Кузнецова Е.О.* Формирование лингвострановедческой компетенции студентов исторических факультетов на основе аккумулирующего лингвострановедческого чтения (на английском языке): автореф. дисс. ... канд. пед. наук. СПб., 2013.

Говоря об интерпретации лингвострановедческой текстовой информации, Е.О. Кузнецова методически оправданно намечает три формы справочных записей:
1) справка о факте (реалии) с точки зрения его культуроведческого или страноведческого значения;
2) справка, комментирующая широкий социокультурный контекст;
3) анализ-комментарий отношения автора к конкретному лингвострановедческому факту с точки зрения общего замысла произведения.

Важным представляется выделение макро- и микроединиц обучения аккумулирующему лингвострановедческому чтению на английском языке. В качестве макроединицы предложена историческая ситуация, в основу которой положена такая микроединица, как историзм.

В настоящее время большое внимание уделяется проблемам **лингвострановедческой лексикографии**. Преподаватели иностранных языков имеют возможность использовать в учебном процессе материалы лингвострановедческих словарей, в том числе электронных. В частности, в Институте русского языка им. А.С. Пушкина ведётся работа над мультимедийным лингвострановедческим словарём «Россия», который создаётся на базе выпущенных ранее книжных версий лингвострановедческих словарей и дополняется мультимедийным и интерактивным контентом, что значительно отличает его от других учебных словарей, печатных и электронных. Главная цель создания словаря — помочь изучающим русский язык как иностранный в усвоении слов и выражений, обладающих национально-культурным компонентом семантики. Словарь адресован зарубежным преподавателям РКИ и изучающим русский язык как иностранный, тем, кто владеет русским языком на уровне не ниже А1. Основная работа над проектом проходит в 2014—2016 годах. Пользователи словаря регулярно получают доступ к новым учебным ресурсам РКИ — словарным статьям, медиатеке (включает тексты, дополняющие словарь, репродукции, фотографии, аудиозаписи, видеофрагменты) и интерактивным заданиям. Сетевая версия словаря в дальнейшем будет регулярно обновляться, дополняться новыми материалами, отражающими живые процессы, которые происходят в русском языке и культуре России[1].

Можно отметить ряд других подходов к изучению взаимодействия языка и культуры:
- концепция, предполагающая изучение национальных социокультурных стереотипов речевого общения;
- методическая концепция культурной грамотности как основа учебной минимизации и презентации лингвострановедческого материала;
- подход с точки зрения поведенческой географии, помогающий установить место и роль национально-специфических особенностей реализации и истолкования пространства, символического значения пейзажа, городских реалий и др. в организации речевого общения.

В частности, существенной для лингвострановедения может стать разрабатываемая в рамках гуманитарной географии концепция географических образов, которые можно определить как совокупность ярких, устойчивых и эмоционально окрашенных пространственных представлений о конкретной территории. Туристический образ как один из типов географического образа может включать природно-географические, этнокультурные, культурно-исторические, экономические, геополитические компоненты. Исходя из этого, туристический образ территории можно рассматривать как один из элементов национальной культурной картины мира. Следовательно, концепция географических образов пересекается с концепциями страноведческих реалий, прецедентных феноменов, этнотек-

---

[1] Мультимедийный лингвострановедческий словарь «Россия» [Электронный ресурс]. — Режим доступа: http://ls.pushkin.edu.ru/lsslovar/index.php?title.

ста, разрабатываемых в лингвострановедении и лингвокультурологии.

Так, в исследовании А.М. Гогленкова[1] одним из основных стал **метод работы с мысленными картами**. Его можно рассматривать как один из вариантов реализации метода проектов с элементами деловой игры и развивающей кооперации, адаптированного к целям формирования межкультурной компетенции на страноведческом материале. Мысленные карты представляют фиксированные образы пространства, сохраняемые в сознании людей. Исследование мысленных карт позволяет выяснить, как восприятие влияет на реальное поведение. В связи с этим изучение мысленных карт особенно важно при анализе пространственного поведения людей и выбора ими предпочтений в процессе деятельности, что существенно, например, при анализе туристских потоков. Представление человека (или социокультурной группы) о том или ином месте является важным фактором, определяющим выбор мест отдыха, поскольку, думая о направлении туристской поездки, люди неосознанно обращаются к сложившимся в их сознании образам различных мест.

Использование данного приёма стимулирует познавательную деятельность обучаемых и создаёт положительную мотивацию, поскольку изучение стран и регионов проводится в необычной форме. Кроме того, мысленные карты позволяют выявить механизм стереотипизации представлений об отдельных народах, странах и регионах. Работа с мысленными картами включает углублённое интервьюирование, черчение планов-образов, ассоциативный опрос[2]. Она позволяет интегрировать

---

[1] *Гогленков А.М.* Формирование межкультурной компетенции студентов в системе высшего образования в области туризма: (на материале дисциплин страноведческого модуля): автореф. дисс. ... канд. пед. наук. СПб., 2011.

[2] *Харченкова Л.И., Турунен Н.* Геокультурный компонент в профессиональной подготовке финских студентов, специализирующихся в области русской культуры и туризма // Педагогическая культура: коллективная монография / Отв. ред. В.Л. Бенин, В.В. Власенко. СПб., 2012. С. 665—677.

методики, разработанные в лингвострановедении для анализа этнотекста, а также для использования ассоциативных опросов, коллажирования и др.

Особый акцент в методике преподавания иностранных языков в лингвострановедческом ракурсе делается на диалоге культур.

Диалог культур определяется как взаимодействие контактирующих культур в процессе изучения иностранного языка, обеспечивающее адекватное взаимопонимание и духовное взаимообогащение представителей разных лингвокультурных общностей. При этом взаимодействие понимается как диалог, как такое сопряжение культур, при котором они вступают друг с другом в «диалоговые отношения» (М.М. Бахтин).

Наряду с термином «диалог культур» используют термины «межкультурная коммуникация», «межэтническая коммуникация», «кросскультурная коммуникация», «трансрасовая коммуникация». Понятие «межкультурная коммуникация» является более широким, родовым по отношению к видовому понятию «диалог культур».

Проблема диалога культур в обучении иностранным языкам на сегодняшний день весьма актуальна. Выделяют следующие основные аспекты диалога культур:

- билингвистический — включает разработку проблем интерференции (лингво- и социокультурной), кодового переключения, языкового дефицита, конвергенции и дивергенции культур и др.;
- прагматический — предполагает разработку лингвопрагматики в плане исследования межкультурной коммуникации (специфика взаимодействия разнонациональных коммуникантов, особенности реализации интенций участников диалога и др.);
- когнитивный аспект — включает исследование когнитивных особенностей, путей восприятия и понимания изучаемого языка и культуры различными национальными контингентами учащихся;

- аксиологический — направлен на выявление оценочных характеристик, которые приписывают явлениям изучаемого языка и культуры представители разных национальных культур;
- эстетический — раскрывает пути эстетического постижения изучаемого языка и культуры учащимися разных национальностей.

Данная классификация создаёт предпосылки для комплексного, разностороннего изучения коммуникативного взаимодействия разнонациональных коммуникантов с учётом особенностей различных компонентов межкультурной коммуникативной ситуации.

Предметом обучения в контексте диалога культур должны стать прежде всего основные составляющие национальной картины мира (время, пространство, цвет, времена года), поскольку именно они оказывают существенное влияние на продукты национальной культуры. В качестве примеров можно привести такие произведения китайской архитектуры и литературы, отражающие национальное восприятие растительного и животного мира Китая, как Даяньта («Большая пагода диких гусей»), драма «Пионовая беседка» Тан Сяньцзу, трагедия «Веер с персиковыми цветами» Кун Шанжэня, а также многочисленные произведения живописи и декоративно-прикладного искусства.

При обучении русскому языку как иностранному в контексте диалога культур можно применять сопоставительные лингвострановедческие словари. Отбор материала для них производят по следующей схеме.

1. Слово и его производные.
2. Фразеологизмы, пословицы, поговорки и крылатые выражения, в состав которых входят данное слово и его производные.
3. Слово в фольклоре, литературе и других видах искусства.
4. Слово (реалия) в диахронии и синхронии.

5. Семиотический фон слова (геральдика, эмблемы, символы, кинесика).

6. Слово в прагматическом аспекте (реклама, кулинарный рецепт и т.д.).

Проследим, по каким направлениям желательно производить отбор материала для сопоставительного лингвострановедческого словаря на примере языковых средств, обозначающих представителей животного мира[1], которые являются маркерами разных культур — русской и китайской. Речь идёт о медведе (символе русской культуры) и о драконе (символе культуры Китая).

На основе представлений о силе и мощи медведя в русском языке возникли устойчивые сравнения: *сильный (здоровый) как медведь, сила как у медведя*. Медведь в русском языковом сознании вызывает также ассоциации с неуклюжестью, отсюда сравнение: *неуклюжий (неповоротливый) как медведь*. Существует множество фразеологизмов, в состав которых входит слово *медведь* и его производные: *медведь на ухо наступил, делить шкуру неубитого медведя, медвежий угол* и др. Образ медведя нашёл отражение в пословицах: *Медведи — плохие соседи, медведя бояться — от белки бежать, медведь корове не брат, два медведя в одной берлоге не уживутся* и др.

Медведь как национальный маркер культуры отразился в русской геральдике (гербы Ярославля и Новгорода), живописи («Утро в сосновом лесу» И.И. Шишкина), фольклоре (сказки «Мужик и медведь», «Маша и медведь», «Мужик, медведь и лиса», «Напуганные медведь и волки», «Сказка об Ивашке — медвежьем ушке» и др.), литературе (басня И.А. Крылова «Квартет», «Генерал Топтыгин» Н.А. Некрасова, сказка «Три медведя» в пересказе Л.Н. Толстого, водевиль А.П. Чехова «Медведь»; медведь появляется в сне Татьяны в рома-

---

[1] См.: *Харченкова Л.И., Шашков Ю.А., Якубовская Р.В.* У всякой пташки свои замашки: Зоонимы на уроке русского языка: учебно-методическое пособие для учителей русского языка и преподавателей РКИ. СПб., 2002.

не А.С. Пушкина «Евгений Онегин», с медведем Н.В. Гоголь сравнивает героя «Мертвых душ» Собакевича и т.д.). Этот зооним — национальный символ репродуцируется в различных социокультурных сферах (эмблема Олимпиады-80), в изделиях народно-художественных промыслов (каргопольская и богородская игрушка). Образ медведя используют в рекламе, в сфере торговли и бытовых услуг (названия конфет «Мишка косолапый», «Мишка на Севере» и др.).

Для китайской культуры особенно значим образ дракона. Дракон считался в древности тотемом предков китайского народа в период династии Ся и поэтому стал эмблемой китайской нации. В китайской мифологии дракон — покоритель водной стихии, посылающей на землю дождь. Дракон олицетворяет величие, воинственность, силу. В конце весны в Китае отмечается традиционный праздник драконьих лодок; он посвящён наступлению лета и непременный его атрибут — гонки на лодках, украшенных изображением дракона. В хореографическом искусстве Китая видное место занимает танец дракона, который в зависимости от времени года полагалось танцевать в одежде разного цвета.

Существует немало легенд, сказок, басен, связанных с образом дракона. Согласно одной из легенд, шестёркой драконов запряжена колесница Солнца, которой управляет возница Си Хо; другая легенда называется «Как Лу Бань брал дворец у дракона». Среди сказок — «Свадьба речного дракона», «История фанцзы», где главным героем является дракон и др. Литературные произведения — стихотворение Бо Цзюйи «Дракон чёрной пучины», новелла Ли Чаовэя «История Лю И», в которой дракон является владыкой озера Дунтинху, Лю И женится на его дочери и таким образом обретает бессмертие; басня «Каких драконов любил чиновник Е Гун».

Дракон вызывает устойчивые ассоциации с царской властью и её регалиями. Например, выражение *распознать дракона* означало узнать царствующую особу или крупного придворного вельможу. Одно из национальных китайских блюд называется «Тигр, феникс и дракон». Изображение дракона можно увидеть на женских украшениях, одежде, посуде, картинах, часто дракон обвивает сосуды, колонны. Многие шедевры китайского зодчества связаны именно с образом дракона: колонны «хуабяо» перед воротами Тяньаньмэнь, лестницы павильонов древнего дворцового ансамбля Гугун, стена Девяти драконов в парке Бэйхай, балюстрада в Храме Неба и др.

Резной дракон является символом утончённости в художественной литературе. Этот образ использовал в своём трактате «Вэнь син дяо лун» («Резной дракон литературной мысли») в V веке Лю Се. И даже первый китайский автомобиль марки «Дунфэн» («Восточный ветер») имел эмблему — летящего золотого дракона.

Задача преподавателя русского языка как иностранного заключается в умелом соотнесении контактирующих национальных культур, в проведении, где это возможно, научно обоснованных аналогий и параллелей, в обучении иностранных учащихся творческому использованию знаний в области русской культуры. Для решения поставленных задач преподавателю необходимо разрабатывать следующие направления:

- пересмотр программных тем, их анализ с целью выявления имеющихся резервов для усиления культурологической направленности изучаемого материала;
- комплексный подход к изучаемому материалу при аспектном преподавании русского языка как иностранного;
- параллельное и сопоставительное изучение культур стран, участвующих в межкультурном диалоге (например, России и США), и локальных культур отдельных регионов (например, Петербурга с его пригородами и штата, из которого приехали учащиеся: Миннесоты, Калифорнии, Виргинии и т.д.);
- использование новаторских приёмов и технологий обучения в условиях диалога культур;
- учёт особенностей региональной среды в аудиторной и внеаудиторной работе.

Большое место в решении учебных задач, связанных с направленностью обучения в контексте диалога культур, занимает приём учебной аналогии. Например, студенты из Калифорнии при изучении темы «Город» под руководством преподавателя могут составить цепочку названий штата по аналогии с цепочкой, в которой представлены названия штата Луизиана: *Луизиана — сахарный штат — американская Голландия — рай для спортсменов — штат речных рукавов*. Для характеристики штата Калифорния эта цепочка принимает вид: *Калифорния — золотой штат — Эльдорадо — штат «Эврика» — виноградный штат — штат Сьерры*. Такая цепочка может лечь в основу рассказа о своём штате на русском языке, служить моделью для построения высказывания, поскольку, к примеру, название *золотой штат* направляет рассказ в сторону ассоциаций, связанных с золотом (времена золотой лихорадки, мост «Золотые Ворота» в Сан-Франциско), название *штат «Эврика»* говорит о необходимости включить в рассказ сведения о девизе штата, *штат Сьерры* напоминает о горах Сьерра-Невада, занимающих восточную часть штата Калифорния; таким образом, слова в цепочке предполагают развитие разных микротем.

Важную роль в обучении русскому языку как иностранному в контексте диалога культур играет метод моделирования, который способствует лучшему усвоению изучаемого материала, позволяет наглядно представить объект изучения со всеми его взаимосвязями. Метод моделирования может быть использован при подготовке иностранных студентов к сочинению, завершающему тему «Человек, портрет, характер». На основе анализа текстов, знакомящих с народным, фольклорным представлением о красоте (можно использовать тексты А.С. Пушкина, М.Ю. Лермонтова, Н.А. Некрасова), устанавливается семантическая общность типовых текстовых фрагментов. Выявляются образные сравнения, характеризующие русскую девушку: *зубы как жемчуг, румяна как яблоко, плывёт лебёдушкой* и др. Особое внимание обращается на национальную картину мира, отражённую в языке. В системе сравнений, характеризующих русскую красавицу, преобладают предметы, связанные с растительным и животным миром России (*берёзка, яблоко, мак, соболь*), а также реалии, отражающие природные и климатические особенности страны (*снег, реченька*). В китайских сравнениях, традиционно используемых для описания красивой девушки, обнаруживается другая система: *овал лица как семечко (как яйцо); глаза лучистые как звёзды, чёрные как виноград; ресницы густые как щёточки; губы как вишни, зубы как нефриты, волосы длинные как водопад; руки нежные (белые) как китайский лук, стройная как ива*. В этих сравнениях отражаются природные особенности Китая и языковые традиции китайского народа.

После анализа текстовых фрагментов разрабатывается содержательная модель текста, описывающего внешность, которая поможет учащимся общаться на соответствующие темы и составлять тексты такого типа.

Развитию ассоциативных механизмов у иностранных учащихся способствует такой вид работы, как организация ассоциативной беседы. Особенность её в том, что учащиеся должны реагировать на каждую последующую реплику диалога, опираясь на ключевые или тематические слова.

При обучении русскому языку как иностранному в контексте диалога культур интерес представляет организация ассоциативной беседы в направлении русской или родной культуры учащихся. Так, беседа о праздновании Пасхи в России может строиться на основе цепочки:

Пасха — верба — церковь — всенощная — крестный ход — яйца — кулич — пасха — разговляться.

Для американцев цепочка принимает изменённый вид:

Пасха — пальма — церковь — крестный ход — пасхальный кролик — конфеты — корзинки — шляпы — лилия — яйца — ужин.

Поскольку обучение в условиях языковой среды носит обычно краткосрочный характер, отбор методов и приёмов должен быть направлен на интенсификацию процесса обучения, на активизацию познавательной деятельности иностранных учащихся.

Долговременной положительной мотивации на занятиях, активизации познавательных интересов иностранных учащихся способствуют трансформация формы изучаемого материала, использование необычного материала, опора на зрительную и слуховую наглядность, игру.

При работе над страноведческими текстами целесообразно использовать приём коллажирования (составления коллажа). Он позволяет выделить ключевое понятие, сконцентрировать на нём внимание учащихся и раскрыть содержание сопутствующих понятий. Ключевое понятие помещается в центр, а вокруг располагаются понятия-спутники, составляющие фоновое окружение. Коллаж может иллюстрировать одновременно факты русской и родной культуры учащихся, тогда понятия-спутники располагаются параллельно: с одной стороны — относящиеся к русской культуре, а с другой — к родной культуре обучаемых. Работа по составлению коллажа может быть построена и иначе: вначале ключевое понятие по ходу чтения страноведческого текста обрастает понятиями-спутниками, относящимися к русской культуре, а затем представляется фон, репрезентирующий родную культуру иностранных студентов.

Возможно также использование разного рода зрительных опор, поскольку необычная форма представления материала активизирует положительный эмоциональный фон обучения.

Для повторения изученной лексики преподаватель может применить зрительно-ассоциативный приём, когда студентам в качестве стимула предлагается картинка-подсказка, которая ассоциируется с изученным ранее материалом.

На занятиях по обобщающему повторению в сильных группах студентов-филологов преподаватель может предложить такой вид работы, как лингвострановедческая партитура текста. Преподаватель читает текст, а учащиеся по ходу чтения на полях отмечают ассоциации, связанные как с русской, так и с родной культурой.

Формированию ассоциативного фонда способствует также приём составления тематической сетки текста. Вначале текст читается и комментируется, отрабатывается незнакомая лексика. Затем текст делится на смысловые части и составляется его тематическая сетка: в центре выписываются основные понятия, а вокруг располагаются сопутствующие понятия, которые нумеруются в порядке их следования в тексте.

Составленная тематическая сетка может служить схемой для пересказа, а также каркасом для продуцирования текста.

Развитие ассоциативных механизмов, связанных с русской культурой, активно способствует формированию лингвострановедческой компетенции иностранных учащихся.

Ещё один приём, позволяющий обобщить знания о связях слова и культуры, — комплексный анализ слова. Его проводят по следующей схеме.

1. Указать лексическое значение слова (с помощью словаря), составить словосочетания по схемам: прилагательное + существительное; глагол + существительное.
2. Подобрать синонимы и антонимы (если они есть).
3. Определить, употребляется ли слово в переносном значении; если да, то привести пример такого употребления (предложение).
4. Отметить фонетические особенности слова.
5. Указать стилистическую окраску слова (нейтральное, книжное, разговорное).
6. Указать часть речи.
7. Привести примеры устойчивых выражений, в которых используется это слово.
8. Привести примеры использования этого слова и однокоренных слов в устном народном творчестве, в художественной литературе, в других видах искусства (скажем, в названиях картин, в текстах песен, в оперных и балетных либретто, в оперных ариях и т.п.).

Приём комплексного анализа слова способствует формированию умения систематизировать знания о слове, а также активизирует механизмы отбора культурологической информации.

В ходе обобщающего повторения студенты также могут составлять устные монологи или писать лингвистические миниатюры, иллюстрирующие кумулятивную функцию того или иного слова (возможные темы: «Дело в шляпе», «Вести из дома»).

Особенная роль в активизации познавательных интересов иностранных учащихся принадлежит дидактической игре. Закреплять изученную лексику позволяет, например, игра «Подскажи словечко». Вот фрагмент игры, активизирующей лексику, которая связана с русскими народными ремёслами.

> Задание. Замените многоточия словами, которые обозначают вид изделий русских народных ремёсел и восходят к названиям городов или сёл, где возникли соответствующие промыслы.
>
> 1. На фарфоре белом-белом.
>   Птица синяя запела.
>   Разнеслась по свету трель,
>   Что за прелесть эта … .
>
> 2. На шкатулке расписной
>   Светит месяц золотой.
>   Вы, конечно, все узнали
>   Знаменитый русский … .
>
> Ключ: гжель (по названию села Гжель, ныне в Раменском районе Московской области); палех (по названию города Палех в Ивановской области).

Сейчас ощущается тенденция к обновлению учебного материала лингвострановедческого характера, однако при этом важно сохранить культурно-языковую преемственность, совмещая сегодняшние интересы с культурным опытом предшествующих поколений.

Литература

Верещагин Е.М., Костомаров В.Г. Язык и культура: Лингвострановедение в преподавании русского языка как иностранного. 4-е изд., перераб. и доп. М., 1990.

Верещагин Е.М., Костомаров В.Г. Язык и культура: Три лингвострановедческие концепции: лексического фона, речеповеденческих тактик и сапиентемы / Под ред. и с послесл. акад. Ю.С. Степанова. М., 2005.

Воробьёв В.В. О статусе лингвокультурологии // Материалы IX Конгресса МАПРЯЛ... Доклады и сообщения российских учёных. М., 1999.

Дешериева Ю.Ю. К вопросу о создании теории межкультурной коммуникации (диалога культур) в учебных целях: аспекты экспериментального исследования // Русский язык и литература в общении народов мира: VII Конгресс МАПРЯЛ. М., 1990.

Мультимедийный лингвострановедческий словарь «Россия» [Электронный ресурс]. — Режим доступа: http://ls.pushkin.edu.ru/lsslovar/index.php?title.

Прохоров Ю.Е., Чернявская Т.Н. Лингвострановедческий аспект методики преподавания русского языка как иностранного: программа курса лекций и семинарских занятий / Под ред. В.Г. Костомарова. М., 1998.

Россия: Большой лингвострановедческий словарь: 2000 реалий истории, культуры, природы, быта и др. / [В.И. Борисенко, Ю.А. Вьюнов, С.К. Милославская и др.]; под общ. ред. проф. Ю.Е. Прохорова. М., 2009.

Фелицына В.П., Мокиенко В.М. Русские фразеологизмы: Лингвострановедческий словарь / Под ред. Е.М. Верещагина и В.Г. Костомарова. М., 1990.

Харченкова Л.И. Диалог культур в обучении русскому языку как иностранному. СПб., 1994.

Харченкова Л.И., Турунен Н. Геокультурный компонент в профессиональной подготовке финских студентов, специализирующихся в области русской культуры и туризма // Педагогическая культура: коллективная монография / Отв. ред. В.Л. Бенин, В.В. Власенко. СПб., 2012. С. 665—677.

Вопросы и задания

1. С какими смежными науками связано лингвострановедение?

2. В чём различие между лингвострановедением, страноведением, культуроведением и лингвокультурологией?

3. Какие лингвострановедческие словари могут быть использованы в учебном процессе?

4. Назовите основные аспекты диалога культур.

5. В чём особенности обучения в контексте диалога культур?

1.6.2. Лингвокультурология

Возникновение и развитие **лингвокультурологии** (от лат. *lingua* — язык, *cultura* — культура, греч. *logos* — учение) в отечественной науке связано с чрезвычайно активной разработкой научной проблематики «язык и культура», а также с тем, что в преподавании иностранных языков возобладал культурологический подход. Это сравнительно молодая филологическая дисциплина образовалась в конце XX века на стыке лингвистики и культурологии в рамках развития научного направления «Русский язык как иностранный». О будущем нового подхода было заявлено на IX Конгрессе МАПРЯЛ: «Лингвисты и методисты уже обозначали этот подход как лингвокультурологический или культурологический. С необходимостью акцентируя внимание на педагогическом (обучающем) аспекте этого нового подхода, с которым будет связана дидактика в XXI веке, назовём этот подход культуроведческим»[1].

Лингвокультурология в кругу смежных дисциплин

Проблема взаимосвязи языка и культуры имеет давнюю традицию и разрабатывается в России в различных направлениях. Это прежде всего этнолингвистика (Н.И. Толстой и его последователи). Программа этнолингвистики ориентирует исследователя «на рассмотрение соотношения и связи языка и духовной культуры, языка и народного менталитета, языка и народного творчества, их взаимосвязи и разного рода их корреспонденции»[2]; эти задачи, созвучные задачам лингвокультурологии как филологической дисциплины, реализуются в настоящее время преимущественно на этническом материале славянских языков, дошедшем до нас в фольклорных тек-

---

[1] *Митрофанова О.Д.* Лингводидактические уроки и прогнозы конца XX века // Материалы IX Конгресса МАПРЯЛ. Братислава, 1999. С. 346—347.

[2] *Толстой Н.И.* О предмете этнолингвистики и её роли в изучении языка и этноса // Ареальные исследования в языкознании и этнографии: Язык и этнос. М., 1983. С. 182.

стах, ритуалах бытового и религиозного характера и др. Тесные связи имеет лингвокультурология с социолингвистикой (язык и общество) и психолингвистикой (язык и мышление).

Особые отношения связывают лингвокультурологию с лингвострановедением: именно лингвострановедческий подход позволил развернуть широкое научное описание отражения национальной культуры в языковых единицах и создать новые типы и жанры практических материалов для преподавания языка.

Некоторые исследователи считают, что лингвокультурология базируется на лингвострановедении и развивает эту дисциплину, однако во многих работах акцентируются особенности лингвокультурологии, отличающие её от лингвострановедения. Неоднозначность соотношения терминов «лингвокультурология» и «лингвострановедение» послужила причиной научной дискуссии. По мнению одних исследователей, эти дисциплины находятся в родовидовых отношениях, причём лингвострановедение понимается шире, чем лингвокультурология. По мнению других, лингвокультурология занимает главенствующее положение по отношению к лингвострановедению. Есть мнение, согласно которому эти дисциплины имеют параллельные, самостоятельные сферы исследований.

Большинство исследователей связывают лингвострановедение и его задачи с методикой преподавания русского языка как иностранного, относя лингвострановедение к числу лингвометодических или филологических дисциплин. Что же касается лингвокультурологии, то она всегда определяется как теоретическая филологическая дисциплина. Это «научная дисциплина синтезирующего типа, пограничная между науками, изучающими культуру, и лингвистикой, а не аспект преподавания языка, как страноведение. Вопросы преподавания языка оказываются здесь производными»[1].

---

[1] *Воробьёв В.В.* Культурологическая парадигма русского языка: Теория описания языка и культуры во взаимодействии. М., 1994. С. 22.

Принадлежность к филологии — содружеству гуманитарных дисциплин — языкознания, литературоведения, текстологии и др., изучающих духовную культуру человека через языковой и стилистический анализ письменных текстов, — свидетельствует прежде всего об обращённости лингвокультурологии к культурному и духовному опыту человечества.

Являясь филологической дисциплиной синтезирующего типа, существующей в определённом взаимодействии с различными гуманитарными дисциплинами (культурологией, философией и др.), лингвокультурология занимается главным образом человеком как языковой личностью, несущей в себе особенности национального мышления, мировоззрения, ментальности, восходящие к культурно-нравственному опыту народа. Обращение лингвокультурологии к культурно-нравственному, духовному опыту человечества связывает предмет её исследований с категориями философского и ментального порядка, принадлежащими одновременно сферам исследования других гуманитарных дисциплин.

Гуманитарная ориентированность лингвокультурологии определяет её направленность на духовно-нравственное и ментальное содержание пространства культуры. Лингвокультурология изучает этнопсихологическую характеристику и духовную культуру народа, паремиологию, прецедентные тексты и социокультурные коннотации. Ключевые понятия лингвокультурологии — картина мира, концепт, лингвокультурема, логоэпистема (от греч. *logos* — слово, *episteme* — знание), фразеологизмы, крылатые слова, афоризмы, поговорки, пословицы, цитаты.

Философский модус отражается в лингвокультурологии в соотношении значений языковых единиц с понятиями «картина мира» и «концепт», что связано с предметной областью когнитивной лингвистики. Вот как это представлено в дефиниции лингвокультуремы: «Лингвокультурема — это единица, включающая в себя единство знака, значения и соотносительного понятия о классе предметов культуры. Семантика лингвокультуремы представляет собой диалектическую связь языкового и неязыкового содержания (референта). Такая единица соотносится одновременно и с собственно языковым планом, и со знаниями о широко понимаемых предметах материальной и духовной культуры; она входит не только в собственно языковые, но и более глубокие внеязыковые "парадигмы" и "синтагмы", т.е. классификационные системы и способ применения в действительности самих вещей»[1].

Лингвокультурология — наука молодая, поэтому её понятийный аппарат терминологически ещё недостаточно стабилен. Наряду с термином «лингвокультурема» (В.В. Воробьёв) широко используется термин «логоэпистема» (Е.М. Верещагин, В.Г. Костомаров, Н.Д. Бурвикова). «Логоэпистема — фрагмент и модус души (как индивида, так и национально-культурной общности, "души народа")»[2]. Это понятие во многом корреспондирует с термином «концепт». «Концепт — это как бы сгусток культуры в сознании человека; то, в виде чего культура входит в ментальный мир человека. Концепт — основная ячейка в ментальном мире человека»[3].

Таким образом, лингвокультурология формируется как научная филологическая дисциплина синтезирующего плана, использующая данные других гуманитарных дисциплин, необходимые для объективного описания национального культурно-нравственного опыта и национальной ментальности в непосредственном соотношении с концептами национальной культуры.

Антропоцентрическая сущность лингвокультурологии как научной филологической дисциплины

В самом кратком варианте вопрос о сущности и задачах лингвокультурологии был сформулирован следующим образом: «Включена ли культура в язык, если — да, то — как?».

---

[1] *Воробьёв В.В.* Указ. соч.
[2] *Верещагин Е.М., Костомаров В.Г.* В поисках новых путей развития лингвострановедения: Концепция логоэпистемы: Дом бытия языка. М., 2000. С. 112.
[3] *Степанов Ю.С.* Константы: словарь русской культуры. М., 1997. С. 40—41.

Самим своим возникновением ответив утвердительно на первую часть этого вопроса, своим развитием лингвокультурология отвечает на вопрос «как?», который потенциально предполагает широкую парадигму разноуровневых ответов. При этом она оказывается перед сложнейшей задачей адекватного и объективного описания путей отражения культуры в различных единицах языковой системы.

Личность становится естественным связующим звеном между языком и культурой в качестве «человеческого фактора» (Э. Бенвенист), выделяемого в качестве базисного в обеих фундаментальных для лингвокультурологии сущностях.

Общепринятым на сегодняшний день представляется тезис: «Язык антропоцентричен: он предназначен для человека, и вся языковая категоризация объектов и явлений внешнего мира ориентирована на человека; это общая черта всех языков»[1]. Проблема личности во взаимодействии языка и культуры становится непосредственным предметом лингвокультурологии при трансформации её в реальную плоскость «лингвистически выраженной языковой личности».

Понятие «человеческий фактор» в языке, присутствие в нём «конкретной языковой личности» в современных лингвистических исследованиях неотделимы от известного понятия «языковая картина мира».

Термин **«языковая картина мира»**, уверенно вошедший в научный арсенал лингвокультурологии и понимаемый исследователями как зафиксированная в языке схема восприятия, концептуализации и систематизации действительности, восходит к известной гипотезе лингвистической относительности, согласно которой структура языка и языковая семантика коррелируют со способом познания, присущим тому или иному народу. Понятие картины мира относится к числу фундаментальных понятий, выражающих специфику человека и его бытия, взаимоотношения его с миром, представляя собой «ис-

---

[1] *Падучева Е.В.* Феномен Анны Вежбицкой // Вежбицкая А. Язык. Культура. Познание. М., 1996. С. 21.

ходный глобальный образ мира, лежащий в основе мировидения человека, репрезентирующий сущностные свойства мира в понимании её носителей и являющийся результатом всей духовной активности человека»[1].

Исследователи культуры обращают внимание на факт многообразия картин мира, зависящего прежде всего от субъекта картины мира. В строгом смысле слова существует столько картин мира, сколько имеется наблюдателей, контактирующих с миром. Субъектом картины мира, смотрящим на мир и изображающим своё видение, по мнению исследователей, могут быть: 1) отдельный человек, 2) отдельная группа людей, 3) отдельный народ, 4) человечество в целом. Многовариантность картины мира зависит от общественного опыта человека, т.е. «существует столько картин мира, сколько имеется "миров", на которые смотрит наблюдатель. Итогом такого мировидения и являются соответствующие картины мира — мифологические, религиозные, философские, научные»[2].

Если идея о возможности реконструкции общей картины мира, а также её разновидностей (философской, научной и т.д.) была высказана в сравнительно недавнее время, то мысль о существовании особого языкового мировидения была сформулирована как научно-философская проблема ещё В. Гумбольдтом в начале XIX века. Гипотеза лингвистической относительности, определившая рамки исследований языковой картины мира, языкового мировидения в XX веке, в современных отечественных филологических исследованиях квалифицируется далеко не однозначно, в диапазоне от полного или частичного принятия до совершенного отрицания или даже лишения её статуса полноценной научной гипотезы.

Генетическая антропоцентричность лингвокультурологии была предопределена аксиоматичным для неё признанием связи языка и культуры на основании «человеческого фактора»,

---

[1] Роль человеческого фактора в языке: язык и картина мира. М., 1988. С. 21.
[2] Указ. соч. С. 33.

являющегося доминирующим для составляющих её фундаментальных наук и обусловившего принципиальную актуальность для лингвокультурологических исследований таких понятий, как «языковая картина мира» и «языковая личность».

Аксиологическая направленность лингвокультурологии как филологической дисциплины

Выделяют несколько видов отношения человека к окружающей природной и социальной действительности:
- практическое овладение явлениями действительности;
- познавательное отношение к действительности;
- оценка явлений действительности с точки зрения их соответствия интересам и потребностям человека и общества.

Если познание действительности, которое всегда предполагает оценку как способ соотнесения, сравнения или включения того или иного факта в анализ, имеет своим объектом предметы, явления, процессы и мыслит их таковыми, каковы они вне и независимо от сознания субъекта, то ценностное отношение всегда опосредовано интересами и потребностями человека.

Обращение к ценностным основаниям культуры затрагивает одно из центральных понятий современной философии — понятие **ценности,** прочно вошедшее и в другие области гуманитарных знаний.

Хотя аксиологическая (т.е. имеющая отношение к ценности) проблематика разрабатывалась как особая философская дисциплина уже в философии Древнего Востока и античности (Платон), само понятие «аксиология», обозначившее новый и ставший самостоятельным раздел философии, занимающийся всей ценностной проблематикой, было введено лишь в 1902 году (термин принадлежит французскому философу П. Лапи). К началу XX века практически все направления философской мысли обозначали своё отношение к концепции ценности.

В русской философской мысли категории ценности принадлежит ведущая роль (Н.О. Лосский и др.), что свидетельствует о её тесной сопряжённости с русской культурой, и это придаёт ей особую национальную значимость. Понятие ценности используется и играет значительную роль во многих работах лингвокультурологического направления, а также в исследованиях, учитывающих взаимодействие языка и культуры. «... Культура — это ценности, и определяют всё именно они, а не "знания и умения"»[1].

Центральное положение категории ценности в содержании культуры предопределяет и особое место ценностей в «языковой картине мира». Понятие «языковой картины мира» предполагает изучение «ценностной картины мира», которая определяется взаимодействием мира и человека с его ценностными ориентациями.

Если методологической основой описания взаимодействия двух систем служит мировоззрение, мировидение личности, являющейся носителем языка и культуры, то понятие ценности может стать центральной категорией этого описания. Задачи лингвокультурологии позволяют редуцировать всю сложность философского подхода, сосредоточившись на этой проблематике. В лингвокультурологии принято следующее определение ценностей: «Ценности — особо важные для жизни человека и человечества явления, факты общественного устройства, культуры и т.п., обычно разные с точки зрения разных наций, народов, социальных слоёв, возрастных групп и т.п.»[2].

Лингвокультурологический аспект процесса обучения русскому языку как иностранному

Лингвокультурология используется в теории и методике преподавания русского языка как иностранного. Сопряжение культурного содержания языковых единиц через когнитивные структуры с национальным культурно-нравственным опытом народа позволяет преподавателю создать лингвокультуроло-

---

[1] *Пассов Е.И.* Программа-концепция коммуникативного иноязычного образования. М., 2000. С. 9.

[2] Толковый словарь русского языка конца XX в.: Языковые изменения. СПб., 1988. С. 664.

гический комментарий к имплицитному содержанию текстов на русском языке. Изучая национально-культурное содержание языковых единиц, лингвокультурология предполагает их описание для иностранных учащихся «с целью понимания их во всей полноте содержания и оттенков, в степени, максимально приближенной к их восприятию носителями данного языка и данной культуры»[1].

Определение лингвокультурологической компетенции как знания идеальным говорящим / слушающим всей системы культурных ценностей, выраженных в языке, предполагает, что при обучении русскому языку как иностранному учитываются:
- существование этнопсихологического аспекта межкультурных различий — религиозных основ, определяющих специфику национального мировидения, базовых ценностей национальных культур, специфики менталитета и национального характера, особенностей этнических стереотипов;
- национальное своеобразие языкового отражения мира, или языковой ментальности, — специфики различных языковых уровней; определяющая роль лексики в формировании национальной языковой картины мира; особая значимость культурных коннотаций, оценочное основание которых восходит к ценностным установкам национальных культур; обусловленность коннотативных значений содержанием «фоновых знаний» и др.;
- соотношение значений языковых единиц с концептами национальной культуры и общими характеристиками концептосферы русского языка.

Актуальность лингвокультурологического направления в методике преподавания русского языка как иностранного мотивирована современными дидактическими воззрениями на структуру коммуникативно-ориентированного обучения

---

[1] *Воробьёв В.В.* Общее и специфическое в лингвострановедении и лингвокультурологии // Слово и текст в диалоге культур: юбилейный сборник. М., 2000. С. 84.

в поликультурном обществе. Полифонизм реального языкового общения в современной Европе обусловил включение в программы изучения иностранного языка параметров социокультурной и социолингвистической компетенции. Возникла потребность в подготовке специалистов в области лингвокультурологии.

Литература

Верещагин Е.М., Костомаров В.Г. В поисках новых путей развития лингвострановедения: Концепция логоэпистемы: Дом бытия языка. М., 2000.

Воробьёв В.В. Культурологическая парадигма русского языка: Теория описания языка и культуры во взаимодействии. М., 1994.

Воробьёв В.В. Общее и специфическое в лингвострановедении и лингвокультурологии // Слово и текст в диалоге культур: юбилейный сборник. М., 2000.

Колесов В.В., Пименова М.В. Языковые основы русской ментальности. Кемерово, 2011.

Костомаров В.Г., Бурвикова Н.Д. Единицы семиотической системы русского языка как предмет описания и освоения // Материалы IX Конгресса МАПРЯЛ. Доклады и сообщения российских учёных. М., 1999.

Митрофанова О.Д. Лингводидактические уроки и прогнозы конца XX века // Материалы IX Конгресса МАПРЯЛ. Доклады и сообщения российских учёных. М., 1999.

Пассов Е.И. Программа-концепция коммуникативного иноязычного образования. М., 2000.

Роль человеческого фактора в языке: Язык и картина мира. М., 1988.

Степанов Ю.С. Константы: словарь русской культуры. М., 1997.

Уорф Б. Наука и языкознание // Новое в лингвистике. Вып. 1. М., 1960.

Вопросы и задания

1. Сформулируйте определение лингвокультурологии.

2. Обоснуйте отнесение лингвокультурологии к кругу филологических дисциплин.

3. Проследите связь задач лингвокультурологии как филологической дисциплины с положениями гипотезы лингвистической относительности.

4. Перечислите основные характеристики лингвокультурологии, отличающие её от лингвострановедения.

5. Какие особенности лингвокультурологии позволяют назвать её дисциплиной антропоцентрического характера?

6. Определите соотношение понятий: картина мира, языковая картина мира, ценностная языковая картина мира.

7. Какое значение для задач лингвокультурологии имеет термин «аксиология культуры»?

8. Определите специфику лингвокультурологического аспекта в процессе обучения русскому языку как иностранному.

9. Что такое лингвокультурологическая компетенция?

1.6.3. Межкультурная коммуникация

По общему мнению исследователей, становление **межкультурной коммуникации** как научного направления, занимающегося изучением взаимодействия представителей различных культур, происходило в США и включало несколько важных этапов: принятие Акта о службе за границей (1946); основание Института службы за границей, возглавляемого лингвистом Э. Холлом; выход книги Э. Холла и Д. Тагера «Культура как коммуникация» (1954). Становление межкультурной коммуникации в Европе обусловлено созданием Европейского союза, что привело к тесному взаимодействию культур и экономик. В России развитие этого направления связано с задачами, которые встали перед вузами и школами в связи с обучением языкам — иностранным, русскому языку как иностранному и русскому языку как неродному.

В рамках межкультурной коммуникации разработаны различные подходы к описанию культурного многообразия. Многие концепции культурной вариативности связаны с именем основателя межкультурной коммуникации американского исследователя Э. Холла.

Хронемика исследует особенности использования времени, свойственные разным культурам, и связанные с этим особенности коммуникации. В рамках этого направления рассматриваются полихронные и монохронные культуры, временны́е интервалы, допустимые в различных культурах при опоздании, коммуникативные неудачи, обусловленные различиями в отношении ко времени.

Проксемика, занимающаяся особенностями использования пространства в коммуникации, исследует типовые черты дистантных и контактных культур, принятые в различных культурах дистанции общения, коммуникативные неудачи, обусловленные различиями в отношении к пространству.

В концепции **культурной контекстуальности** рассматривается различная роль контекста в процессе коммуникации: выделяются высоко- и низкоконтекстуальные культуры, анализируется соотношение вербальных и невербальных элементов коммуникации в различных культурах, описываются коммуникативные неудачи, обусловленные различным отношением к контексту общения.

К вопросам культурных и ментальных различий обращался и другой известный американский исследователь Г. Триандис. В рамках основной культурной оппозиции **индивидуализм / коллективизм** он исследовал различия в отношении к своему и чужому в различных культурах, универсальность и дифференцированность ценностных систем, различное отношение к демографическим характеристикам (половым, возрастным) в культурах коллективистского и индивидуалистического типа, коммуникативные неудачи, обусловленные различиями этих двух типов культур.

Концепция соотношения **мягких и жёстких культур** отмечает актуальность различий в отношении ко времени, к специфичности и диффузности социальных ролей, а также обращает внимание на коммуникативные неудачи, обусловленные различиями мягких и жёстких культур.

Культурная оппозиция **открытость / закрытость** базируется на различном отношении к общественно признанным нормам, к роли компромиссного поведения, к характеру художественного видения и образности.

В рамках любого подхода к культурной вариативности важнейшими понятиями являются **«национальный менталитет»** и **«национальный характер»**. Существенными остаются проблемы определения и разграничения данных понятий, описание русского национального менталитета в сопоставлении с другими национальными менталитетами. Этот круг проблем — предмет многих современных этнопсихологических и лингвокультурологических исследований.

Существуют различные подходы к классификации и типологии национальных менталитетов. Например, историки школы «Анналов» выделяли варварский, природный, городской, готический, суеверный, буржуазный, современный и др. менталитеты. Российский культуролог А.А. Белик говорит о трёх типах ментальности:

- «западный» дедуктивно-познавательный менталитет, стремящийся в форме понятий и суждений отражать окружающую действительность и имеющий практическую направленность;
- «восточный» менталитет, направленный на созерцание, духовное самосовершенствование, развитие внутреннего мира, чаще всего использующий не понятия, а смыслообразы и мифы;
- менталитет «традиционного общества», ориентированный на предметное решение жизненных ситуаций и конкретных проблем, стоящих перед этнокультурной общностью.

В значительном числе исследований, посвящённых этнопсихологическим основам культурной вариативности, описываются или сравниваются различные национальные или этнические менталитеты: русский, немецкий, французский, американский, китайский и др.

Основные аспекты невербальной коммуникации

В большинстве научных трудов и учебников по межкультурной коммуникации идёт речь о двух её основных видах: вербальном и невербальном. В рамках исследований невербального аспекта разработан ряд концепций, отражающих важнейшие культурно-маркированные особенности невербального коммуникативного поведения.

Жестика — направление исследований, актуальное в зарубежной и отечественной межкультурной коммуникации. Оно занимается типологией и классификацией жестов, выявлением культурно-маркированных жестов, являющихся барьерами в межкультурном взаимодействии, описывает основные коммуникативные неудачи, обусловленные различиями в жестах, характерных для различных национальных культур.

Окулесика — наука о роли зрительного контакта в процессе коммуникации. В рамках данного направления выделяются «глазеющие» и «неглазеющие» культуры, определяется степень допустимости открытого взгляда при возрастных, половых и социальных различиях в культурах различного типа, а также основные коммуникативные неудачи, обусловленные различными функциями взгляда в культурах.

Мимика — направление исследований, делающее акцент на роли движений мышц лица в процессе коммуникации и на функциях этих движений в различных культурах. В отечественных исследованиях наибольшее внимание уделялось роли улыбки. Так, в американской культуре исследователи выделяют такие функции улыбки, как демонстрация успеха, проявление невраждебности, вежливость, смягчение негативной информации, а в русской культуре основная функция улыбки — проявление искреннего расположения к знакомому собеседнику. Очевидными при этом становятся коммуникативные неудачи, обусловленные различными функциями улыбки в разных культурах.

Такесика — наука о тактильном взаимодействии (прикосновениях) в различных культурах[1]. В данном направлении исследований делается акцент на допустимости / недопустимости

---

[1] *Головлёва Е.Л.* Основы межкультурной коммуникации: учебное пособие. Ростов-на-Дону, 2008. С. 100.

прикосновений к знакомому и незнакомому человеку, к людям другого пола и социального статуса в различных культурах, а также описываются основные коммуникативные неудачи, обусловленные различиями контактных и дистантных культур.

В рамках межкультурной коммуникации актуальны понятия коммуникативных барьеров и помех. В отечественной науке разработаны различные классификации коммуникативных барьеров (О.А. Леонтович, Д.Б. Гудков и др.). Основными видами барьеров и помех считаются следующие:
- вербальные помехи: помехи фонетического характера; грамматические помехи; лексические помехи; нарушения логики высказывания; неумение воспринимать целостное высказывание или текст;
- невербальные помехи: различия национальных менталитетов (в отношении к духовному и телесному, к природе, ко времени, к пространству, к болезни и смерти, к любви и сексу, к закону, к труду и отдыху и мн. др.; различия в ценностных ориентирах; специфические формы жестики, мимики, окулесики, такесики, сенсорики и др.; действие культурных стереотипов и предубеждений).

В рамках межкультурной коммуникации предлагаются различные способы преодоления вербальных и невербальных барьеров. Один из наиболее эффективных способов — межкультурные тренинги.

Национальная языковая картина мира как отражение национального менталитета

Во многих современных исследованиях и учебных пособиях по межкультурной коммуникации рассматриваются понятия «картина мира», «языковая картина мира», «национальная языковая картина мира», «ценностная картина мира», «концептуальная картина мира», «наивная картина мира», находящиеся в сложных соотношениях.

В рамках межкультурной коммуникации исследование языковой картины мира опирается на этнопсихологические и лингвистические исследования семантики отдельных слов сквозь призму ментальности. Такие междисциплинарные исследования свидетельствуют об отражении особенностей национального менталитета на различных уровнях языковой картины мира: лексическом, морфологическом, синтаксическом, фразеологическом, стилистическом, концептуальном.

В современных исследованиях описываются проявления многих особенностей национальной ментальности, например, «душевности» (частотность в русском языке лексем *душа, сердце, жалость*); «иррациональности» (частотность лексем *авось, угораздило, успеется* и др.); «другоцентричности» (частотность лексем *друг* и *дружба* и их место в ядре языкового сознания носителей русского языка); «эмоциональности» (обилие суффиксов субъективной оценки) и мн. др.

Особенно активно исследуются закономерности отражения национального менталитета в лексической картине мира. Результаты этих исследований свидетельствуют о необходимости учёта культурно-маркированной лексики в обучении русскому языку как иностранному и русскому языку как неродному. В содержании обучения этим дисциплинам слово должно быть представлено как интегративный хранитель культурной информации, для чего нужно описывать разные уровни его содержания: семантический, коннотативный, фоновый и концептуальный.

При описании национальной картины мира важным является понятие культурной коннотации (В.Н. Телия). **Коннотация** — устойчивые признаки выражаемого словом понятия, которые воплощают принятые в обществе отношения, оценку соответствующего предмета или факта, обусловленные традициями, особенностями культуры. Коннотативное содержание слова определяется его ассоциативно-образной соотнесённостью с эталонами, символами, ценностями, стереотипами и другими «кодами» национальной культуры.

Истоки коннотации связаны с историей и культурой этноса. Коннотация может быть положительной и отрицательной. Например, у слов *идол* и *кумир* равные исходные позиции, однако из-за разных культурно-обусловленных коннотаций в употреблении они существенно различаются: слово *идол* употребляют, когда говорят о ком-нибудь бестолковом и бесчувственном, а у слова *кумир* нейтральная и положительная окраска.

Коннотация может быть национальной (характерной для культурного сообщества в целом), локальной (характерной для представителей какой-либо части общества, например, для интеллигенции, студенчества, военных) и индивидуальной (характерной для отдельного носителя культуры).

Важно учитывать в обучении национальный ценностно-оценочный компонент культурной коннотации, описание которого связано с понятием ценности и оценки, с проблемой содержания оценки как отражения специфики национального менталитета. Существенным сегментом коннотативного содержания слова является его ассоциативный потенциал. Сопоставление ассоциативного потенциала коррелирующих слов и концептов позволяет выявить и учесть в учебном процессе основные культурно-маркированные мировоззренческие установки и соответствующие им оценки. Культурная коннотация должна быть представлена в содержании обучения как сложный, культурно-маркированный и наиболее имплицитный для представителей иной культуры аспект содержания слова.

При описании языковой картины мира учитываются и понятия лексического фона, фоновых знаний, а также их влияние на содержание слова.

Лакуны в языке и культуре

Для упорядочения терминологии при рассмотрении расхождений в различных языках и культурах на основе единого методологического подхода культурологами и лингвистами был предложен термин «лакуна». **Лакуна** — пробел, фиксирующий национально-культурную специфику контактирующих языков или культур. Другое определение: лакуна — это несовпадение, возникающее при сопоставлении понятийных, языковых, эмоциональных, идеологических и других категорий двух или нескольких лингвокультурных общностей.

Обобщая понимание лакуны различными авторами, можно выделить её основные признаки: непонятность, непривычность, незнакомость, неточность (ошибочность).

Лакуны выявляются только в условиях контакта культур, в процессе художественного перевода, восприятия рядовым реципиентом инокультурного текста.

Лингвисты и культурологи, занимающиеся описанием лакун, предлагают их различные классификации. Наиболее полная классификация предложена И.Ю. Марковиной и Ю.А. Сорокиным. Согласно этой классификации, лакуны делятся на лингвистические и культурологические, имплицитные и эксплицитные. Лингвистические лакуны могут быть лексическими, грамматическими и стилистическими; полными, частичными и компенсированными.

Культурологические лакуны нередко делят на национально-психологические (характерологические, культурно-эмотивные), деятельностно-коммуникативные (поведенческие, ментальные), лакуны культурного пространства (этнографические) и текстовые.

Для методических целей существенную роль играет подробная лингвистическая классификация лакун. Покажем важность этого понятия на примере лексических лакун. Они могут проявляться:

- на уровне понятия (в другом языке нет соответствующего понятия): *самовар, лапти*;
- на уровне слова (в сопоставляемом языке нет соответствующего слова): *гастролёр* (аналогичного слова, имеющего значение «человек, совершающий преступление за пределами места постоянного проживания», нет в английском языке);
- на уровне значения: *челнок* (в английском языке у соответствующего слова нет значения «человек, который ездит в другие страны за товаром, чтобы потом продать его по более высокой цене»);
- на уровне коннотации (несовпадение оценки, ассоциативного фона): *ласточка* (соответствующее слово в англий-

ском языке имеет нейтральную коннотацию, а в русском — положительную);
- на уровне фона (несовпадение знаний об обозначаемом явлении): *кукушка* (большая часть, к примеру, американцев не знает, что кукушка не вьёт гнёзда и не высиживает птенцов).

В процессе межкультурного взаимодействия и прежде всего в процессе обучения иностранным языкам нужно предупреждать и устранять трудности коммуникации, связанные с лакунами различного типа. Для этого предлагается два основных приёма: компенсация (для снятия национально-специфических барьеров, т.е. для облегчения понимания того или иного фрагмента чужой культуры, вводится специфический элемент культуры реципиента) и заполнение (для снятия лингвокультурного барьера средствами чужого языка даётся максимально полная информация об отсутствующем фрагменте в культуре реципиента).

Литература

Зинченко В.Г., Зусман В.Г., Кирнозе З.И. Межкультурная коммуникация: От системного подхода к синергетической парадигме: учебное пособие. М., 2007.

Иванов А.О. Безэквивалентная лексика. СПб., 2006.

Куликова Л.В. Коммуникативный стиль в межкультурной парадигме. Красноярск, 2006.

Леонтович О.А. Русские и американцы: парадоксы межкультурного общения. М., 2005.

Марковина И.Ю., Сорокин Ю.А. Культура и текст: Введение в лакунологию. М., 2008.

Персикова Т.Н. Межкультурная коммуникация и корпоративная культура. М., 2004.

Привалова И.В. Интеркультура и вербальный знак: Лингвокогнитивные основы межкультурной коммуникации. М., 2005.

Рот Ю., Коптельцева Г. Межкультурная коммуникация: Теория и тренинг. М., 2006.

Садохин А.П. Теория и практика межкультурной коммуникации. М., 2004.

Триандис Г. Культура и социальное поведение. М., 2007.

Вопросы и задания

1. Используя рекомендованную литературу, назовите основные подходы к описанию национального менталитета.

2. К какому типу культур (в соответствии с различными концепциями) можно отнести русскую культуру?

3. Какие средства языка, отражающие особенности национального менталитета, необходимо учитывать в обучении иностранным языкам?

4. Как реализуется в аспекте межкультурной коммуникации интегративный подход к описанию слова?

5. Перечислите основные типы лакун и приведите иллюстрирующие их примеры.

6. Назовите основные барьеры, возникающие в процессе межкультурной коммуникации.

7. Перечислите основные направления исследования невербальной межкультурной коммуникации и дайте им краткие определения.

2. Обучение речевой деятельности

2.1. Специфика речевой деятельности в системе обучения языку

Речевая деятельность представляет собой систему умений творческого характера, нужных для решения коммуникативных задач в зависимости от ситуации общения. Чтобы общение состоялось, необходимо участие информанта (того, кто сообщает) и адресата (того, кому предназначается сообщение), т.е. минимум двух человек.

Предмет речевой деятельности — выражение мысли как форма отражения окружающей действительности. Основное средство оформления и выражения мысли — язык.

Выделяют четыре основных вида речевой деятельности: аудирование, говорение, чтение и письмо.

Аудирование и говорение обслуживают устную форму общения, а чтение и письмо — письменную. Устное и письменное общение различаются не только по каналу передачи информации (слуховому или визуальному), но и по происхождению: устные виды речи рассматриваются как первичные, базовые по отношению к письменным. Это не означает, что письменная речь — это особым образом зафиксированная устная, так как каждая форма речи обладает своей специфической структурой и средствами общения.

В речевой деятельности выделяют рецептивные и продуктивные виды. Посредством рецептивных видов — аудирования и чтения — осуществляются приём и последующая переработка речевого сообщения, посредством продуктивных видов — говорения и письма — передаётся речевое сообщение. Говорящий или пишущий на основе внутренних или внешних побуждений оформляет свои мысли, используя средства языка, кодирует их при помощи звукового или графического кода. Слушающий или читающий, получив информацию, декодирует её, т.е. распознаёт полученные сигналы, и понимает передаваемую мысль. В процессе приёма и передачи используются различные по своему характеру речевые операции. При кодировании осуществляется выбор необходимых слов, грамматическое оформление сообщения, его озвучивание или оформление в графическом виде. При декодировании происходит распознавание звуковых или графических сигналов в процессе соотнесения их с имеющимися в сознании образами, узнавание слов и грамматических средств и на основе этого понимание сообщения. Грамматические, лексические, фонетические и графические операции в рецептивных и продуктивных видах речевой деятельности принципиально отличаются друг от друга, что следует учитывать при обучении неродному языку. Так, в практическом курсе русского языка как иностранного необходимо обучать не грамматике как таковой, а выполнению грамматических операций в том или ином виде речевой деятельности. То же относится и к другим аспектам речевой деятельности: лексическому, фонетическому, графическому.

Выделяют внешнюю (устную и письменную) речь и внутреннюю речь. Внешняя речь характеризуется полнотой языкового оформления, внутренняя — фрагментарностью и свёрнутостью, чаще всего она выступает как фаза планирования какой-либо деятельности. Внутренняя речь может и не входить в состав какой-либо деятельности, может быть самостоятельной, что позволяет считать её особым видом речевой деятельности (взаимодействием человека с самим собой) и предложить для его обозначения специальный термин — думание. Думание как вид речевой деятельности предшествует другим видам речевой деятельности или протекает одновременно с ними.

В психологии выделяют не только основные виды речевой деятельности (рецептивные и продуктивные), но и производные, или комбинированные. Последние включают репродуктивные и рецептивно-продуктивные виды, так как речь идёт о воспроизведении воспринятого. К этим видам речевой деятельности относят, например, чтение вслух или конспектирование текста во время его прослушивания. Один из наиболее сложных комбинированных видов речевой деятельности —

перевод. Классификация **видов речевой деятельности** представлена на схеме 1.

Схема 1

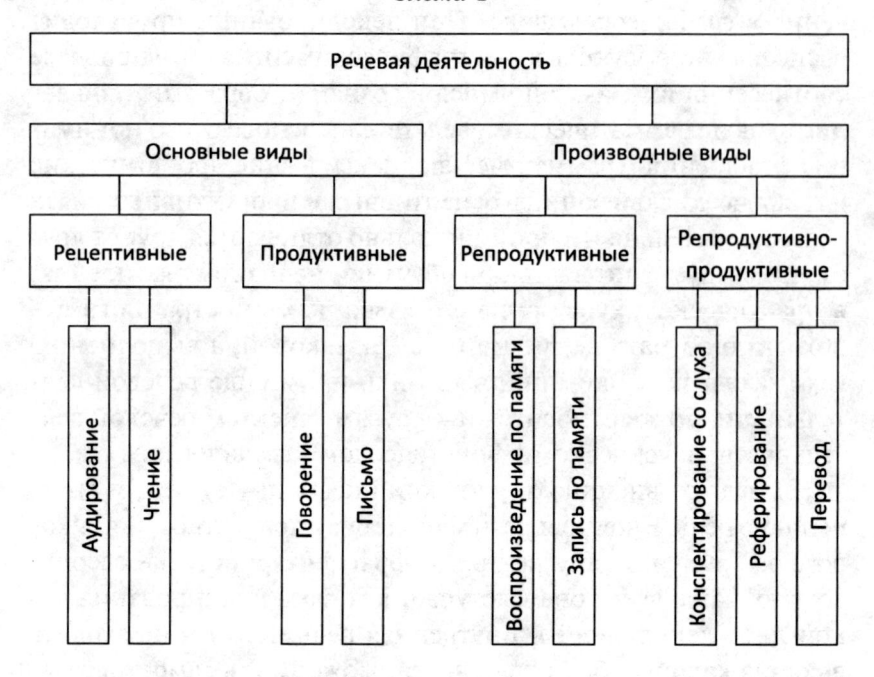

```
                         Речевая деятельность
                                 │
              ┌──────────────────┴──────────────────┐
         Основные виды                      Производные виды
              │                                    │
       ┌──────┴──────┐                    ┌────────┴────────┐
   Рецептивные   Продуктивные       Репродуктивные    Репродуктивно-
                                                       продуктивные
       │              │                    │                │
   ┌───┴───┐     ┌────┴────┐       ┌───────┴───────┐   ┌────┼────┐
 Ауди-  Чтение Гово- Письмо    Воспро-   Запись  Конспек- Рефери- Перевод
рование        рение           изведение по      тирова- рование
                               по памяти памяти  ние со
                                                 слуха
```

Речевая деятельность характеризуется трёхуровневой структурой. **Уровни речевой деятельности** представлены на схеме 2.

Схема 2

```
                    ┌─────────────────────┐
                    │   Исполнительский   │
   Уровень         ├─────────────────────┤
   речевой        │     Аналитико-      │
   деятельности   │    синтетический    │
                  ├─────────────────────┤
                  │   Мотивационно-     │
                  │   побудительный     │
                  └─────────────────────┘
```

Первый уровень — ***мотивационно-побудительный***. На этом уровне на основе потребностей формируются мотивы, запускающие всю деятельность, например, при говорении. Источником речевой деятельности во всех её видах являются коммуникативные и познавательные мотивы — потребности высказать свою или понять чужую мысль на неродном языке, познакомиться с культурой носителей этого языка, удовлетворить свои профессиональные запросы. На этом же уровне происходит осознание цели деятельности.

Второй уровень — ***аналитико-синтетический***. На нём происходят планирование, программирование и внутренняя организация речевой деятельности, а также отбор и организация языковых средств, необходимых для реализации цели деятельности (выражения своей мысли или понимания чужой).

На третьем, ***исполнительском***, уровне осуществляется деятельность, которая может быть внешне выраженной (при говорении и письме) или невыраженной (при аудировании и чтении).

Речевая деятельность представляет собой сложное явление, в состав которого входят механизмы:
- общефункциональные — осмысление, опережающее отражение, долговременная и оперативная память;
- оперирования — сличение, выбор, набор, комбинирование, составление целого из частей, построение по аналогии и др.;
- языкового оформления высказываний (в т.ч. лексико-грамматического, фонетического и графического оформления).

Общефункциональные механизмы, сформированные в речи на родном языке, действуют и на изучаемом языке. Механизмы языкового оформления и оперирования при обучении неродному языку чаще всего приходится или формировать заново, или достраивать, приспосабливать к новому языку.

Все виды речевой деятельности имеют общие звенья речевого механизма, что облегчает овладение одним на базе другого. Эта общность психологических механизмов лежит в основе методической концепции взаимосвязанного обучения видам речевой деятельности.

Весь комплекс физиологических механизмов направлен на формирование результата речевой деятельности — высказывания или текста в процессе говорения, письма и умозаключения при слушании и чтении. При организации обучения учитываются все основные характеристики речи как деятельности: предмет, структура, средства, способы реализации и сам продукт речевой деятельности.

Трудности речевой деятельности на неродном языке объясняются низким уровнем функционирования механизмов речи, приспосабливающихся к иностранному языку. Необходимы специальные упражнения, определяющие усилия по развитию отдельных звеньев и всех механизмов вместе.

Поскольку реализация речи осуществляется в устной или письменной форме, при обучении видам речевой деятельности необходимо иметь в виду экстралингвистические и лингвистические особенности каждой формы (см. схему 3).

Экстралингвистические особенности речевой деятельности присущи в высшей степени устной речи и отсутствуют при письменной форме речевой деятельности. Экстралингвистические факторы помогают восприятию речи, однако существуют определённые трудности, связанные, например, с линейностью во времени, необратимостью отзвучавшего отрезка речи, восприятием темпа, задаваемого говорящим, высокой степенью автоматизированности устной речи.

Лингвистические особенности устной и письменной речи различаются. Для устной речевой деятельности характерны особенности:
- несложное грамматическое оформление;
- диалогичность;
- эллиптические конструкции, оправданные контактностью, ситуативностью, компенсаторной ролью средств интонационного оформления, возможностью инверсии в отношении порядка слов;

Схема 3

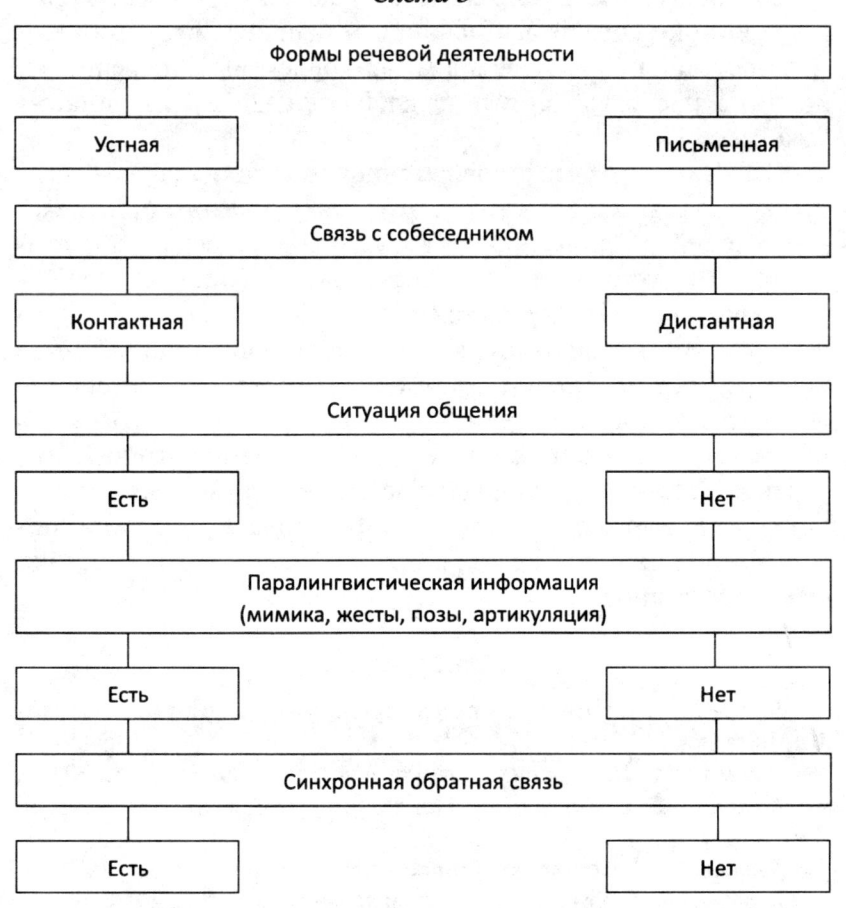

Формы речевой деятельности	
Устная	Письменная

Связь с собеседником	
Контактная	Дистантная

Ситуация общения	
Есть	Нет

Паралингвистическая информация (мимика, жесты, позы, артикуляция)	
Есть	Нет

Синхронная обратная связь	
Есть	Нет

- большое количество семантически незначимых слов, употребляемых для заполнения пауз;
- частое изменение по ситуации программы высказывания.

К лингвистическим характеристикам письменной речи относятся:
- полнота, развёрнутость и детальность высказывания;
- употребление сложных синтаксических конструкций;
- чёткое, продуманное оформление текста как в стилистическом, так и в структурно-логическом отношении.

Эти особенности объясняются условиями осуществления письменной речевой деятельности: наличием времени, возможностью внести необходимые коррективы, перечитать, оценить, насколько результат адекватен коммуникативному заданию.

Отличительная черта современной методики преподавания русского языка как иностранного — максимальное приближение условий учебного процесса к условиям естественной коммуникации: акт говорения подразумевает слушателя, аудирование вообще не может состояться без говорения, письменная речь рассчитана на читателя. В естественной языковой среде виды речевой деятельности выступают в тесной взаимосвязи. Именно поэтому в современной методике разрабатывается проблема комплексного обучения аудированию, чтению, говорению, письму. Такой подход возможен при условии знания природы каждого отдельного вида речевой деятельности, поскольку они имеют и общие, и отличительные характеристики речевого механизма.

Литература

Глухов В.П. Теория речевой деятельности // Глухов В.П. Психолингвистика. М., 2014.

Зимняя И.А. Лингвопсихология речевой деятельности. М., 2001.

Ковшиков В.А., Глухов В.П. Психолингвистика. Теория речевой деятельности. М., 2007.

Леонтьев А.А. Основы теории речевой деятельности. М., 1974.

Леонтьев А.А. Язык, речь, речевая деятельность. М., 2014.

Вопросы и задания

1. Почему речевое общение считается деятельностью? Что является предметом речевой деятельности?

2. Что понимается под термином «речевая деятельность»?

3. В чём отличие продуктивной речевой деятельности от рецептивной?

4. Что представляет собой классификация видов речевой деятельности?

5. В чём особенности структурной организации речевой деятельности? Почему их необходимо учитывать для правильной организации обучения речевой деятельности?

6. Каковы психофизиологические механизмы речевой деятельности? Что представляет собой главный операционный механизм речи?

7. Чем характеризуются экстралингвистические и лингвистические особенности устной и письменной речи? Почему преподавателю необходимо знать эти особенности?

2.2. Аудирование

Аудирование — процесс восприятия и понимания звучащей речи. Восприятие представляет собой анализ и синтез разноуровневых языковых единиц: фонем, морфем, предложений. Результатом анализа и синтеза этих единиц является преобразование воспринятых звуковых сигналов в смысловую запись, что позволяет реципиенту прийти к определённому умозаключению.

В практическом курсе русского языка для иностранцев аудирование выступает в качестве цели и средства обучения. **Цель обучения** аудированию определяется общими задачами курса и этапом обучения. Так, на начальном этапе необходимо сформировать у учащихся умения узнавать на слух усвоенные речевые элементы, членить языковой поток на слова и предложения.

Речевое общение может проходить в разных условиях, поэтому в процессе обучения нужно также выработать у учащихся способность понимать речь быстроговорящих незнакомых людей.

На конечном этапе цель для филологов — сформированность аудитивных умений восприятия неадаптированных текстов любой жанрово-стилистической принадлежности; понимание подтекста; интерпретация прослушанного.

Основная роль аудирования как средства обучения — коммуникативная, его вспомогательные функции — обеспечение процесса обучения и стимулирование речевой деятельности учащихся.

Аудирование устной речи обеспечивается психофизиологическими механизмами, которые в условиях естественной коммуникации работают почти синхронно (схема 4). Каждый механизм обеспечивает определённый участок процесса аудирования.

Схема 4

```
                    Механизмы аудирования
    ┌───────────────────────┼───────────────────────┐
Внутреннее            Сегментация             Оперативная
проговаривание        речи                    память

Идентификация         Вероятное               Долговременная
понятий               прогнозирование         память
```

Во время слушания у реципиента происходит внутренняя имитация: срабатывает **механизм внутреннего проговаривания**. Звуковые и зрительные образы преобразуются в артикуляционные с помощью речедвигательного аппарата. Успешность аудирования зависит от правильности внутренней имитации. В свою очередь правильное озвучивание слов про себя зависит от сложившихся чётких произносительных навыков во внешней речи. Значит, на начальном этапе аудирование и говорение должны развиваться в тесной взаимосвязи. Это обеспечит связь между артикуляционными и слуховыми ощущениями. Такое взаимодействие существенно и потому, что говорящий одновременно воспринимает на слух и собственную речь.

В расшифровке речевого потока принимает участие **механизм сегментации** речевой цепи, функция которого — расчленение звучащей речи на отдельные грамматико-семантические звенья: фразы, синтагмы, словосочетания, слова.

Роль **механизма оперативной памяти** заключается в удерживании слова, словосочетания на протяжении времени, необходимого для осмысления целого высказывания, фрагмента и т.д. От уровня оперативной памяти зависит величина единицы восприятия. Чем выше этот уровень, тем больше величина восприятия, а значит, на переработку информации уходит меньше времени.

Одна из особенностей русской лексики состоит в многозначности слов. Их значение определяется контекстом и ситуацией. Понять, какой лексико-семантический вариант многозначного слова актуализирован в контексте звучащей речи, помогает **механизм идентификации понятий**.

Значительная роль в процессе аудирования принадлежит **механизму антиципации, или вероятностного прогнозирования**. Он позволяет слушающему по началу слова, словосочетания, предложения, целого высказывания предугадать его конец, что облегчает понимание говорящего. Если реципиент слышит начало предложения *«Сейчас мы...»*, то ему становится ясным дальнейшее употребление глагола во множественном числе настоящего времени. Если сверхфразовое единство начинается предложением *«Всё было тщательно продумано»*, то, вероятнее всего, далее будет конкретизация того, что же именно и насколько «тщательно» продумано. Факторы предугадывания носят характер как лингвистический, так и экстралингвистический. К последним относятся ситуация общения, контекст, обстановка, личность говорящего, а также его опыт общения на данном языке.

Функция **долговременной памяти** — в сохранении стереотипов, которые «выдаются» для сличения и оперирования ими. В зависимости от того, существуют ли в долговременной памяти образцы речи, информация воспринимается как знакомая или незнакомая. Долговременная память формируется всем предшествующим языковым опытом обучаемого.

Решающая роль в процессе аудирования принадлежит **процессу осмысливания**, заключающегося в компрессии фраз, фрагментов текста. Остаются смысловые сгустки, высвобождается неактуальное в информативном плане. Память разгружается для приёма новой информации, самое существенное откладывается как модель в долговременный запас.

Взаимосвязь основных психологических механизмов проявляется, в частности, в том, что кратковременная память помогает воспринимающему удержать начало сообщения, а прогнозирующий механизм приближает его конец.

Различают четыре этапа смыслового восприятия речи.

1. Смысловое прогнозирование. Его роль состоит в актуализации семантического поля, соотносимого с общим смыслом гипотезы. Этот этап одинаков в аудировании и чтении.

2. Вербальное сличение. Имеет разные психологические характеристики в зависимости от конкретного вида речевой деятельности. В аудировании на этапе вербального сличения происходит распознавание звуковых образов. Этот фактор объясняет важность для реципиента умений обнаружения, сличения, опознавания таких акустических признаков, как паузы, ударения, интонация, вопросы, повторы и др., а также дифференциации омофонов, выполнения эквивалентных замен и т.п.

3. Установление смысловых связей между словами и смысловыми звеньями. Начинается одновременно с актуализацией вербальных средств. Важное значение имеют уровень владения языком, индивидуальные особенности, уровень сформированности понятийного аппарата реципиента, его субъективный опыт.

4. Смыслоформулирование. Его сущность — в обобщении всей проделанной мыслительной работы, в выявлении смысла сообщения для реципиента и переводе на внутренний код.

Успешность овладения аудированием определяют факторы:
- психологические — степень сформированности соответствующих механизмов смыслового восприятия на слух;
- лингвистические — степень трудности аудиотекста с точки зрения языковой формы и языковой подготовки аудитора;
- экстралингвистические — темп речи, количество предъявлений, интеллектуальный уровень реципиента.

Понимание высказывания проходит с разной степенью глубины, точности, полноты. Выделяют четыре уровня понимания иноязычной речи на слух, их можно использовать и для характеристики уровней понимания при чтении.

1. Фрагментарное понимание. Характеризуется пониманием значений отдельных лексических единиц. Это уровень очень слабого владения иностранным языком.

2. Глобальное понимание. Определяется пониманием текста на основе декодирования ключевых слов. Понятые элементы дают представление лишь о самом общем содержании текста.

3. Детальное понимание. Предполагает полное понимание элементов содержания и языковых средств выражения.

4. Критическое понимание. Характеризуется точным и глубоким пониманием содержания высказывания, его мотивов и целей, а также подтекста.

Для уровней детального и критического понимания речи выделяют основные умения:
- определять тему аудиотекста;
- выделять его главную мысль;
- устанавливать факты, определять границы смысловых кусков текста и выявлять опорные пункты в них;
- устанавливать связи между фактами, событиями аудиотекста;
- выделять существенные детали текста, отличать главное от второстепенного;
- отделять новое от уже известного;
- понимать подтекст, коммуникативное намерение автора;
- критически оценивать содержание текста.

Несмотря на то что аудирование — сложный вид речевой деятельности, оно обладает свойствами, облегчающими обучение. К резервам, помогающим воспринимать звучащую речь, относятся:
- избыточность устной речи (повторы, толкование), дающая время на отделение основной информации от дополнительной;

- наличие в устном сообщении до 40% экстралингвистических средств (мимика, жесты и др.);
- паузы во время говорения, во время которых можно осмыслить воспринимаемое;
- разница во времени, необходимая, чтобы понять и сказать;
- способность слушающего опережать говорящего в выявлении ещё не высказанной информации, т.е. умение прогнозировать развитие высказывания;
- умение слушающего отбирать нужную информацию.

При обучении аудированию важно знать и учиться преодолевать **трудности, осложняющие восприятие звучащей речи**. Среди них выделяют три группы.

1. Трудности, связанные *с условиями речевосприятия*:
- однократность предъявления информации, отсутствие возможности вернуться к высказыванию и пословно проанализировать его;
- темп, задаваемый информантом (часто быстрый в устной речи), и необходимость быстрой реакции на услышанное;
- понимание людей с различными голосовыми характеристиками (разной силы тембра), разной произносительной манерой, в которой могут быть индивидуальные отклонения от нормы;
- отсутствие зрительных опор при восприятии механической речи (радио, фонозаписи);
- несовпадение паралингвистических компонентов в разных языковых культурах.

2. Трудности *восприятия языковой формы*:
- фонетические, объясняемые расхождением между графическим и акустическим обликом слова в разговорной речи (*вход* [фхот]; *пожалуйста* [пажалстъ]);
- лексические — в случаях распознавания омофонов (*плод — плот*), омонимов (*класс животных — школьный класс*), лексико-семантических вариантов многозначных слов (*тяжёлый предмет — тяжёлый больной*); паронимов (*невежа — невежда*), имён собственных;

- ритмико-интонационные, возникающие, когда интонация выражает подтекст;
- транспозиционные, связанные с экспрессивной и стилистически окрашенной речью (*«Как мы отдохнули?»* в значении «*Как вы отдохнули?*»).

3. Трудности, связанные *с пониманием смысла высказывания*. К ним относятся:
- усвоение фактического содержания, связанное с пониманием того, что произошло, где, когда, с кем и т.п.;
- понимание логики высказывания — связей между событиями, фактами (причинно-следственных, временных, условных и др.);
- осознание коммуникативного задания, общей идеи, мотивов аудитора;
- формирование своей позиции в отношении услышанного, его критического восприятия.

Успех овладения аудированием зависит от развития механизмов восприятия звучащей речи, от умений преодолевать трудности усвоения речи на слух. Уровень зрелости аудирования определяется точностью, полнотой и глубиной понимания звучащей речи. В соответствии с этим строится система упражнений для обучения аудированию, учитывающая объективное отражение характера речевой деятельности, последовательность становления речевых навыков и умений, порядок нарастания языковых и операционных трудностей. По структуре система упражнений делится на две группы: предречевые и речевые.

1. Предречевые, или тренировочные, упражнения составлены с учётом специально подобранных изолированных трудностей и направлены на снятие психологических и лингвистических затруднений; развивают фонематический и интонационный слух. В их основе фонетические, лексические и грамматические механизмы аудирования.

2. Речевые упражнения представляют собой уже управляемую речевую деятельность, обучают полноте и глубине восприятия аудиотекста в ситуациях, максимально приближенных к реальному общению. Такие упражнения рассчитаны на развитие языковой догадки, механизма вероятностного прогнозирования, механизма осмысливания.

В результате выполнения упражнений на снятие психологических трудностей должны сформироваться умения:
- дифференцировать и идентифицировать речевое сообщение на слух;
- выполнять операции анализа и синтеза;
- пользоваться механизмом эквивалентных замен;
- свёртывать внутреннюю речь.

Упражнения должны развивать прогностические умения, расширять объём кратковременной и долговременной памяти и развивать речевой слух.

Существуют разные типы подготовительных и речевых упражнений. Приведём некоторые примеры формулировок заданий, а также примеры языкового материала для упражнений.

I. Упражнения для развития фонематического слуха и механизмов внутреннего проговаривания.
1. Прослушайте и повторите несколько пар слов (слова с разными фонемами; омофоны).
2. Прослушайте слова, найдите каждое в ряду похожих.
3. Прослушайте слова, подберите к ним пару, заменяя согласные.

II. Упражнения для развития интонационного слуха и механизма сегментации речевой цепи.
1. Прослушайте предложения, поставьте в графическом ключе точку, вопросительный или восклицательный знак.
2. Прослушайте предложения и повторите их:
- соблюдая интонацию;
- трансформируя вопросительную интонацию в повествовательную и наоборот.

3. Произнесите предложение так, чтобы один и тот же вопрос соответствовал разным предложенным отве-

там (т.е. выделяются ударением разные слова одного предложения).
4. Прослушайте ряд вопросов, ответьте на них одним словом.
5. Прослушайте предложение, разбейте его в графическом ключе на синтагмы.

III. Упражнения для развития механизма оперативной памяти.
1. Прослушайте слова, повторите их в той же последовательности.
2. Прослушайте слова, запомните те из них, которые относятся к одной теме.
3. Повторите фразу и добавьте к ней новую, связав их по смыслу.

IV. Упражнения для развития механизма идентификации понятий.
1. Прослушайте фразы, скажите, что значит слово … в каждой из них. (Для облегчения задания можно привести варианты толкования слова.)
2. Составьте словосочетания так, чтобы данные слова были употреблены в прямом и переносном значениях.
3. Образуйте словосочетания, прибавляя к данным существительным прилагательные (например, *жёсткий* и *мягкий*).
4. Повторите диалог по памяти, запомните разные значения одного слова:
 — *Какие* у розы колючие шипы! — удивилась Аня.
 — У розы *шипы колючие, а у тебя колючий характер,* — заметил Андрей.

V. Упражнения для развития языковой догадки и навыков эквивалентных замен.
1. Прослушайте описательные обороты, замените их одним словом.
2. Прослушайте слова, образованные из известных вам элементов; постарайтесь понять и объяснить значения этих слов.

3. Прослушайте ряд глаголов, назовите существительные, которые чаще всего с ними употребляются.
4. Вставьте пропущенное слово: *Лучи заходящего солнца были похожи на старинное серебро, отчего всё в комнате приобретало ... оттенок.*
5. Прослушайте мини-текст, выразите его значение в одном слове: *Налетел ветер. Поднялся над городом столб пыли. Закружились сорванные листья. Застонали раскачивающиеся деревья.*

    Ключ: *ненастье*.
6. Прослушайте сложные предложения, замените их простыми.
7. Прослушайте диалог, перескажите его в форме монолога.

VI. Упражнения для развития навыков вероятностного прогнозирования.
1. Прослушайте речевые клише, назовите ситуации, в которых они могут употребляться.
2. Прослушайте описание ситуации, постарайтесь понять и закончить мысль.
3. Составьте текст по предложенным опорным словам.
4. Прослушайте последнее предложение текста, содержащее сентенцию; придумайте историю, которая могла бы заканчиваться такими словами.
5. Предположите, о чём может идти речь в тексте с таким заголовком: ... Прослушайте начало текста и определите, оправдалось ли ваше предположение. Как можно закончить этот текст?

VII. Упражнения для расширения объёма памяти.
1. Ответьте на альтернативные вопросы, которые будут задаваться в быстром темпе.
2. Прослушайте короткие фразы (две-три), соедините их в одну.
3. Прослушайте текст, содержащий фактические данные, ответьте на вопросы, касающиеся этих данных.

4. Прослушайте и запишите за диктором предложения (длина предложений — больше 10 слов, т.е. превышает объём оперативной памяти).
5. Прослушайте текст, повторите его по принципу «снежного кома» (каждый студент, прежде чем добавить свой отрывок, пересказывает весь текст, произнесённый предыдущими участниками).
6. Прослушайте текст, восстановите его по опорным словам.

Принципы организации и презентации аудиотекста определяются этапом обучения, сферой общения, уровнем языковой подготовки, а также жизненным опытом и интересами обучаемых.

На начальном этапе длительность звучания аудиотекста не должна превышать 1,5—2 минут. В дальнейшем продуктивное аудирование доводится до 35—40 минут.

Сначала рекомендуется использовать тексты из полностью знакомого языкового материала. Через полтора-два месяца вводится лексика, незнакомая учащимся, но не влияющая на общее понимание текста. Это поможет не только расширить словарный запас, но и развить языковое чутьё. Первое время вводимая лексика обычно составляет не более 1,5—3% от общего числа слов сообщения. Чтобы механизм прогнозирования хорошо срабатывал, новые слова не должны напоминать сообщение, новую смысловую часть или предложение.

На начальном этапе, подбирая текст, надо учитывать такой существенный параметр, как структурная организация сообщения: факты, события должны легко вычленяться. Нежелательны сообщения с подтекстом.

Тексты разных функционально-семантических типов речи (повествование, описание, рассуждение, доказательство) надо вводить постепенно. На первых порах легче воспринимаются тексты-описания и фабульные тексты.

Материалы для развития аудитивных умений должны включать как монологическую, так и диалогическую речь —

отражать особенности речевых сообщений, с которыми иностранец встречается, общаясь с носителями языка.

Темп предъявления речи должен начинаться с нижнего предела лекторской речи: 80—220 слогов или 60—70 слов в минуту. Оптимальный темп звучания текста соответствует темпу речи аудитора. Если текст читается слишком медленно, это затрудняет работу механизмов оперативной памяти и вероятностного прогнозирования. Однако темп нужно замедлять, если требуется подчеркнуть актуальность информации.

Важнейший параметр подбора аудиотекста — информативность, определяемая количеством и качеством сообщаемого. Однако информативно перенасыщать текст не следует, чтобы не произошло переутомления вследствие напряжения во время синхронного перевода. Чередование высоко- и низкоинформативных частей позволит сэкономить время на обдумывание и обеспечить большую вероятность правильного восприятия.

На начальном этапе исключительно важное значение имеет инструкция-установка, которая, по мнению психологов, может повысить эффективность восприятия на 25%. Это конкретное задание, которое ставится в зависимости от целей урока и ориентирует учащихся на сознательное и целенаправленное извлечение информации.

Задание. Прослушайте аудиотекст и постарайтесь его понять. Выделите те факты, которые свидетельствуют о...

С приобретением аудиторского опыта установки становятся менее жёсткими.

Существуют две точки зрения на то, сколько раз надо прослушивать текст.

1. Двукратное прослушивание с разными установками. После первого прослушивания проверяется понимание текста, затем даётся установка на более полное извлечение информации.

Задание. Прослушайте текст. Мысленно разбейте его на смысловые части. При повторном прослушивании запишите первую фразу каждой смысловой части.

2. Однократное прослушивание. Оно приближает аудитора к естественной коммуникации. В этом случае необходимо тщательно продумать и организовать предтекстовую работу.

Обе позиции правильны: разные целевые установки потребуют разного количества прослушиваний.

Форма контроля понимания речевых сообщений осуществляется по-разному. Возможные варианты:
- тестирование множественного выбора (из ряда утверждений выбирается одно);
- использование графических помет (плюс, минус и др.);
- подбор картинок, соответствующих содержанию.

Полнота и глубина понимания проверяется такими заданиями:
- ответить на вопросы;
- выборочно изложить содержание фрагментов;
- прокомментировать услышанное;
- изложить свою позицию.

Задания могут выполняться устно или письменно. Проверка аудитивных умений осуществляется в тесной связи с контролем других видов речевой деятельности.

Литература

Гез Н.Г. О факторах, определяющих успешность аудирования иноязычной речи // Иностранные языки в школе. 1977. № 5. С. 65—68.

Пассов Е.И. Коммуникативный метод обучения иноязычному говорению. М., 1991.

Рахманов И.В. Обучение устной речи на иностранном языке. М., 2000.

Скалкин В.Л. Основы обучения устной иноязычной речи. М., 1981.

Скалкин В.Л. Структура устноязычной коммуникации и вопросы обучения устной речи на иностранном языке // Общая методика обучения иностранным языкам: хрестоматия / Сост. А.А. Леонтьев. М., 2001.

Вопросы и задания

1. Что представляет собой аудирование как процесс восприятия и понимания?
2. Какие умения аудирования нужно сформировать у учащегося на начальном этапе, а какие — на продвинутом?
3. В чём психофизиологические особенности механизмов аудирования?
4. На какие этапы делится процесс смыслового восприятия? В чём особенности каждого этапа?
5. Что представляют собой уровни понимания высказывания?
6. В чём трудности аудирования?
7. Какие упражнения лучше использовать для развития механизмов восприятия? Выделите типы подготовительных и речевых упражнений. В чём особенности заданий каждого типа?

2.3. Говорение

Говорение представляет собой вид речевой деятельности, с помощью которого осуществляется устная форма общения, направленная на установление контакта и взаимопонимания с другими людьми, воздействие на их знания и умения, на выполнение функций доказательства, убеждения, на выражение эмоционального отношения к передаваемому сообщению.

Говорение как вид речевой деятельности возможно при наличии мотива деятельности, возникающего, когда у человека появляется желание войти в речевое взаимодействие для достижения определённой цели (коммуникативная потребность).

Психофизиологические механизмы говорения. Говорение как психофизиологический процесс обеспечивается наличием в памяти человека слухоречедвигательных стереотипов лингвистических знаков и операций с ними. Как вид речевой деятельности говорение обеспечивается такими психологическими механизмами, как комбинирование, конструирование, выбор, упреждение, дискурсивность.

Механизм комбинирования представляет собой процесс формирования словосочетаний и фраз, при котором говорящий использует готовые блоки — слова и целые фразы в новых сочетаниях. От механизма комбинирования зависит творческий характер речи, её беглость.

Механизм конструирования предусматривает осознание языковых правил и применение их для продуцирования речевых единиц в процессе говорения. Этот механизм используется при недостаточном уровне владения иностранной речью и затруднениях в качестве подкрепления и средства обучения.

Механизм выбора слов и структур обеспечивает готовность материала в соответствии с коммуникативной целью.

Механизм упреждения отвечает за плавность речи, нормализует время и паузы говорения, прогнозирует содержание высказывания.

Механизм дискурсивности осуществляет контроль за реализацией речевого сообщения на основе обратной связи.

Тема и ситуация. Речевые действия в процессе общения организуются в соответствии с *темой*. Именно тема связана с мотивом речевой деятельности, она определяет внутреннюю программу, речевую форму и средства её оформления. В свою очередь, выбор темы зависит от степени обученности говорящего, возрастных особенностей и сферы общения — социально-бытовой, учебной, профессиональной.

В процессе обучения говорению важное значение имеют факторы общения:
- социальная и коммуникативная роль (мать и дочь; покупатель и продавец; учитель и ученик и т.п.);

- коммуникативная общность — достаточное предметное содержание и мотивированность;
- вид общения — индивидуальное, групповое, публичное (собрание, диспут, конференция и т.п.).

Под *коммуникативной ситуацией* понимается ситуация, которая вызывает общение, благоприятствует и сопутствует ему. Эту ситуацию, в частности, определяют:
- обстоятельства (обстановка общения);
- отношения между коммуникантами (степень знакомства, общность интересов и др.);
- речевые намерения коммуникантов.

Ситуацию общения следует учитывать при говорении, так как от вида общения (индивидуальное, групповое), обстановки и речевого намерения зависят содержание и набор необходимых умений. Например, при публичном общении официального характера (выступление с докладом, участие в дискуссии) нужны умения логично выражать мысли, аргументировать свою позицию, убеждать, выбирать из имеющихся фактов наиболее значимые и интересные для аудитории, умело опровергать то, с чем не согласен. Иногда одно умение предполагает учёт нескольких конкретных компонентов ситуации. Так, умение ориентироваться в условиях и задачах речи предполагает ответы на ряд вопросов.
- Для чего я должен выступать (с целью сообщения, общения или воздействия)?
- В чём конкретно моя цель?
- Кому будет адресовано выступление?
- Сколько на него отводится времени?

Индивидуальное общение выдвигает иные требования, более простые, но и здесь нужно овладеть умениями начать, поддерживать и продолжить разговор.

Ситуация общения является экстралингвистической основой стилистического оформления речи. При обучении речи используется *учебно-речевая ситуация* — речевые и неречевые условия, заданные преподавателем в качестве стимула к речевому взаимодействию.

Отбираются только типичные или стабильные ситуации. Критерии их отбора:
- выраженность определённых социальных и коммуникативных ролей (мать, отец, врач, продавец и др.);
- возможность чётко сформулировать стимулы общения:
  — обмен мнениями;
  — установление контакта при общении, знакомстве;
  — выражение благодарности;
  — информирование;
  — запрос информации;
  — побуждение к действию;
  — выражение чувств, переживаний;
  — выражение отношения к какому-либо событию.

В зависимости от стимула формулируются задания к различным ситуациям общения.

Чтобы создать учебно-речевую ситуацию, преподаватель обеспечивает **речевую поддержку**:
- продумывает предметное содержание общения;
- правильно выбирает участников (с учётом близости их интересов: туризм, музыка, театр, профессиональные интересы и др.);
- заранее даёт обучаемым необходимый лексический и грамматический материал и отрабатывает с ними навыки использования этого материала в речи.

Учебно-речевая ситуация создаётся:
- с помощью текста, являющегося предметом возможной коммуникации;
- с опорой на зрительную наглядность (картины, диафильмы, слайды и др.);
- с помощью реального события (посещение выставки, прогулка и т.п.), положенного в её основу;
- с использованием устного словесного рисования и стимуляции воображения.

Для обеспечения коммуникации наличия ситуации недостаточно. Надо сформулировать коммуникативное задание: что-то уточнить, чего-то добиться, с чем-нибудь согласиться и т.п.

Чтобы научить говорению, необходимы образцы. На первом этапе слова, фразы, короткие сверхфразовые единства воспроизводятся без изменения, т.е. репродуцируются; это помогает отрабатывать навык и сформировать умение. В новых для обучаемых ситуациях общение представляет собой творческий процесс и является продуктивным видом речевой деятельности, поскольку говорящий сам конструирует высказывание. Подражание в методике обучения иностранному языку не исключается, но при этом всегда подчёркивается, что обучение языку как средству общения носит осознанный характер.

При обучении говорению используется как подготовленная, так и неподготовленная речь.

Под **подготовленной речью** понимаются высказывания учащихся с опорой на смысловое содержание и языковой материал, заданные текстом или преподавателем. Высказывания предварительно заучиваются, отрабатываются и только потом репродуцируются.

Под **неподготовленной речью** подразумевается непосредственная реакция на заданную ситуацию. Неподготовленная речь возможна при условии сформированных навыков владения минимальным лексическим и грамматическим материалом. Главная методическая задача при неподготовленной речи — адекватность передачи содержания на иностранном языке и правильный отбор необходимых для этого языковых средств. Реализация речевой и языковой сторон высказываний осуществляется в форме диалога и монолога.

В современной методике и психологии **диалогическая речь** рассматривается как основа сотрудничества и взаимодействия двух сторон в акте речевого общения в процессе совместной деятельности.

Диалогическая речь по сравнению с монологической обладает своими трудностями и преимуществом в восприятии.

Особенность диалога в том, что почти одновременно происходят несколько сложных процессов: восприятие речи, внутреннее проговаривание слышимого и внутреннее планирование ответа. Это означает, что должны быть хорошо развиты механизмы и слушания, и говорения. Кроме того, определённую сложность представляют и такие особенности диалога, как спонтанность речи, частая смена тем речевого общения, необходимость постоянно следить за мыслью собеседника и быстро реагировать на его реплики, а также самому инициативно продолжать общение.

Преимущества диалога обусловлены общей ситуацией (стюардесса — пассажир, врач — пациент), а значит, по сравнению с монологической диалогическая речь менее развёрнута, её восприятие облегчают мимика, жесты, речевые клише, допускаемые повторы. Диалогическая речь проще и синтаксически.

Составная часть диалога, принадлежащая одному коммуниканту, называется *репликой*. Различают опорную, первую реплику и реактивную, ответную. Сочетание этих двух реплик называется *диалогическим единством*. Методически важно научить, как начинать и как поддерживать диалог. В случае затруднений в начале диалога следует подсказать предмет и тему разговора.

В условиях диалога порождаемый текст имеет определённую протяжённость. Реплика может состоять из полного предложения (слова типа *Да, Нет, Возможно*) и отдельных вопросительных слов (*Когда? Почему?* и др.). Диалог бывает двучленным и многочленным единством.

Поскольку диалог рассматривается как обмен мыслями, методические задачи при анализе диалога состоят в определении:
- количества реплик;
- сложности каждой реплики (сколько в неё входит предложений, каких);
- способа связи реплик (вопрос — вопрос, вопрос — ответ, утверждение — утверждение и др.).

При обучении диалогической речи используют следующие виды диалога по содержанию и установке на взаимодействие партнёров: обмен информацией; планирование совместных действий; обмен впечатлениями, мнениями; спор, полемика; унисон.

В *диалоге — обмене информацией* участники информируют друг друга:

— *В выходные я ездила на дачу.*
— *А я была в филармонии.*

Диалог — планирование совместных действий предполагает положительную реакцию партнёра на опорную реплику:

— *Давай закончим все дела пораньше и куда-нибудь сходим.*
— *Конечно! Я давно хотела посетить новый клуб.*

Диалог — обмен впечатлениями, мнениями строится на совпадении или расхождении мнений:

— *С удовольствием посмотрела вчера старый кинофильм.*
— *А мне он показался примитивным.*

Диалог — спор, полемика состоит из реплики-утверждения и реплики-отрицания:

— *Мне нравится искусство примитивизма.*
— *А я считаю его разрушающим.*

Диалог-унисон предполагает умение партнёра в ответной реплике поддержать и продолжить тему:

— *Настоящий грибник умеет собирать грибы даже весной.*
— *Да. В это время растут такие грибы, которые не каждый знает: строчки, сморчки, колосовики.*

По учебной нагрузке и технике применения (по форме использования) различают следующие виды диалогов: демонстрационные; разговорного облегчения; страноведческие; развлекательные; цепные и спиральные.

Задача **демонстрационных диалогов** — представить определённые лексико-грамматические явления. Работая с такими диалогами, целесообразно анализировать их структуру, отмечать факторы, требующие определённого состава и содержания следующей реплики — реплики-согласия, реплики-отказа или

реплики-уточнения. Преподаватель может, к примеру, предложить ситуацию: лекции закончились, и один студент хочет спросить другого, куда тот идёт после занятий и как долго он там пробудет. В задании оговаривается, что в репликах-ответах используются вводные слова. Анализируется диалог-образец, затем составляется аналогичный. Диалог-образец:
— *Ты пойдёшь сейчас в библиотеку?*
— *Скорее всего.*
— *Будешь заниматься до вечера?*
— *Конечно.*

Диалоги разговорного облегчения дают возможность усвоить полезные разговорные клише типа: *рад вас видеть, очень приятно, хотелось бы верить.*

Речевые формулы таких диалогов объясняются, закрепляются, заучиваются наизусть, потом самостоятельно вводятся учащимися в новые ситуации. Образец:
— *Думаю, что у вас всё будет хорошо.*
— *Хотелось бы верить.*

Страноведческие диалоги обычно содержат полезную информацию о реалиях, поведенческих нормах (городские достопримечательности, формы образования, досуг, традиции питания и т.п.) страны, язык которой изучается.

Ценность ***развлекательных диалогов,*** в которых используются шутки, каламбуры, пародии, в том, что такие диалоги помогают перейти к неподготовленной, спонтанной речи.

По форме и технике применения выделяются цепные и спиральные диалоги. При ***цепных диалогах*** присутствующие на занятии по очереди составляют реплики: первый начинает диалог, второй придумывает ответную реплику, остальные друг за другом продолжают разговор. ***Спиральные диалоги*** состоят из нескольких мини-диалогов на определённую тему, раскрытие которой идёт как бы по спирали. Такие небольшие диалоги нетрудны для усвоения и полезны.

Обучение диалогу осуществляется дедуктивным или индуктивным способом. При дедуктивном способе обучение идёт от целого к элементам конкретных образцов. Сначала прослушивается целый диалог-образец (запись или чтение преподавателя), потом диалог читается учащимися, разыгрывается по ролям и заучивается наизусть. Лексический материал далее варьируется. При таком подходе облегчается припоминание и воспроизведение, отрабатывается умение вести диалоги на определённые темы. Минусы дедуктивного подхода в том, что выучить можно лишь ограниченное количество диалогов, что для реальных потребностей недостаточно. У учащихся не развивается способность самостоятельно конструировать диалог, а следовательно, теряется возможность свободного общения в диалогической форме.

При индуктивном подходе учащиеся осваивают элементы диалога, а затем самостоятельно строят его в соответствии с учебно-речевой ситуацией. Предусматривается и диалог-образец, но он нужен не для заучивания, а для подражания. При таком подходе важно развивать умение планировать речевые действия с учётом их мотивов, целей и возможных результатов.

Монологическая речь — это высказывание одного человека. Объём высказывания может быть любым. Монологической речью можно назвать и одно предложение (например, объявление о переносе спектакля на другой день). Однако чаще всего (а для обучения берутся типичные случаи) монологическая речь представляет собой серию предложений, связанных по смыслу, расположенных в определённой логической последовательности и соединённых при помощи специальных языковых средств — лексических, морфологических, синтаксических.

В методических целях различают фрагментарное высказывание, монологическое единство и моноречь. *Фрагментарное высказывание* — фрагмент, состоящий из 2—5 предложений, связанных по смыслу. *Монологическое единство* — развёрнутое высказывание, состоящее из 6—20 предложений. *Моноречь* — пространное высказывание, включающее свыше 20 предложений и позволяющее подробно осветить одну или несколько тем. Монолог может быть включён в диалог и в таком случае должен рассматриваться как часть целого.

Особенности монологической речи:
- коммуникативная направленность высказывания;
- тематичность;
- непрерывность (поскольку высказывание представляет собой сверхфразовое единство определённого объёма);
- последовательность, логичность;
- относительная смысловая законченность;
- синтаксическая усложнённость (преобладание синтаксических полных структур, отсутствие эллипсисов, эмоционально-оценочных средств).

Задачи преподавателя при отработке монологической речи — научить студентов:
- выражать коммуникативно заданную законченную мысль;
- логически развёртывать высказывания, пользуясь приёмами логического мышления — рассуждением, сопоставлением, сравнением, обобщением;
- высказываться, соблюдая языковые нормы.

В обучении монологу выделяются три этапа.

1. Овладение умением самостоятельно высказывать одно предложение, соответствующее заданию и ситуации речи: *Где вы были вчера? Что изображено на картинке?* Используется зрительная или слуховая опора.

2. Обучение логически развёртывать высказывание, т.е. логически связывать несколько предложений. Работа организуется с помощью установок на разные речевые действия (развёрнуто ответить на вопрос, кратко высказаться по какой-либо теме и т.п.), которые конкретизируются в заданиях: *Скажите, как вы провели вчерашний день? Что удалось осуществить, а что — нет? Почему?* На первых порах в целях речевой поддержки можно указать на порядок следования фраз и смысловую связь между ними. В качестве образцов построения монологического высказывания предлагаются незаконченные фразы: *Моего друга зовут... Из всех видов спорта он предпочитает... Он занимается в спортивном клубе...* Кроме того, возможна серия вопросов по теме.

Формы организации монолога, как и диалога, бывают разными: составление высказывания по цепочке; конструирование по принципу «снежного кома» (каждый обучаемый добавляет фразу к уже произнесённым, повторяя всё, что сказали до него); ориентация на вопросы преподавателя и др.

3. Построение монологического высказывания, отражающего законченную мысль и ориентированного на неречевую задачу: *Убедите подругу приобрести вторую профессию.* При составлении монолога необходимо учитывать контингент слушателей. Речь обучаемых на третьем этапе наиболее приближена к естественной, они свободно говорят о том, что их интересует, используя в ответах дополнительные сведения, найденные самостоятельно.

При обучении монологу особое место принадлежит пересказу. Он может представлять собой подготовленную (с опорными словами, составлением плана, тезисов), частично подготовленную и неподготовленную речь. По степени репродукции пересказ бывает полным, максимально близким к тексту либо выборочным, дающим развёрнутый ответ на вопрос типа «*Что нового вы узнали из текста?*», «*Что вам понравилось больше всего?*» Для развития речи полезно обучение приёмам сжатого пересказа, так как они направлены на осмысленный подход к главной и второстепенной информации.

Хорошо совершенствуют речевые умения пересказы:
- своими словами;
- лицу, незнакомому с содержанием того, о чём говорится;
- с изменением ситуации, действующего лица, времени;
- с изменением речевой задачи.

При групповом обучении для активизации внимания можно использовать пересказ в парах или по индивидуальным заданиям. Формой перехода к неподготовленной речи может быть пересказ с выражением своего отношения к содержанию текста или пересказ для достижения заданной цели, например для доказательства правильности определённой точки зрения.

Тексты для пересказа должны отвечать следующим требованиям:
- быть небольшого объёма (максимум — одна типографская страница);
- иметь прозрачное содержание, не перегруженное деталями и именами собственными;
- опираться на имеющиеся у учащихся знания и опыт;
- представлять познавательную ценность.

В методике обучения иностранному языку разработаны упражнения для обучения говорению. Выделяют два типа таких упражнений.

Первый тип — **подготовительные упражнения** (их называют также предречевыми, языковыми, тренировочными, элементарными, некоммуникативными). Они направлены на активизацию языкового материала, на формирование умения подчинять форму содержанию. Суть их — в многократном повторении и варировании формы, соответствующей содержанию. В итоге каждый обучаемый должен приобрести навык обращения с фонетическими, лексическими, грамматическими элементами, а также целыми предложениями.

К подготовительным относятся упражнения:
- *имитативные* — воспроизведение образца (без изменений);
- *подстановочные* — воспроизведение образца с изменением лексического наполнения;
- *комбинационные* — построение высказывания на основе объединения заданных элементов предложения;
- *трансформационные* — изменение структуры предложения (лексической или грамматической);
- *конструктивные* — самостоятельное построение высказывания с опорой на представленный языковой, речевой или инструктивный материал;
- *переводные* — перевод с родного языка на изучаемый (используются для контроля).

Второй тип — **речевые упражнения** (их называют также коммуникативными или творческими). Главное в таких упражнениях — направленность на извлечение смыслов при восприятии речи, т.е. формирование содержания в иноязычной форме. Эффективной является система коммуникативных упражнений, которая выстраивается на основе длины речевого высказывания и степени сложности его порождения. Основные типы этих упражнений представлены на схеме 5.

К *респонсивным упражнениям* относятся вопросно-ответные, репликовые упражнения и условная беседа.

Схема 5

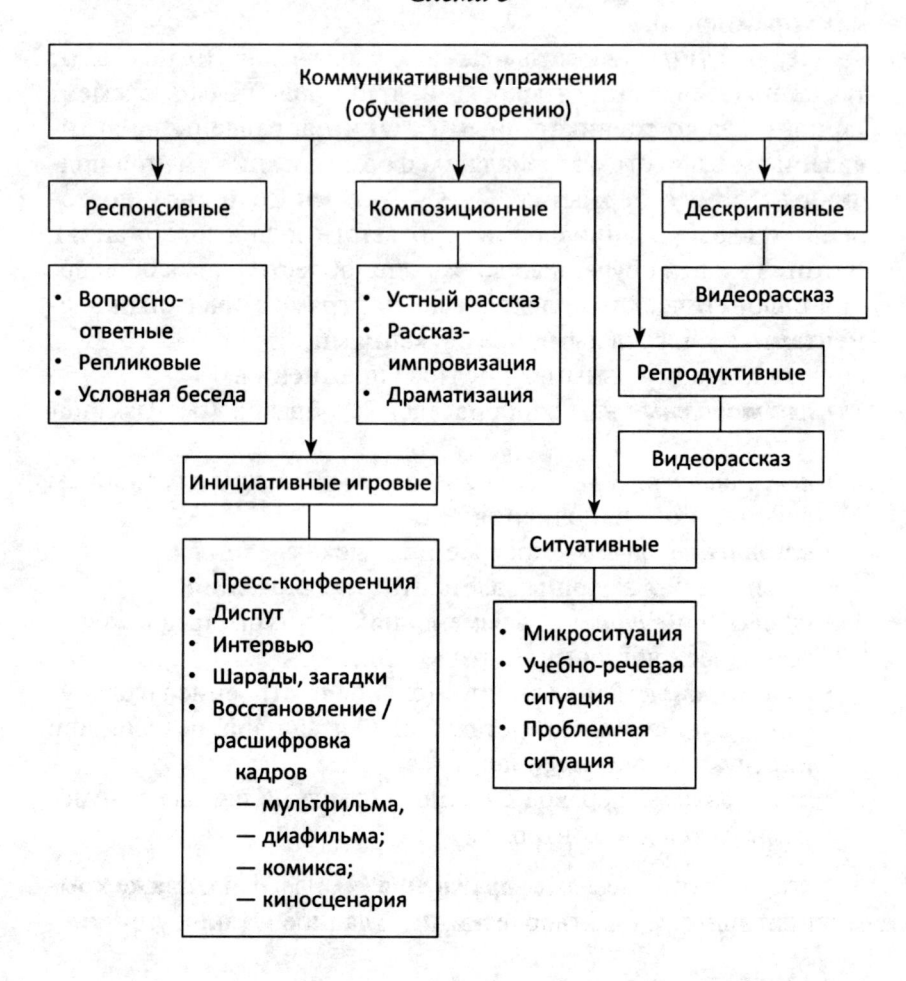

```
                    Коммуникативные упражнения
                       (обучение говорению)
    ┌───────────────────────┼───────────────────────┐
Респонсивные          Композиционные           Дескриптивные
    │                       │                       │
• Вопросно-           • Устный рассказ         Видеорассказ
  ответные            • Рассказ-                    │
• Репликовые            импровизация         Репродуктивные
• Условная беседа     • Драматизация                │
                            │                 Видеорассказ
                   Инициативные игровые
                            │
• Пресс-конференция                          Ситуативные
• Диспут                                          │
• Интервью                                 • Микроситуация
• Шарады, загадки                          • Учебно-речевая
• Восстановление /                           ситуация
  расшифровка                              • Проблемная
  кадров                                     ситуация
    — мультфильма,
    — диафильма;
    — комикса;
    — киносценария
```

В вопросно-ответных упражнениях вопрос побуждает к речевой реакции. В зависимости от источника ответов выделяют вопросы:
- по предъявленному дидактическому материалу (например, текст, рисунок, слайды);
- с опорой на собственные знания, жизненный опыт.

В системе работы преподавателя должны быть вопросы всех типов — общие, специальные и др. Что касается специальных вопросов, то перед обучаемыми ставятся наиболее сложные задачи, требующие развёрнутых ответов, например: *Какие театры Петербурга вы знаете?*

Репликовые упражнения представляют собой диалогические единства: утверждение — вопрос, утверждение — утверждение, утверждение — отрицание. На начальном этапе в подготовительных упражнениях рекомендуются такие задания:
- назвать опорную реплику к данной ответной;
- найти из двух предложенных ответных реплик подходящую по смыслу к опорной;
- выразить согласие или несогласие со сказанным;
- ответить приветствием на приветствие;
- уточнить, дополнить сообщение;
- дать обоснование сказанному.

Стимулом к реакции может быть не только вопрос, но и побуждение: «*Удивитесь сказанному*»; «*Уточните следующее утверждение*»; «*Опровергните*».

Условная беседа — это упражнение с начальным высказыванием, которое намечает некоторую тему. Цель — стимулировать неподготовленную инициативную речь. Важно, чтобы в ходе беседы обучаемые чувствовали себя раскованно. Нужно варьировать тему, неожиданно направлять разговор в новое русло — это поможет приблизить обучение к естественным условиям общения. Для успешного выполнения упражнения студентам надо объяснить, по какой схеме строятся возможные высказывания, содержащие восклицание, вопрос, просьбу, реминисценцию, утверждение, сомнение. К примеру, на сообщение «*Мне удалось побывать в горах*» могут быть следующие реплики-высказывания: «*Как это здорово!*» (восклицание); «*Вам удалось застать пляжный сезон?*» (вопрос); «*Расскажите, каким был переход через перевал*» (просьба); «*Когда я был студентом, мне удалось пройти по многим горным маршрутам*» (реминисценция); «*Активный отдых — гарантия здоровья*» (утверждение); «*Сомневаюсь, можно ли хорошо отдохнуть, если маршрут пешеходный*» (сомнение).

Композиционные упражнения подразделяют на три вида: устный рассказ, рассказ-импровизацию и драматизацию.

Устный рассказ представляет собой монологическое выступление (подготовленное или неподготовленное). В зависимости от наличия или отсутствия опоры, а также степени сложности выполнения различают следующие виды устного рассказа:
- по готовому сюжету (даётся в свёрнутом виде);
- по предложенной ситуации;
- по заданной теме;
- по пословице, поговорке или крылатому выражению;
- по собственной теме.

Импровизация относится к разновидностям устного рассказа. Студент сам выбирает тему и говорит без предварительной подготовки (экспромтом).

Драматизация — это выступление двух учащихся, которые разыгрывают в лицах какую-либо сценку. Виды драматизации такие же, как и виды устного рассказа.

В группу ***ситуативных упражнений*** включают микроситуацию, учебно-речевую ситуацию и проблемную ситуацию.

Микроситуация — сжатое динамичное описание какого-либо случая. Обучающиеся должны отреагировать на описание, коротко (в одной фразе или двух) ответив на вопрос. Студенты обычно предлагают несколько вариантов ответа, дополняют фразы, составленные товарищами по группе. Это самая простая форма ситуативных упражнений.

Задание. Прочитайте текст и ответьте на вопрос.
По шоссе на большой скорости ехала машина. На дорогу выбежал ребёнок. Водитель резко затормозил, чуть не перевернув машину.
Почему машина чуть не перевернулась?
Вариант ответа.
Машина чуть не перевернулась, потому что пришлось резко затормозить. Водитель хотел спасти жизнь ребёнку, который выбежал на дорогу.

Упражнения с использованием специально подобранных учебно-речевых ситуаций обычно включают описание ситуации, задание, речевой стимул (или инициативную реплику) и ключевые слова.

Задание. Прочитайте ситуацию. Какой разговор может состояться между вами и вашим бывшим сокурсником?
Ситуация.
Через много лет после окончания института вы встречаете бывшего сокурсника в офисе, куда зашли по делам.
Речевые стимулы.
Сколько лет, сколько зим! Кем же ты стал? Какие планы на будущее?
Ключевые слова: *пять лет, три года, десять лет; декан, директор, преподаватель; дополнительное образование, работа за границей, профессиональный рост.*

Проблемная ситуация — экстралингвистическая задача (проблема), которую обучаемые должны осознать и решить, т.е. выдать прогнозируемый преподавателем результат. Этот вид упражнения сложнее для учащихся, чем предыдущий: им надо поставить себя на место человека, оказавшегося в описанной ситуации, и порассуждать, какой выход из неё оптимален. В упражнение или в задание к нему можно включить инструкции либо вопросы, направляющие ход рассуждений учащихся.

Задание. Прочитайте ситуацию. Как бы вы поступили в такой ситуации?

Ситуация.

Сидорову срочно надо быть в другом городе на деловой встрече. Он купил билет на самолёт. Приехав в аэропорт, Сидоров узнаёт, что рейс отменён из-за непогоды. Как лучше поступить в такой ситуации?

Инструкция.

1. Узнайте, на какое время перенесён рейс.
2. Решите, воспользуетесь ли вы следующим рейсом.
3. Сообщите деловому партнёру о невозможности прибытия в назначенное время.
4. Подумайте, надо ли отменить встречу или перенести на другое время.

К *репродуктивным упражнениям* относят пересказ (см. о нём выше).

Среди *дескриптивных упражнений* (дескриптивный — описывающий, описательный) выделяют видеорассказ — комментарий к какому-либо видеосюжету. Для обучения такому комментарию можно использовать иллюстрации, комиксы, слайды (в т.ч. в режиме слайд-шоу), постепенно усложняя задачи, которые должны решать обучаемые.

В группу *дискутивных упражнений* входят комментирование и учебная дискуссия.

Комментирование — высказывание учащимся мнения о полученной информации. Здесь важно владеть приёмами логического суждения. Комментирование бывает полным или выборочным, развёрнутым или свёрнутым. Во взрослой аудитории часто используется комментирование газетно-журнальных материалов, телепередач.

Учебная дискуссия — обсуждение какого-нибудь вопроса. Структура учебной дискуссии включает тему, учебную ситуацию с экспозицией (пословица, поговорка, сентенция и др.), речевым стимулом, направляющими вопросами и речевой реакцией обучающихся. Экспозиция содержит информацию, предполагающую разное толкование. Например:

> Согласны ли вы с высказыванием Януша Корчака «Счастье для человечества, что мы не можем подчинить детей нашим влияниям...»? Представьте себе, что все дети полностью подчинены влиянию родителей. Что бы, по-вашему, в этом случае ожидало новое поколение?

В заключение охарактеризуем тип речевых (коммуникативных) упражнений, который в схеме 5 назван *инициативные игровые*. В методике обучения русскому языку как иностранному обычно выделяют два типа упражнений: инициативные (пресс-конференция, интервью) и игровые (загадки, составление и расшифровка комиксов и др.). В школьной методике инициативные упражнения относятся к группе игровых, поскольку пресс-конференция или интервью во время занятия — это всего лишь воссоздание определённых ситуаций. В то же время это такие ситуации, в которых, как и в любой игре, обучаемые проявляют инициативу. Поскольку любая игра по сути — творческое занятие, подразделять описываемые упражнения на два типа не обязательно.

Пресс-конференция как вид упражнений предполагает тренировку в постановке вопросов, которые обучаемые задают членам группы, преподавателю, а возможно, и незнакомым людям, приглашённым на занятие. Тема конференции оговаривается заранее.

Интервью представляет собой беседу в форме «вопрос — ответ», поэтому его лучше проводить в парах. Обычно в начале интервью сообщают необходимые сведения о собеседнике и теме разговора. Далее «корреспондент» задаёт вопросы, а его собеседник отвечает. Можно предложить ситуацию, когда интервью берётся у чемпиона по какому-нибудь виду спорта, у лидера какого-либо движения, у кинозвезды и т.п.

Диспут предполагает выдвижение разных точек зрения, разных мнений по одному вопросу и их умелое, аргументированное отстаивание. Чтобы обсуждение прошло интереснее и с бо́льшим обучающим эффектом, тема и вопросы к диспуту сообщаются заранее; преподаватель также даёт набор необходимых речевых клише. Дискутирование развивает навыки свободной речи.

Хороший обучающий эффект дают упражнения по составлению или расшифровке кадров мультфильма, комикса, киносценария. Цель — закрепление или обобщение лексико-грамматического материала. Чтобы эта цель была достигнута, каждый кадр, например, мультфильма на грамматическую тему должен представлять собой проблемную ситуацию, связанную с изучаемой темой, а рисунки — иллюстрировать примеры к ней.

Элементы игры на занятиях обладают значительным обучающим потенциалом. Как и другие нетрадиционные формы обучения, они оживляют учебный процесс и активизируют внимание обучаемых.

Литература

Земская Е.А. Русский язык как иностранный: Русская разговорная речь: Лингвистический анализ и проблемы обучения: учебное пособие. М., 2011.

Зимняя И.А. Психологические аспекты обучения говорению на иностранном языке. М., 1984.

Муханов И.Л. Интонация в практике русской диалогической речи: учебное пособие. М., 2009.

Скалкин В.Л. Основы обучения устной речи. М., 1981.

Сосенко Э.Ю. Коммуникативные подготовительные упражнения при обучении говорению на начальном этапе. М., 1979.

Вопросы и задания

1. Что входит в понятие «говорение» как вида речевой деятельности? Каковы цели говорения? При каком условии возможен акт говорения?

2. Какими психофизическими механизмами характеризуется говорение? В чём их особенности?

3. Что подразумевается под коммуникативной ситуацией? Какие компоненты принято выделять в ситуации общения? Чем характеризуется учебно-речевая ситуация?

4. В чём отличие продуктивной и репродуктивной речи? Каковы главные методические задачи при подготовленной и неподготовленной речи?

5. В чём отличие диалогической речи от монологической? Какие трудности и преимущества есть у диалогической речи по сравнению с монологической?

6. Какие виды диалога выделяются по содержанию и установке, по форме и технике? Чем характеризуется каждый вид? Приведите примеры.

7. Какие требования надо соблюдать, применяя дедуктивный и индуктивный способы обучения диалогу? В чём преимущества и недостатки каждого способа?

8. Почему монологу обучают в три этапа? Какие это этапы? Какие умения включает каждый этап?

9. Какие два типа упражнений по обучению говорению принято выделять? В чём их специфика? Какова структура и особенности коммуникативных упражнений для обучения говорению?

2.4. Чтение

Чтение — вид речевой деятельности, направленный на восприятие и переработку информации, содержащейся в письменном тексте.

Обучение чтению имеет особое значение. Во-первых, в отсутствие речевой среды для лиц, заинтересованных в изучении иностранного языка, чтение — возможность закрепить и сохранить навыки владения языком. Чтение в таком случае становится целью обучения языку. Во-вторых, чтение (на любом языке) помогает овладеть другими видами речевой деятельности, так как способствует запоминанию лексики, грамматических конструкций, закреплению орфографических навыков, а значит, становится средством обучения. В-третьих, для лиц, приехавших за рубеж учиться или повышать свою квалификацию, чтение является средством овладения различными науками. Для филологов-русистов чтение — источник профессиональной подготовки. Значение чтения возросло в связи с тем, что в последнее время в методике иностранных языков за единицу во всех видах речевой деятельности принимается текст. Этап чтения даже при говорении обойти невозможно.

Чтение относят к рецептивным видам речевой деятельности, так как оно представляет собой восприятие готового графически зафиксированного текста. Как и для говорения, для чтения характерны механизмы внутреннего проговаривания и вероятностного прогнозирования, вербального и смыслового.

По сравнению с устной речью чтение обладает рядом особенностей, с одной стороны, облегчающих, с другой — затрудняющих восприятие речи. Преимущества чтения: выбор нужного темпа, возможность вернуться к непонятным местам; с точки зрения психологии зрительная память (а именно она работает при чтении) прочнее слуховой; легче идёт постижение информации: от формы к значению, а не от значения к форме, как при письме. К трудностям чтения относятся большой объём языкового материала, смысловые особенности предложения или текста в целом (сложности понимания отдельных положений и их связи).

Адекватное понимание прочитанного предложения возможно только при условии, что в долговременной памяти читающего хранится зрительный, звуковой и речедвигательный образ слова, а также если предложение с подобной структурой учащийся встречал и сам строил. Таким образом, чтение тесно связано с другими видами речевой деятельности. Особенности чтения выдвигают следующие требования к запоминанию слов на первом этапе обучения этому виду речевой деятельности: услышать, проговорить, прочитать, написать.

Чтение, так же как и аудирование, представляет собой рецептивный вид речевой деятельности, характеризующийся определёнными психологическими механизмами. Специфика процесса состоит в том, что чтение всегда (как на родном языке, так и на иностранном) сопровождается **внутренним проговариванием**.

При внутреннем проговаривании движение органов речи является отчётливым у начинающего обучение чтению на родном или иностранном языках и практически не фиксируется в ситуации, когда механизмы чтения выработаны. Внутреннее проговаривание — обязательное условие чтения.

Слово может быть узнано в тексте, если в памяти читающего сформирован его зрительный, звуковой и речедвигательный образ, если читающий ранее его видел, слышал или сам произносил. Иначе обстоит дело с пониманием при чтении отдельных фраз, поскольку вряд ли читающий слышал, читал или произносил точно такие же предложения. Понимание предложений возможно при условии, что фразы с подобной структурой читающий уже встречал или строил раньше, т.е. если у него сформирован и хранится в памяти **фразовый стереотип**.

Новые слова и грамматические конструкции, содержащиеся в тексте, должны быть объяснены до чтения. Нужно, чтобы учащийся мог сам их произнести и употребить в речи.

Важным психологическим механизмом чтения является **прогнозирование**. Умение прогнозировать уже сформировано в родной речи учащегося и используется в процессе чтения на изучаемом иностранном языке. Методический вывод, который позволяет сделать данная особенность психологического механизма, заключается в том, что при обучении русскому языку следует развивать не только умения узнавать слово по отдельным буквам или элементам и предвидеть по началу предложения его конец, но и умения предугадать развитие сюжета, развитие смысла текста.

В обучении иностранным языкам используют разные формы работы, выбор которых обусловлен определёнными факторами.

По степени участия родного языка различают **переводное чтение** (текст переводится на родной язык учащегося) и **беспе-**

реводное чтение (язык-посредник не используется). Задача обучения в школе и в неязыковом вузе — беспереводное чтение, обеспечивающее понимание текста. Перевод используется в этом случае только как форма контроля. Понимание текста и его перевод — не одно и то же. Перевести текст означает найти адекватные формы в родном языке, что требует специальной филологической подготовки.

По наличию или отсутствию языковых трудностей различают **подготовленное чтение**, предполагающее снятие языковых трудностей, и **неподготовленное чтение**. На этапе подготовки чтения морфологические и синтаксические трудности, встречающиеся в тексте, анализируют на другом лексическом материале, а слова осмысляются и отрабатываются в ином лексическом окружении. По месту подготовки различают классное (аудиторное) и домашнее (внеаудиторное) чтение. По мере накопления читательского опыта доля классного чтения на занятии уменьшается. При подготовке чтения дома экономится аудиторное время, а чтение во время занятия тогда используется как форма контроля.

По соотношению графической и звуковой сторон различают чтение **вслух** и **про себя**. Чтение вслух предполагает овладение соответствием графической и звуковой систем языка, правилами интонированного, ритмомелодического оформления предложений, что отрабатывается при обучении технике чтения.

Нельзя научиться читать, понимать содержание прочитанного без владения техникой чтения. **Техника чтения** — это правильное озвучивание текста, т.е. умение устанавливать прочные звуко-буквенные и буквенно-звуковые соответствия при чтении вслух или про себя. Для правильного озвучивания текста надо научиться артикуляции звуков, навыкам слитного произнесения слогов, синтагматическому членению предложения, типам интонационных конструкций.

Чтение начинается со зрительного восприятия графических знаков. При узнавании букв нового алфавита возникают явления интерференции (наложения) образов букв родного алфавита и новых (изучаемых). Это явление объясняется тем, что некоторые буквы имеют общее или похожее начертание, однако их алфавитное наименование и произношение соответствующих им звуков различаются (например, для говорящих на английском языке трудны кириллические буквы *в, р, н*). Преодолеть явление интерференции помогают упражнения, направленные на узнавание и различение букв русского алфавита. Учащимся даётся задание, например, прочитать попарно буквы русского алфавита *в — б, и — у, п — н, т — м*; слоги *би — бу, пи — ни, ти — ту*; слова *бил — был, пыл — пил, тир — тур*; записать под диктовку попарно буквы, слоги, слова.

После закрепления алфавита обычно переходят к чтению слов, словосочетаний и коротких предложений из 2—3 слов и только потом к чтению несложных связных текстов.

При обучении технике чтения случаи, представляющие особые затруднения для иностранцев, следует тщательно отрабатывать, предупреждая ошибки. К таким случаям относятся:
- ударение в двусложных словах, так как оно выражено слабее, чем в самостоятельных словах: *перед грозой*;
- произношение предлогов, односложных местоимений, союзов, отрицательных частиц, у которых нет в предложении самостоятельного ударения и которые произносятся слитно с последующим словом: *Мы гуляли в парке*; *Ты не жди меня*;
- выделение обстоятельственных групп: *слева / вход, справа / выход*.

Образец чтения предполагает громкое и чёткое произношение с соблюдением членения на синтагмы, пауз между предложениями, норм русской интонации. **Синтагма** — это семантико-синтаксическая единица речи внутри предложения, её образует группа слов, объединённых смыслом и ритмомелодией: *Хороший друг / всегда помогает*. Уметь делить предложение на синтагмы очень важно, это помогает его понять. Слова, объединённые в синтагмы, читают слитно и отделяют от других слов паузами: *Вчера / Антон и Анна / ходили в театр*.

Для того чтобы учащиеся правильно интонировали, уже в начале постановочного курса их знакомят с основными типами интонационных конструкций (интонацией простого повествовательного предложения, вопроса, перечисления, сложного предложения и др.), обучают правильной расстановке знаков, обозначающих повышение и понижение тона в предложении.

Текст первый раз читает преподаватель, студенты в это время проговаривают его про себя, только затем читают вслух. После чтения преподаватель объясняет незнакомые языковые явления (если они есть) и задаёт вопросы по содержанию, чтобы проверить, понят ли текст. При повторном чтении обучаемые вместе с преподавателем делают разметку текста: проставляют ударение в словах, выделяют смысловые группы, обозначают повышение и понижение тона в предложении.

Проверять домашнее задание обычно начинают с тренировочных упражнений; читаются стечения гласных и согласных, многосложных слов, предложных словосочетаний, отрабатываются случаи качественной редукции безударных гласных, озвончения и оглушения согласных. Чтобы исправить ошибки в чтении многосложных слов (два ударения, пропуски звуков, перестановки слогов), рекомендуется разучивать их по слогам.

Для зрелого (хорошего) чтения, по данным лингвостатистики, необходим словарный запас 2300—2500 слов, охватывающий 85% информации текста. Показателем зрелого чтения является скорость: опытный чтец читает про себя в 3—4 раза быстрее, чем вслух.

Чтению обучают для конкретных практических потребностей. Зрелое чтение отличается не только высокой скоростью, но и гибкостью. Скорость чтения зависит от автоматизма обработки воспринимаемого печатного материала. Под гибкостью чтения подразумевается умение читать с разной скоростью в зависимости от ситуации. Существенное значение имеет цель чтения: где, когда, для чего будет использована извлечённая из текста информация. В свою очередь от этого зависит установка на степень полноты и точности понимания читаемого.

Эти факторы обусловили выделение трёх видов чтения: просмотрового, ознакомительного и изучающего.

Под **просмотровым чтением** понимается такое чтение, при котором ставится задача получить самое общее представление о содержании текста — теме, конкретном вопросе или круге вопросов; значит, требуется понимание текста в самых общих чертах. Для этого достаточно прочитать заголовки и отдельные абзацы, предложения. С такой установкой может быть, например, просмотрена газетная публикация. Минимальная скорость просмотрового чтения — 400—500 слов в минуту.

Примеры заданий, требующих просмотрового чтения:

Скажите, о ком (о чём) говорится в тексте.
Определите стиль высказывания.
Охарактеризуйте вид связи между предложениями.
Назовите явления (процессы), рассматриваемые в статье.

Ознакомительное чтение связано с выделением той части текста, которая касается предъявления и решения основной коммуникативной задачи, или ознакомлением с содержанием каждой части текста в самом общем виде. Цель ознакомительного чтения — поиски информации без установки на её воспроизведение и запоминание. От читателя требуется понять общую линию содержания, воспринять текст целостно. Текст прочитывается в этом случае целиком и в быстром темпе (сплошное чтение). Минимальная скорость — 180—190 слов в минуту, степень понимания прочитанного, т.е. количество воспринятой информации, — 75%.

Ознакомительное чтение используется на занятиях, если требуется обратить внимание лишь на определённые пункты задания, актуализировать те из них, которые связаны с решением какой-то частной учебной задачи. Такой вид чтения нужен, когда необходимо озаглавить текст, обозначить тему, основную мысль, стиль высказывания, выделить основные его части. К приёмам ознакомительного чтения относятся также выделение главного и второстепенного в тексте, определение его ключевых (несущих основную информацию) слов. Эти умения могут быть сформированы в процессе выполнения специальных упражнений.

Примеры заданий, требующих ознакомительного чтения:

> Прочитайте заглавие, абзацы; объясните название параграфа, проиллюстрировав его примерами из прочитанных абзацев.
> Найдите в тексте слова, словосочетания, предложения, в которых выражена главная мысль текста или каждого абзаца.
> Изложите сжато содержание предложения, абзаца, текста.
> Прочитайте предложения, в которых подчёркнуты детализирующие слова, сначала полностью, а потом без них. Сравните смысл.
> Подчеркните в тексте слова, которые могут быть опущены.

Подобные задания помогают научиться быстро читать, а также извлекать чужую информацию, опуская в ответах на вопросы несущественные сведения.

Перед чтением текстов важно чётко сформулировать задание. Вот некоторые примеры:

> Найдите ту часть текста, которая отвечает на вопрос...
> Прочитайте первую часть текста и озаглавьте её.
> Прочитайте часть текста и ответьте на вопрос, что нужно сделать, чтобы...
> Кратко сформулируйте основную мысль текста, абзаца.
> Сформулируйте, что нового вы узнали о... по сравнению с изученным материалом. Найдите ту часть текста, которая могла бы дополнить изученный материал.

Поскольку задания основаны на умении быстро ориентироваться в тексте, видеть в нём главное, ценность их проявляется только тогда, когда они выполняются быстро и чётко.

Изучающее чтение — это вдумчивое чтение, которое предполагает максимально полное и точное понимание содержащейся в тексте информации и адекватное её воспроизведение в тех или иных целях: для последующего пересказа, обсуждения, использования в работе и др. Читающий должен как можно полнее охватить всё содержание текста, вникнуть в смысл каждого его элемента. Это заставляет его читать медленно, с полным внутренним проговариванием текста, частыми остановками для обдумывания, с выявлением непонятных слов и возвращениями к неясным местам. Одно из требований к изучающему чтению — обучение читающих приёмам включения в готовый текст осмысленных фактов, примеров.

При изучающем чтении перед преподавателем стоит задача научить приёмам осмысления и анализа текста, способствующим более глубокому его осознанию. Способами достижения этой цели являются постановка вопросов преподавателем и самопостановка вопросов читающим, составление денотатного графа, или модели текста.

При использовании приёма постановки вопросов наиболее эффективны *предварительные вопросы*. С их помощью можно добиться целесообразного изменения плана текста при его пересказе, сравнения содержания изученного текста с ранее усвоенным материалом, установления причинных связей между явлениями, развития умения рассуждать и делать самостоятельные выводы. Предварительные вопросы, направленные на осмысление текста, влияют на характер чтения.

Углубить понимание учебного текста можно с помощью приёма *самопостановки вопросов* к нему. Методическая сущность этого приёма в том, что необходимо научиться по ходу чтения ставить перед собой вопросы, отражающие познавательную сущность текста. Цель приёма — вызвать у учащихся стремление лучше понять текст. При таком подходе учебный текст становится источником информации.

Самопостановку вопросов учащимися можно стимулировать серией наводящих вопросов, которые преподаватель задаёт во время чтения текста.

О чём теперь вы хотели бы узнать?
Какие вопросы здесь возникают?
О чём будет говориться далее? Как эта мысль раскрывается дальше?
О чём это говорит?
Какая мысль раскрывается в этой части текста?
Подтвердилась ли ваша догадка?

Моделирование текста — одно из условий оптимизации обучения, поскольку модель является формой научной абстракции особого рода, в которой выделенные существенные отношения объекта закреплены в наглядно воспринимаемых и представляемых связях и отношениях.

Цель моделирования научного текста — помочь иностранным студентам адаптироваться к восприятию текста по специальности. Модель текста можно зафиксировать словесно или изобразить в виде схемы. Существуют разные концепции и способы построения моделей текста.

В одной концепции основные смысловые связи представлены в виде ядерных слов и словосочетаний, фокусом которых является коммуникативная задача текста. Согласно этой концепции, методика построения модели текста включает несколько этапов.

1. Определение темы текста.
2. Выделение его коммуникативной задачи.
3. Выделение микротем текста в зависимости от коммуникативной задачи.
4. Нахождение в микротемах новой информации, необходимой для решения поставленной автором коммуникативной задачи.
5. Графическое представление структурно-смысловых связей модели.

Другая концепция построения модели текста основана на отображении его денотатной структуры. Графическое её представление — в виде схемы, где вершинам (точкам) соответствуют имена денотатов (ключевых элементов текста, наиболее важных для понимания), полученные в результате содержательного анализа текста и применения необходимых знаний о данном фрагменте действительности, а соединяющим эти вершины линиям — предметные отношения.

Этапы построения схемы денотатной структуры текста.
1. Выделение денотатов.
2. Выделение подтем.
3. Определение субтем.
4. Графическое представление иерархии подтем и субтем.
5. Определение соотношения денотатов: приведение их в соответствие с моделью ситуации, сформировавшейся при чтении текста.

Существуют и иные способы построения модели текста, например, модель субъектно-предикатных отношений. Текстовым субъектом называется то, что поясняется, а его предикатом — само пояснение, описание, объяснение или доказательство. Субъект и предикат текста выражаются не отдельными словами, а целыми предложениями. В субъектно-предикатной модели текста присутствуют субъекты и предикаты нескольких рангов.

Умения выделять существенные смысловые связи при чтении текста, моделировать его структурно-смысловой каркас облегчает процесс чтения и объективное понимание его смысла.

Для работы в аудитории преподаватель может выбрать наиболее удобную, на его взгляд, концепцию построения модели текста.

В методике обучения чтению на иностранном языке выделяют дотекстовые (предтекстовые), притекстовые и послетекстовые упражнения.

Дотекстовые упражнения направлены на формирование психологических механизмов внутреннего проговаривания, вероятностного прогнозирования, увеличение объёма зрительного восприятия, памяти и др. Такие упражнения предполагают объяснение значений новых слов, грамматических явлений, тренировку их употребления путём многократного повторения в разных вариациях. Цель дотекстовых упражнений — снятие трудностей чтения, поэтому они ориентированы на определённые стадии усвоения: восприятие, имитацию, наблюдение, употребление и переключение.

На *восприятие* направлены упражнения, рассчитанные на процесс усвоения грамматического явления или лексической единицы в составе предложения.

На *имитацию* — упражнения, рассчитанные на репродуктивное воспроизведение изучаемого факта в устной или письменной форме.

На *наблюдение* — упражнения, рассчитанные на прочтение языкового материала в разных формах и контекстах. Эти упражнения читаются вслух или про себя.

На *употребление* направлена тренировка в составлении предложений, рассчитанная на отработку изучаемых языковых явлений.

На *переключение* — тренировка в восприятии языкового факта, направленная не только на изучаемый факт, но и на другие языковые явления. Этот приём используется, когда проверяется устойчивость отрабатываемого языкового навыка.

Все перечисленные приёмы рассчитаны на понимание языкового явления и используются только на этапе дотекстовых упражнений, направленных на формирование умений узнавать знакомые слова, определять значения незнакомых слов по формальным признакам (а также по контексту, с помощью словаря), объединять слова в относительно завершённые значимые отрезки речи, понимать слова, выражающие связи и отношения между элементами текста разных уровней, прогнозировать лексические единицы и синтаксические конструкции.

На этапе **притекстовых упражнений** формируется коммуникативная установка на чтение, т.е. на необходимый объём извлечения информации, а следовательно, на определённые мыслительные операции. Притекстовые упражнения реализуются в форме заданий к прочтению текста, работа выполняется уже с речевым материалом.

Послетекстовые упражнения рассчитаны на понимание текста, на умение разбираться, каким образом реализуется его коммуникативная задача. В этом случае используются умения совершать речевые действия: определять тему и основную мысль текста, формулировать его коммуникативную задачу; делить текст на смысловые отрезки; находить в нем ключевые слова и др. К умениям самого высокого ранга (обязательным для филологов) относится выявление подтекстов и авторской позиции.

Литература

Богин Г.И. Схемы действия читателя при понимании текста. Калинин, 1989.

Вишнякова С.А. Обучение чтению научного текста на иностранном языке: учебное пособие по научному стилю речи. СПб., 2013.

Вишнякова С.А. Теоретические основы обучения моделированию научного текста (русский язык как иностранный, основной этап обучения). СПб., 2016.

Гапочка И.К. Пособие по обучению чтению. М., 1978.

Гербик Л.Ф., Лебединский С.И. Обучение чтению // Методика преподавания русского языка как иностранного. Минск, 2011.

Данилина К.В. Пособие по обучению чтению: Ознакомительное чтение. М., 1978.

Доблаев Л.Г. Смысловая структура учебного текста и проблемы его понимания. М., 1982.

Клычникова З.И. Психологические особенности обучения чтению на иностранном языке. М., 1983.

Новиков А.И. Семантика текста и её формализация. М., 1983.

Основы русской научной речи: учебное пособие по русскому языку / Н.А. Буре, М.В. Быстрых, С.А. Вишнякова и др. / Отв. ред. В.В. Химик, Л.Б. Волкова. Саратов, 2012.

Текст: теоретические основания и принципы анализа: учебно-научное пособие / К.А. Рогова, Д.В. Колесова, Н.В. Шкурина и др. СПб., 2011.

Вопросы и задания

1. Раскройте значение чтения как цели и средства обучения.
2. Назовите формы работы, используемые при обучении чтению. Чем они обусловлены?
3. Какие методические выводы позволяет сделать специфика психологических механизмов чтения?
4. Раскройте методические особенности работы над техникой чтения.
5. Охарактеризуйте принятые в методике виды чтения. Для каких практических целей используется каждый вид? Задания какого плана могут быть предложены для каждого вида чтения? Назовите приёмы, характерные для просмотрового, ознакомительного и изучающего чтения.
6. На формирование каких психологических механизмов направлены дотекстовые упражнения? Назовите и раскройте сущность приёмов, рассчитанных на понимание языковых явлений.
7. Каковы цели притекстовых и послетекстовых упражнений? Какие умения отрабатываются в дотекстовых и послетекстовых упражнениях?
8. Какие приёмы и в каких случаях могут быть использованы для осуществления контроля за пониманием фактического содержания текста?

2.5. Письмо

В методике письменная речь и письмо различаются. Понятие «письменная речь» шире, так как обучение этому виду речевой деятельности включает обучение письму (графической и орфографической системе языка, нужной для записи отдельных слов, словосочетаний и предложений) с целью формирования навыков фиксирования устной и письменной речи.

Умение правильно писать буквы и слова (овладение техникой письма), с одной стороны, является начальной стадией обучения письменной речи, с другой — средством обучения русскому языку, помогающим не только усвоить лексику, грамматику, но и овладеть другими видами речевой деятельности — устной речью, чтением.

Обучение **технике письма** предполагает овладение русским алфавитом, русской графикой и орфографией.

Знакомство с техникой письма начинается с изучения русского алфавита на занятиях по вводно-фонетическому курсу. Последовательность изучения звуков и букв определяется принципом возрастающей трудности произношения и начертания. Обучающиеся должны знать, что у каждой буквы есть по две печатные и две рукописные разновидности: печатные нужно узнавать при чтении, а рукописные необходимы для письма. Студентов учат названию каждой буквы, чтобы они могли правильно читать аббревиатуры: *СНГ [эс-эн-гэ]*, *ВДНХ [вэ-дэ-эн-ха]*, поясняют случаи обозначения буквой двух звуков, а также другие расхождения написания и звучания букв, связанные с графикой и орфографией.

Существенным методическим вопросом при обучении алфавиту является последовательность знакомства с буквами. Она определяется принципом возрастающей трудности написания. Самые простые буквы — нулевого ранга сложности — это те, в которых исходный элемент равен букве: *г, о, с, ь*. Буквы первого ранга сложности объединяют два элемента: *д, у, а*. Оправдан также комбинированный метод, когда буквы группируются в серии по общности графических элементов: *о, а, ю, д, б, ф* или *и, й, ш, ц, щ, у*.

Обучение каллиграфии происходит по мере прохождения вводно-фонетического курса. Под **каллиграфией** в методике понимается умение правильно писать рукописные буквы и соединять их между собой в слове. К распространённым случаям отклонения от правил русской каллиграфии относятся:
1) отдельное написание букв в слове;
2) написание выше строки некоторых букв, чаще всего *к, л* (влияние латиницы);
3) смешение *м, т; п, н; ж, ш; ч, г* из-за скорописи при отсутствии устойчивого графического навыка.

Чтобы правильно писать по-русски, недостаточно знать алфавит. Необходимо иметь представление об особенностях обозначения звуков в словах в зависимости от их окружения, что связано с **графикой**. Правила графики также сообщаются в ходе вводно-фонетического курса. Речь идёт об изображении на письме гласных и согласных звуков, звука [j], средств обозначения мягкости согласных звуков. Так, по правилам графики твёрдость согласных в позиции перед гласными обозначается буквами *а, о, у, э, ы*, а мягкость — буквами *я, ё, ю, е, и*: *лук — люк, рис — рысь*.

В отличие от графики **орфография** определяет правила правописания конкретных слов или их значимых частей — морфем. В систему современной русской орфографии входят правила:

- обозначения звуков буквенными знаками в корневых морфемах и аффиксах (все морфемы за исключением корня) в структуре слова;
- слитного, раздельного и дефисного написания слов;
- употребления прописных букв;
- переноса слов.

Основной **принцип** русской орфографии — **морфологический**. Его сущность в том, что общие для родственных слов морфемы сохраняют на письме одинаковое начертание. Овладению этим принципом способствует морфолого-орфографический анализ: выделение корневых или приставочных морфем, сопоставление с родственными словами.

Фонетический принцип означает написание слов в соответствии с произношением. Так пишутся, например, приставки, оканчивающиеся на *с, з (рассыпаться*, но *раззадориться)*, приставочные слова, корни которых начинаются с буквы *и*, а приставка оканчивается на согласный: *безыдейный* (от *идея*).

Сохраняется в русском языке и традиционное написание слов: не по произношению, а как писали раньше. Например, в формах инфинитива и 3-го лица возвратных глаголов произносится [цъ], а пишется *-ться, -тся*; существительные мужского рода с основой на шипящий пишутся без мягкого знака (*луч*), а женского — с мягким знаком (*дочь*).

Обучение орфографии в учебниках для иностранцев специально не выделяется, а составляет часть работы по грамматике и лексике.

Как оценивать орфографические ошибки? Ставить оценку за письменные работы иностранцев в зависимости от количества орфографических ошибок методически неверно. При коммуникативном подходе к обучению иностранным языкам значимыми считаются те ошибки, которые препятствуют общению, затрудняют его.

В качестве основных упражнений по орфографии рекомендуются **диктанты** нескольких разновидностей.

Зрительные диктанты предполагают, что учащиеся сначала анализируют записанные или спроецированные на доске предложения с изучаемыми орфограммами, а потом по памяти воспроизводят их.

Слуховые диктанты опираются на слуховое восприятие предназначенного для записи текста, на соотнесение звукового состава слова с графическим.

Самодиктанты основаны на воспроизведении ранее выученного текста. Можно предварительно его анализировать, объяснять орфограммы.

Выборочные диктанты представляют собой вид слуховых или зрительных диктантов. В отличие от других видов диктантов предполагают запись не всего текста, а лишь тех слов, словосочетаний, в которых есть орфограммы на изучаемое правило.

Картинные диктанты предполагают показ иллюстраций с изображением предметов; учащимся надо назвать их и правильно записать слова. Рисунки подбираются с учётом лексики, содержащей изучаемые орфограммы.

Письменной речью в методике называется умение передавать информацию с помощью письменной формы соответственно ситуации общения.

Письменная речь характеризуется рядом специфических признаков:
- развёрнутостью (в силу непрямой связи между участниками акта общения);
- произвольностью (поскольку пишущий самостоятельно отбирает адекватные средства выражения содержания и может изменить текст, отредактировать его);
- коммуникативной, смысловой и композиционной организованностью.

Владение письменной речью связано с совершенствованием важных психологических механизмов.

Механизм осмысления отвечает за установление смысловых связей: сначала между понятиями, потом между членами предложения, затем между данным и новым или темой и ремой.

Механизм упреждения (упредить — предупредить, опередить) назван так потому, что позволяет во внутренней речи проверить, проговорить каждое слово. Действие звукового анализатора, скрытой артикуляции и интонирования дополняется действием зрительного и двигательного (рука) анализаторов. Прежде чем пишущий произнесёт слово, механизм упреждения даёт возможность предвидеть последующие слова и связи между ними, представить перспективу раскрытия замысла не только предложения, но и всего высказывания.

Механизм памяти (как оперативной, так и долговременной) также играет важную роль. Оперативная память позволяет удерживать предмет высказывания при записи предложения и текста. Долговременная память помогает возникновению ассоциаций с накопленным ранее и прочно запомнившимся опытом.

Обучение письменной речи строится в зависимости от целей, стоящих перед изучающими иностранный язык. Цели определяются коммуникативными потребностями: наличием или отсутствием языковой среды, социальным статусом иностранцев, формой обучения.

Перед теми, кто учится за рубежом (например, перед школьниками), чаще всего ставится задача научиться писать частные бытовые письма. Для студентов-иностранцев, обучающихся в России, важно уметь записывать лекции, конспектировать учебную литературу по специальности, писать курсовые работы, возможно, выступать с докладами. В соответствии с целями обучения перед студентами также ставятся задачи научиться составлять план, тезисы, конспект, писать аннотацию, резюме, рецензию, рефераты, курсовую и дипломную работы. Для людей, профессионально связанных с партнёрами в зарубежных странах, важно вести деловую переписку, а значит, владеть особенностями делового письма (дипломатического, промышленного или коммерческого).

Общение людей разных стран требует знания лингвистических основ письменной речи — особенностей разножанровых текстов. К знаниям и умениям такого рода относятся:
- владение необходимым объёмом лексического и грамматического материала;
- умение оперировать им в письменной форме;
- умение оформлять его в соответствии с принятой в русском языке традицией.

Научиться использовать подготовленный лексико-грамматический материал помогают специальные речевые упражнения: диктанты, изложения, сочинения. Эти виды речевых упражнений характерны для первого этапа обучения письменной речи.

Диктанты бывают свободные и творческие, т.е. такие, которые вырабатывают способность самостоятельного составления письменного текста. Это не диктанты в точном смысле слова.

При *свободном диктанте* ставится задача записать текст своими словами после однократного прослушивания по частям. Объём текста обычно небольшой (5—6 предложений). Перед учащимися может быть поставлена задача выписать по заданию слова, словосочетания, а дома по ним воспроизвести текст.

При *творческом диктанте* предполагается, что часть текста (начало или конец каждого предложения) диктуется преподавателем, а ученики самостоятельно записывают предложения. При этом используются заданные грамматические формы.

Изложения — вид письменных упражнений по развитию речи учащихся на основе образца, письменный пересказ прослушанного или прочитанного произведения.

Существуют разные виды изложений:
1) по отношению к объёму и содержанию исходного материала — сжатое, развёрнутое, подробное, выборочное;
2) по осложнённости языковым заданием — с употреблением определённых языковых средств, с подачей исходного текста в другой форме;
3) по особенностям структуры исходного текста — описание, повествование, рассуждение.

Выборочное, подробное и развёрнутое изложения применяют на первом этапе обучения письменной речи. Развёрнутые изложения служат переходом к сочинению. Они включают добавленные к тексту-образцу сведения о персонажах, последующих или предшествующих событиях и др.

Последовательность процесса обучения изложению такая.
1. Объяснение незнакомых слов.
2. Двукратное чтение текста преподавателем.
3. Составление плана (вопросного или назывного).
4. Рассказ по плану.
5. Запись развёрнутого изложения.

Сочинения — вид письменных упражнений по развитию речи учащихся, самостоятельное составление речевого произведения. На начальном этапе учащиеся пишут небольшие сочинения разных жанров: повествование, описание, рассуждение. Поскольку в учебниках большинство текстов относятся к жанру описания, то рекомендуется задавать сочинения-повествования.

Источники материала для сочинений: жизненный опыт, прочитанная литература, произведения живописи, музыкальные впечатления, спектакли, кинофильмы. Сочинения могут быть осложнены дополнительным языковым заданием: построением текста по опорным словам и конструкциям; включением группы определённых языковых средств; обнаружением определённых языковых средств в созданном тексте.

Частное бытовое письмо — разновидность сочинения. В письмах обычно рассказывают о своих делах, об отношении к окружающим людям, выражают мнение по поводу каких-то фактов. Следовательно, используется приём рассуждения. Для написания письма необходимо владеть всеми функциональными типами речи, а также русскими эпистолярными формулами. При обучении можно использовать образцы, давая задания найти конкретные эпистолярные формулы. Например:

> <u>Задание</u>. Прочитайте письмо, проанализируйте эпистолярные формулы: обращение, приветствие, извинение, выражение благодарности, заключение письма, подпись.
> *Дорогой Олег! Рад был получить от тебя весточку. Спасибо, что не забываешь. Извини, что долго не писал. Давно не получал писем от наших общих знакомых. Поздравляю с днем рождения. Пиши, буду ждать твоих писем. Передавай привет Тане. Желаю тебе успехов.*
> *Миша*

Правильное оформление адреса на конверте также входит в обучение бытовому письму.

На продвинутом этапе обучения письменной речи особое значение придаётся сжатому изложению.

Сжатое изложение — передача содержания в сокращённом виде, когда выделяют только существенные факты, события. Различают несколько видов сжатого изложения: краткое воспроизведение текста по смысловым опорам, резюме, конспект, аннотация, реферат.

Резюме — краткий вывод, суммирование основных мыслей текста.

Конспект — краткое изложение содержания или основных идей прослушанного либо прочитанного (лекции, главы учебника, книги) для личного пользования.

Конспектирование — это речевое письменное упражнение. Оно представляет определённые трудности для иностранных учащихся в силу особенностей речевых действий, которые требуется быстро и правильно осуществить на неродном языке и записать с сокращением слов. Специфика речевых действий заключается в том, что при чтении или прослушивании происходит одновременный отбор необходимой информации: сворачивание до смысловой вехи, которая потом развёртывается. В результате содержание предложения из текста переделывается таким образом, что получается кратким, с необходимой для конспекта информацией.

Упражнения по обучению конспектированию выполняются начиная с ранних стадий обучения языку. К ним относятся:
1) диктанты (свободные и включающие специальную лексику);
2) письменные ответы на устные вопросы;
3) переформулирование фразы с целью её сокращения;
4) обучение правилам сокращения слов;
5) тезирование;
6) письменный краткий пересказ.

Аннотация — лаконичное обобщение содержания текста, включающее элемент оценки и рекомендации к использованию в практической деятельности. Объём аннотации небольшой.

Обучение аннотированию строится в несколько этапов (при этом используются разные виды чтения).

1. Источник просматривается или прочитывается (ознакомительное чтение). Составляется общее представление о его содержании.

2. Источник перечитывается, изучаются отрывки и предложения, которые содержат актуальную информацию (изучающее чтение).

3. Осуществляется языковая обработка и письменное изложение информации с указанием выходных данных аннотируемого произведения, основных его положений, а также дополнительных сведений о нём.

Реферат — краткое изложение содержания и выводов какого-либо научного труда или нескольких статей, книг на определённую тему. Это письменное упражнение считается лучшим средством развития научного стиля, потому что реферат отличается высокой точностью, большой информативностью, лаконичностью языка.

При реферировании важно уметь не только кратко изложить содержание источника информации, но и указать на характер, методику и результаты исследования. Необходимо владеть приёмами сравнения, сопоставления, обобщения. Они помогут выявить, чем именно отличается этот источник от других работ, в чём проявляются особенности средств и методов, использованных автором. Обучение реферированию должно начинаться со знакомства со структурой реферата и с правилами его оформления.

Последовательность составления реферата следующая.
1. Восприятие общего смысла (ознакомительное чтение).
2. Повторное чтение фрагментов, содержащих важную информацию.
3. Смысловой анализ текста.
4. Составление плана реферата.
5. Языковая обработка и письменное изложение.

Продуктивным направлением современной методики обучения иностранным языкам является взаимосвязанное обучение видам речевой деятельности, что объясняется стремлением приблизить процесс обучения к естественной коммуникации.

Исследование психологического аспекта проблемы показало, что возможность взаимосвязанного развития всех видов речевой деятельности обусловливается общностью психологических характеристик рецептивных и продуктивных её видов. К таким характеристикам относятся:
- наличие идентичной схемы восприятия и порождения речи;
- общность психофизиологических механизмов (памяти, осмысления и др.), аналогичное психологическое содержание;

- существование единых факторов, обеспечивающих успешность функционирования как рецептивных, так и продуктивных видов речевой деятельности.

Среди общефункциональных механизмов речевой деятельности наиболее значим механизм осмысления. Его общность для слушания, говорения, чтения и письма даёт основание считать, что формирование этого механизма в одном виде речевой деятельности способствует его переносу на все другие виды. Это обстоятельство имеет существенное значение для распределения и закрепления речевых умений.

Взаимосвязанное обучение видам речевой деятельности отличается рядом особенностей:
- параллельное и сбалансированное формирование слушания, говорения, чтения и письма, когда конкретный вид речевой деятельности выступает в качестве цели, а остальные — как средство;
- последовательно-временное соотношение видов речевой деятельности, т.е. планирование определённой очерёдности при работе над ними;
- общность языкового материала, работа над которым во всех видах речевой деятельности улучшает его усвоение;
- использование серии специальных упражнений, отражающих специфику взаимосвязанного обучения.

Необходимо, чтобы единый лексико-грамматический материал отвечал определённым требованиям. Он должен:
- быть представлен в программе обучения;
- быть активным, т.е. служить базой для развития как продуктивных, так и рецептивных видов речевой деятельности;
- быть основой для развития устной и письменной форм коммуникации;
- отвечать определённым лингвометодическим критериям отбора;
- быть регламентирован и специально организован преподавателем.

Литература

Бахтина Л.Н., Кузьмич И.П., Лариохина Н.М. Обучение реферированию научного текста: учебное пособие для иностранцев, изучающих русский язык. М, 1999.

Кузнецова Л.М. Методика обучения иностранных учащихся конспектированию печатных текстов (на материале общественно-политической литературы). М., 1983.

Мишонкова Н.А. Русский язык как иностранный: Обучение письменной речи: учебное пособие. Минск, 2012.

Обучение реферированию и аннотированию текстов по специальности / Т.Н. Алёшина, В.В. Дмитриченко, С.В. Дьяченко, С.В. Самойлова. М., 2011.

Павлова В.П. Обучение конспектированию. 8-е изд., испр. М., 1989.

Вопросы и задания

1. Раскройте значение понятия письменной речи как вида речевой деятельности.

2. Каковы специфические признаки письменной речи?

3. В чём особенности изучения алфавита? В чём сущность основного принципа русской орфографии? В чём заключается фонетический принцип?

4. Совершенствования каких психологических механизмов требует владение письменной речью? В чём их сущность?

5. Какие виды речевых упражнений рекомендуется проводить на каждом этапе обучения?

2.6. Государственные образовательные стандарты как руководство к владению видами речевой деятельности

Требования к владению видами речевой деятельности определяются государственными образовательными стандартами. В основе государственного образовательного стандарта по русскому языку как иностранному лежат принципы коммуникативно-ориентированного обучения: принципы профессионализации (учёта специальности), соответствия целям обучения, активности, коммуникативности обучения. Требования, предъявляемые в государственном стандарте к определённому уровню, представляют содержание коммуникативно-речевой компетенции в объёме, позволяющем учащемуся удовлетворять свои коммуникативные потребности во всех сферах жизнедеятельности соответственно профессиональному и социальному статусу.

Под стандартом обучения понимается диагностическое описание минимальных обязательных требований к целям и содержанию обучения на каждом конкретном уровне владения русским языком как иностранным. В рамках Российской государственной системы тестирования различают шесть основных уровней общего владения русским языком как иностранным: элементарный уровень, базовый уровень, первый сертификационный уровень (ТРКИ-1), второй сертификационный уровень (ТРКИ-2), третий сертификационный уровень (ТРКИ-3) и четвёртый сертификационный уровень (ТРКИ-4).

Российская государственная система сертификационных уровней общего владения русским языком как иностранным (ТРКИ) включает следующую систему тестов:

ТЭУ — Тест по русскому языку как иностранному. Элементарный уровень (А1);

ТБУ — Тест по русскому языку как иностранному. Базовый уровень (А2);

ТРКИ-1 — Тест по русскому языку как иностранному. Первый сертификационный уровень (В1);

ТРКИ-2 — Тест по русскому языку как иностранному. Второй сертификационный уровень (В2);

ТРКИ-3 — Тест по русскому языку как иностранному. Третий сертификационный уровень (С1);

ТРКИ-4 — Тест по русскому языку как иностранному. Четвёртый сертификационный уровень (С2).

Российская государственная система сертификационных уровней общего владения русским языком как иностранным соотносится с системами тестирования, принятыми в других странах (см. табл. 1)[1].

Таблица 1

Россия		Европа	США
Элементарный уровень	A1	Level 1 Breakthrough Level	Novice
Базовый уровень	A2	Level 2 Waystage Level	Intermediate
I уровень (ТРКИ-1)	B1	Level 3 Threshold Level	Intermediate-High
II уровень (ТРКИ-2)	B2	Level 4 Vantage Level	Advanced
III уровень (ТРКИ-3)	C1	Level 5 Effective Operational Proficiency	Advanced Plus
IV уровень (ТРКИ-4)	C2	Level 6 Good User	Superior Native

С 1997 года Российская государственная система тестирования (ТРКИ) официально входит в Ассоциацию лингвистических тесторов Европы (Association of Language Testers in Europe, ALTE).

Выделенные уровни владения русским языком как иностранным соотнесены с уровнями, предусмотренными для основных форм и профилей обучения в системе российской высшей школы; подготовлены типовые тесты, позволяющие оценить как уровни общего владения русским языком, так и уровни владения русским языком в специальных целях.

---

[1] Использованы сведения Головного центра тестирования иностранных граждан МГУ им. М.В. Ломоносова (http://gct.msu.ru/testirovanie/testirovanie-TRKI/).

Характерные качества стандарта — достаточность, неизбыточность и посильность для реализации.

Структура типового стандарта владения русским языком как иностранным выглядит следующим образом.

Часть I. Требования к конкретному уровню общего владения русским языком как иностранным.

1. Содержание коммуникативно-речевой компетенции.
   1.1. Интенции. Ситуации и темы общения.
   1.2. Требования к речевым умениям.
      1.2.1. Аудирование.
      1.2.2. Чтение.
      1.2.3. Письмо.
      1.2.4. Говорение.
2. Содержание языковой компетенции.

Часть II. Образец типового теста по русскому языку как иностранному. (Соответствующий сертификационный уровень.)

Приложения (справочные сведения о Российской государственной системе тестирования, образцы документов).

Из структуры типового стандарта видно, что требования к речевым умениям занимают в государственном стандарте особое место.

Ниже приведены требования к речевым умениям государственного стандарта элементарного уровня.

Интенции. При решении коммуникативных задач иностранец должен уметь вербально реализовывать интенции: вступать в коммуникацию, знакомиться с кем-либо, представляться, здороваться, прощаться, обращаться к кому-либо, благодарить, извиняться, просить повторить; задавать вопрос и сообщать о факте или событии, лице, предмете, о наличии или отсутствии лица или предмета, о качестве, давать оценку лицу, предмету, факту.

Аудирование монологической речи. Иностранец должен уметь понять на слух информацию, содержащуюся в монологическом высказывании. Тематика такого монологического высказывания (текста) актуальна для бытовой и социально-культурной сферы общения. Тип текста: сообщение или повествование. Специально составленные тексты строятся на основе лексико-грамматического материала, соответствующего элементарному уровню. Объём текста: 100—120 слов. Количество незнакомых слов в тексте: нет. Темп речи: 120—150 слогов в минуту. Количество предъявлений: 2.

Аудирование диалогической речи. Иностранец должен уметь понять на слух основное содержание диалога. Тематика диалога актуальна для бытовой сферы общения. Объём диалога: от 4 до 8 реплик. Количество незнакомых слов: нет. Темп речи: 160—180 слогов в минуту. Количество предъявлений: 2.

Чтение. Иностранец должен уметь читать текст с установкой на общий охват его содержания; определить тему текста; понять достаточно полно и точно основную информацию текста. Вид чтения: чтение с общим охватом содержания, изучающее чтение. Тип текста: сообщение с элементами повествования. Специально составленные тексты строятся на основе лексико-грамматического материала, соответствующего элементарному уровню. Тематика текста актуальна для бытовой и социально-культурной сфер общения. Объём текста: 200—250 слов. Количество незнакомых слов: 1—2%.

Письмо. Иностранец должен уметь строить письменное высказывание продуктивного характера на предложенную тему в соответствии с коммуникативной установкой с опорой на вопросы, а также письменное монологическое высказывание репродуктивного характера на основе прочитанного текста в соответствии с коммуникативно заданной установкой. Тип предъявляемого текста: повествование или сообщение. Специально составленные тексты строятся на основе лексико-грамматического материала, соответствующего элементарному уровню. Тематика текста актуальна для социально-культурной и бытовой сфер общения. Объём предъявляемого текста: до 200 слов. Количество незнакомых слов в предъявляемом тексте: нет.

Письменные тексты на предложенную тему, созданные учащимися, должны быть оформлены в соответствии с нормами современного русского языка и содержать 5—7 предложений.

Говорение. Монологическая речь. Иностранец должен уметь самостоятельно составлять связные высказывания в соответствии с предложенной темой и коммуникативно заданной установкой (объём высказывания учащихся по теме — не менее 7 предложений), а также строить монологическое высказывание репродуктивного типа на основе прочитанного текста. Тип текста: специально составленные сюжетные тексты, построенные на основе лексико-грамматического материала, соответствующего элементарному уровню. Объём предъявляемого текста: 150—180 слов. Количество незнакомых слов в предъявляемом тексте: нет.

Говорение. Диалогическая речь. Иностранец должен уметь понимать высказывания собеседника, определять его коммуникативные намерения в пределах минимального набора ситуаций. Высказывания учащихся должны быть оформлены в соответствии с нормами современного русского языка, включая общепринятые социально обусловленные нормы речевого этикета.

Литература

Государственный образовательный стандарт по русскому языку как иностранному. Элементарный уровень. Общее владение / Т.Е. Владимирова, М.М. Нахабина и др. М.; СПб., 2001.

Государственный стандарт по русскому языку как иностранному. Базовый уровень / М.М. Нахабина, Н.И. Соболева и др. М.; СПб., 2001.

Государственный образовательный стандарт по русскому языку как иностранному. Первый сертификационный уровень. Общее владение / Н.П. Андрюшина и др. М.; СПб., 2001.

Государственный образовательный стандарт по русскому языку как иностранному. Второй сертификационный уровень. Общее владение / Т.А. Иванова, Т.И. Попова, К.А. Рогова, Е.Е. Юрков. М.; СПб., 1999.

Государственный образовательный стандарт по русскому языку как иностранному. Третий сертификационный уровень. Общее владение / Т.А. Иванова, Т.И. Попова, К.А. Рогова, Е.Е. Юрков. М.; СПб., 1999.

Государственный образовательный стандарт по русскому языку как иностранному. Профессиональные модули. Первый уровень. Второй уровень / Н.П. Андрюшина, И.Н. Афанасьева, Т.Е. Владимирова. М.; СПб., 2003.

Государственный образовательный стандарт по русскому языку как иностранному. Третий сертификационный уровень. Филология / Э.И. Амиантова, Т.М. Балыхина, А.В. Величко и др. М.; СПб., 1999.

Государственный образовательный стандарт по русскому языку как иностранному. Четвёртый уровень. Общее владение / Т.А. Иванова, К.А. Рогова, Е.Е. Юрков. М.; СПб., 2000.

Требования по русскому языку как иностранному. Второй уровень владения русским языком в учебной и социально-профессиональной макросферах: для учащихся естественно-научного, медико-биологического и инженерно-технического профилей / И.К. Гапочка, В.Б. Куриленко, Л.А. Титова. М., 2005.

Требования по русскому языку как иностранному. Первый сертификационный уровень. Общее владение. Профессиональный модуль / Н.П. Андрюшина, Г.А. Битехтина, Т.Е. Владимирова, А.С. Иванова, Л.П. Клобукова, Л.В. Красильникова, М.М. Нахабина и др. М.; СПб., 2011.

Требования к содержанию комплексного экзамена по русскому языку как иностранному, истории России и основам законодательства Российской Федерации: для иностранных граждан, оформляющих разрешение на работу или патент / Л.П. Клобукова, А.С. Иванова, М.М. Нахабина и др. СПб., 2015.

Вопросы и задания

1. Что принято понимать под стандартом обучения?

2. Какие принципы лежат в основе государственного образовательного стандарта по русскому языку как иностранному?

3. Каковы основные качества стандартов обучения русскому языку как иностранному?

4. Какие уровни принято выделять в рамках Российской государственной системы тестирования?

5. Какая система тестов существует в Российской государственной системе сертификационных уровней общего владения русским языком как иностранным?

6. Как Российская государственная система сертификационных уровней общего владения русским языком как иностранным соотносится с системами тестирования, принятыми в других странах?

7. Как можно охарактеризовать структуру типового стандарта владения русским языком как иностранным?

8. Расскажите об основных требованиях к речевым умениям государственного стандарта элементарного уровня.

3. Обучение аспектам русского языка как иностранного

3.1. Фонетика русской речи

Обучение русскому произношению подразумевает постановку артикуляции звуков, ударения, ритмики, интонации и в итоге овладение всей фонетической системой русского языка.

При обучении произношению различают **постановку** и **коррекцию**. Традиционно постановку соотносят с начальным этапом обучения, а коррекцию — с продвинутым. Однако ни постановки, ни коррекции в чистом виде не встречается, поскольку они взаимосвязаны и используются на всех этапах обучения.

Наиболее целесообразно на начальном этапе закладывать основы произношения, а далее их совершенствовать.

В конце первого этапа обучения студенты должны уметь:
- читать слоги, слова, словосочетания, предложения и короткие тексты;
- задавать вопросы по изучаемой теме и отвечать на них;
- составлять короткие высказывания по знакомым ситуациям.

Таким образом, предполагается развитие навыков устной речи, чтения и письма.

Как при постановке, так и при коррекции отработку произнесения звука начинают изолированно и в отдельных слогах. Закрепление артикуляции происходит в словах и во фразах (именно в предложениях язык материализуется как средство общения) — от наиболее благоприятной, лёгкой позиции к наименее благоприятной, трудной. С самого начала учащиеся должны овладеть построением фразы и использовать её в качестве минимальной функциональной единицы.

При обучении произношению следует учитывать особенности артикуляторной базы как русского, так и родного языка учащихся (далее это будет продемонстрировано на примере русского и английского языков). Сопоставительный принцип описания является ведущим в предлагаемой методике преподавания русского языка иностранцам. Сравнительно-сопоставительный анализ контактирующих языков позволяет определить причину акцента и найти оптимальные пути его устранения. Так как нарушения, обусловленные интерференцией, устойчивы, у преподавателя есть возможность экономно отобрать и определить способ подачи фонетического материала.

Предпочтение следует отдавать таким вводно-фонетическим курсам, которые являются, с одной стороны, фонетико-лексико-грамматическими, т.е. комплексными, а с другой — коммуникативно-направленными, использующими приёмы скрытого и открытого управления артикуляцией и восприятием (об этих приёмах см. ниже).

Фонетический материал первого года обучения включает в себя темы:
- согласные и гласные в разных позициях;
- сочетания согласных;
- сочетания гласных;
- произношение грамматических форм;
- ритмические модели многосложных слов;
- слова с постоянным и подвижным ударением;
- слитность произнесения слов в синтагме;
- безударные слова и слова с ослабленным ударением;
- закономерности синтагматического членения;
- центры интонационных конструкций;
- правила чтения.

В соответствии с видами речевой деятельности упражнения делят на слуховые, артикуляторные и упражнения, направленные на развитие техники чтения. К слуховым относятся упражнения на различение и опознание. В упражнениях на различение тренируемый звук, ритмическая модель и т.п. находятся в одном из предъявляемых попарно слов или предложений, а в упражнениях на опознание — в отдельно предъявляемых словах и предложениях.

Выделяют постановочные упражнения и упражнения на закрепление. В постановочных упражнениях звук произносится сначала в слоге, затем в слове в легчайшей позиции. Упражнения на закрепление — это произношение и чтение слогов, знакомых и незнакомых слов с несколькими трудностями, ответы на вопросы, чтение предложений.

При постановке звуков преподаватель комплексно применяет приёмы открытого и скрытого управления артикуляцией. Открытое управление — использование ощутимых моментов артикуляции, которые осознаются на основе двигательной, слуховой, зрительной и тактильной опор. Когда оно затруднено, используются звуки-помощники и благоприятная позиция: это приёмы скрытого управления артикуляцией.

Особенности русской вокалической системы в сопоставлении с английской

В русском языке всего 6 гласных фонем, в английском — 12 монофтонгов и 9 дифтонгов, в системе американского варианта — 15 монофтонгов и 9 дифтонгов. Система русских гласных сбалансирована, поскольку в каждой зоне артикуляции находится отдельный звук и нет скопления гласных, как в английском. В русском вокализме нет противопоставления гласных по признаку долготы / краткости — в отличие от английского языка, где эти различия фонологические.

Как показывают результаты анализа реальных произносительных ошибок в речи англоговорящих, в работе над произношением русских гласных следует исходить из того, что ударные русские гласные — краткие, а безударные — сверхкраткие. Увеличение длительности русских ударных гласных в произношении англоговорящих влечёт за собой их дифтонгизацию, так как долгие гласные в английском языке, как правило, дифтонгизируются. Недопустимо также произношение русских гласных под ударением по нормам произношения английских сверхкратких ударных гласных, являющихся гласными неполного образования.

Английская и американская речь лабиализована менее русской. В русской речи, наоборот, огубление и выпячивание губ — норма. Английский вокализм прежде всего ориентирован на звуки, произносимые с растягиванием губ.

В англоговорящей аудитории для коррекции целесообразно выделить 4 звука[1]: [o], [i], [u], [ы]. Отклонения в произношении этих звуков обусловлены как фонематическими, так и фонетическими причинами.

Гласный [o]. Это лабиализованный гласный заднего ряда среднего подъёма. При его произношении губы энергично вытягиваются вперёд и округляются, язык отодвинут назад и приподнят. В позиции перед мягкими согласными [o] к концу звучания приобретает краткий призвук [i]: *соль* [so^{i}l']; после мягких согласных [o] начинается с этого краткого призвука: *лёд* [l'^{i}ot]. В позиции между двумя мягкими согласными [o] — более закрытый: *тётя* [t'^{i}o^{i}t'a].

Отработка произношения [o] начинается с губной артикуляции, которая должна быть напряжённой. Это позволяет ощутить её и фиксировать на ней внимание. Тренировку целесообразно начинать с произношения [o] с губными согласными в словах типа *боб, вот* при обязательном требовании округления и выпячивания губ.

Гласный [u]. Это лабиализованный гласный заднего ряда верхнего подъёма. При артикуляции звука язык оттянут назад, его кончик опущен и не касается нижних зубов, задняя часть спинки языка высоко поднята к мягкому нёбу, губы вытянуты вперёд и округлены. Под влиянием мягких согласных [u] приобретает призвук [i], а между мягкими он существенно меняется — становится продвинутым вперёд. Английский долгий [u] отличается от русского значительной продвинутостью, длительностью и меньшей лабиализацией.

При постановке произношения [u] рекомендуется усилить губную артикуляцию, научиться отодвигать язык назад, ощу-

---

[1] Здесь и далее для обозначения звуков русской речи используются транскрипционные знаки: о — [o], и — [i], у — [u], ы — [ы].

щая напряжение в корне языка и задней части его спинки. Закрепить выработанную артикуляцию можно тренировками: используются упражнения на сочетание с губными согласными, затем на противопоставление [u] — [o]. Следует обращать внимание обучаемых на неоднородное звучание гласных: *тут — тот* и т.д.

Гласный [i]. Произнесение [i] — гласного переднего ряда верхнего подъёма, нелабиализованного — не вызывает особых затруднений у англоговорящих. Но отклонения могут возникнуть в результате небольшой отодвинутости языка назад под влиянием артикуляции [i] в родном языке, а также из-за отсутствия мягкости или из-за неполного смягчения согласного. Это означает, что коррекция [i] в слове возможна только после того, как поставлена артикуляция мягких согласных.

Гласный [ы]. В русском языке гласный [ы] — верхнего подъёма среднего ряда, нелабиализованный. Основными отклонениями являются произнесение звука [ы] с более передней артикуляцией и с лабиализацией. Для их устранения важно показать разницу в положении органов речи при [i] — [ы]: при [i] спинка языка поднята к передней части твёрдого нёба, кончик языка упирается в нижние зубы; при [ы] спинка языка поднимается к задней части твёрдого нёба. Рекомендуются упражнения на дифференциацию [i] — [ы], при их выполнении надо обращать внимание на то, что [ы] по тону ниже [i].

Русская консонантная система в сопоставлении с английской

В русском языке 36 согласных фонем, в английском — 24. Это превышение образуется за счёт наличия в русском языке мягких коррелятов твёрдых фонем, что отражает характерную черту системы русского консонантизма — два коррелятивных ряда согласных фонем, различающихся по признакам твёрдости / мягкости и глухости / звонкости. Эти признаки фонологические, т.е. они служат для различения слов.

В английском языке противопоставление по твёрдости / мягкости отсутствует, согласные в нём могут быть несколько смягчёнными (частично палатализованными) перед гласными переднего ряда. Но это различие не фонологическое.

Основной задачей при постановке мягких согласных является выработка полной (вместо частичной) палатализации на всём протяжении согласного. Особенно трудные позиции — конец слова, перед твёрдым согласным, при чередовании твёрдых и мягких внутри одного слова.

Фонологическое противопоставление по глухости / звонкости в английском языке имеет иное содержание, чем в русском. Его дифференцирующий признак — напряжённость / ненапряжённость. В фонетическом отношении различие состоит в том, что русские согласные — полнозвонкие, а английские — полузвонкие (имеют глухое начало и звонкий конец). Произношение полузвонких согласных, являющееся результатом того, что английские согласные напряжённее русских (эти полузвонкие согласные русскими воспринимаются как глухие), — устойчивая черта английского акцента. Для русской же артикуляторной базы характерна ненапряжённость согласных.

При постановке звонких согласных необходимо устранить их напряжённое произношение. В английском языке противопоставление по глухости / звонкости в конце слова и перед глухими (звонкими) согласными, в отличие от русского языка, сохраняется (иначе многие слова перестали бы различаться). Также типичное отклонение — отсутствие оглушения перед глухими или озвончения перед звонкими согласными внутри или на стыке слов.

Согласные [p, t, к]. Английские смычные [p, t, к] почти не отличаются от русских, однако перед ударным гласным они произносятся с аспирацией. Благоприятной для устранения придыхания будет позиция перед безударной гласной: *пяти — пятачок*.

Согласный [b]. Звонкий [b] — слабый звук, не оглушающийся в конце английских слов.

Согласный [m]. Английский носовой [m] напряжённее и протяжнее русского.

Согласные [v, f]. Разница в артикуляции губно-зубных щелевых [v] и [f] незначительна, английские произносятся более энергично, чем русские.

Мягкие согласные в русском языке образуются с помощью дополнительной артикуляции — значительного подъёма средней части спинки языка. На акустическом уровне признак мягкости — это свойства соседних гласных, т.е. [i]-образный переход, составляющий 1/3 звучания всего гласного, на границе между мягким согласным и гласным: *петь* [p'^{i}e^{i}t'].

При постановке мягких губных и губно-зубных согласных нужно проделать следующее: растянуть губы в стороны, продвинуть язык вперёд так, чтобы он принял уклад [i], и из этого положения произносить слог с мягким согласным, сначала медленно, затем быстро. Наиболее благоприятной является позиция после ударного [i] перед гласными непереднего ряда: *ипя — ипё — ипю*, а затем перед гласными переднего ряда: *ипе — ипи*. Далее в позициях типа *ипя — пя* и в конце слов: *ипи — ипь*. В упражнениях на противопоставление твёрдых и мягких согласных закрепляется артикуляция [m', p', b', f', v']: *мыл — мил, спать — спят, был — бил, ров — кровь, в этот — вето*. Русские переднеязычные согласные [n, t, d, s, z] являются дорсальными, а английские — апикальными ([t] в начале слова произносится с придыханием). При корректировке этих согласных надо обратить внимание на то, что в русском языке активный произносительный орган — передняя часть спинки языка, в то время как кончик языка опущен вниз и не принимает участия в артикуляции. Русские [t, d] являются взрывными во всех предвокальных позициях. Для произношения непридыхательного [t] рекомендуется усилить язычную смычку и ослабить напор воздушной струи.

Согласные [n', t', d', s', z']. При их постановке важно усвоить дорсальный уклад артикуляции: весь язык продвинуть вперёд, кончик прижать к нижним зубам, переднюю часть спинки языка плотно прижать к альвеолам и быстро раскрыть смычку. Порядок постановки тот же, что и для [m', p', b', f', v']: *нос — нёс, том — Тёма, дом — идём, сад — сядь, зал — взял*.

Особую трудность вызывает позиция конца слова: *весь, грязь*. В этом случае рекомендуется произнести [i] после согласного, длительность которого должна сокращаться до минимума, необходимого для образования [s']: [z'd'es'i] → [z'd'es'ⁱ].

При произнесении сочетаний мягких согласных с гласными часто возникают затруднения в различении сочетаний типа *тя — тья*. Ошибка (результат того, что в английском нет дифференциального признака твёрдости / мягкости) устраняется путём постановки мягких согласных, напряжённости [j], а затем в упражнениях на противопоставление типа *та — статья, да — дьявол*.

Согласные [k, g]. Заднеязычные [k, g] по артикуляции почти не отличаются от английских: весь язык отодвинут назад, его кончик опущен и не касается нижних зубов. Задняя часть спинки языка образует смычку с мягким нёбом. Коррекция артикуляции [k] предусматривает усиление смычки и ослабление воздушной струи.

Согласный [x]. Русский фрикативный [x] не имеет аналога в английском. Положение языка как при [k], щель образуется там же, где и смычка. Постановка заключается в том, чтобы в момент произнесения звука поднять заднюю часть спинки языка. Для этого рекомендуется произносить слоги с сочетаниями [k] и [x], а также сочетания [kx] с гласными заднего ряда, при этом время смычки должно быть сведено до минимума: *кхо — хо, кху — ху, уку, око, уху, охо*. Артикуляция закрепляется в упражнениях на противопоставление [k] и [x]: *крик — хрип, кол — холл*.

Согласные [k', g', x']. При постановке [k', g'] среднезадняя часть спинки языка смыкается с нёбом. Для отработки этого подъёма надо использовать интервокальную позицию с гласными [i]: [ik'i] → [k'i]; [ig'i] → [g'i], а затем артикуляция [k', g'] закрепляется в сочетаниях с другими гласными: *гений, гюрза, оркестр, ликёр*. Для [x'] рекомендуется сознательно зафиксировать положение языка при [i], потом, усиливая напор воздушной струи при выходе, протянуть щелевой шумный звук и снова произнести [i]: [i] → [ix'i] → [x'i]; следом за этим произнести слоги *ихи — хи, ихе — хе*.

Согласный [r]. Русский твёрдый [r] — переднеязычный дрожащий сонант. Кончик языка, чуть загнутый кверху, вибрирует. Задняя часть языка отодвинута назад и слегка приподнята. Английский апикальный [r] образуется при загнутой за альвеолы передней части языка, кончик языка напряжён и неподвижен.

При постановке [r] надо добиваться вибрации кончика языка, для этого он должен быть максимально расслаблен и не очень загибаться за альвеолы. Звуки-помощники [t, d, s, z] облегчают задачу: *тра — трактор, тру — труд, дра — драма, дру — друг, шра — шрам* и др.

Согласный [r']. При артикуляции [r'] весь язык продвинут вперёд и принимает выпуклую форму в передней части. Кончик слабо вибрирует, губы растянуты. В конце слова и перед глухим согласным [r'] оглушается.

Согласный [l]. В английском [l] — какуминальный сонант, а особенностью русского является вогнутое положение языка в средней части. Подъёму задней части спинки языка и веляризации [l] способствуют [o], [u] и согласные [k, g] в сочетаниях *оло, улу, кло, клу, гло, глу, лко, лгу* и т.п. Они произносятся с максимальной мускульной напряжённостью.

Согласный [l']. Для постановки [l'] наиболее благоприятная позиция — между ударным [i] и гласными непереднего ряда: *иля — ля, илё — лё, илю — лю*. Артикуляция закрепляется в различных сочетаниях с гласными, согласными и на конце слова, а затем в упражнениях на противопоставление [l] — [l']: *слог — слёг, пилот — полёт*.

Согласные [š, ž]. Русские твёрдые [š, ž] — щелевые переднеязычные с двумя фокусами образования щели. Кончик языка загнут вверх, средняя часть спинки языка прогнута, задняя часть приподнята к мягкому нёбу. Губы слегка вытянуты вперёд и округлены.

Типичное отклонение — смягчённое произношение в результате подъёма средней части спинки языка и более переднее его положение, характерные для английских [g, g']. При коррекции обращается внимание на положение кончика языка и оттянутость языка назад. Чтобы перейти от смягчённого к твёрдому [š], нужно поднять кончик языка к альвеолам, при этом язык отодвинется назад.

Артикуляцию [š, ž] следует ставить в изолированном и продлённом произнесении, потом закреплять в сочетаниях с лабиализованными гласными [šu, šo, žu, žo] и заднеязычными согласными [к, g] в словах типа *школа, жгу* и др., а затем переходить к фразам.

Согласный [š':]. Русский мягкий [š':] — двухфокусный согласный: передняя и средняя части спинки языка подняты к твёрдому нёбу, задняя часть языка опущена, его кончик находится у нижних зубов, губы напряжены и слегка растянуты. При постановке звука следует сначала добиться палатализации, а затем долготы его произнесения. Можно использовать интервокальную позицию с гласными [i]. Затем артикуляция [š':] закрепляется в сочетаниях с другими гласными. На заключительном этапе используются слоги и слова с противопоставлением [š] — [š':], [s'] — [š':]: *пишу — пищу, весь — вещь.*

Согласный [č']. Звук [č'] — аффриката. Началом является смычный элемент [t'], кончик языка может находиться у нижних зубов или альвеол. Постепенное раскрытие смычки вызывает очень краткий элемент типа [š']. Губы слегка выпячены вперёд. Английский [tʃ] твёрже и менее слитен, чем русский.

Коррекция твёрдой аффрикаты (постановка произнесения мягкого звука) подчиняется общим рекомендациям по переводу твёрдых согласных в мягкие. Благоприятная позиция — интервокальная с [i]: [i] → [ič'i] → [c'i], сочетания с гласными [i, e], например в словах *лечить, ничей*. В позиции перед [а, о, и] переход от гласного к согласным осуществляется через [i]-образный призвук.

Согласный [с]. Аффриката [с] имеет сложную артикуляцию: в начальный момент кончик и передняя часть языка смыкаются с твёрдым нёбом, что даёт [t]-образный смычный элемент. Так как раскрытие смычки происходит замедленно, то артикуляция [с] заканчивается кратким щелевым элементом типа [s].

Средняя часть спинки языка лежит плоско, губы пассивно растянуты. Подобная аффриката отсутствует в английском языке. Отклонения сводятся к смягчённому произношению русского [c] и отсутствию слитности произношения аффрикаты.

При постановке акцентируется внимание на том, что [c] начинается как [t]. Наиболее благоприятной позицией являются сочетания с [t]: *отца, тридцать* и др. Для устранения отдельного произношения взрывного [t] и щелевого [s] необходимо энергично и кратко произнести [ts], не отрывая язык от зубов при переходе от [t] к [s]. Для закрепления выполняются упражнения на противопоставление [c] — [c:] — [ts]: *цифра — отсыпать, отцы — вот сыр*. На заключительном этапе используются упражнения на дифференциацию [c] — [s], [c] — [s'], [c] — [t'], [c] — [č']: *цирк — сыр, цены — сено, целый — тело, цех — чех*.

Структура слова и система ударения в русском языке в сопоставлении с английским

Для русского языка характерен синтетический тип связи звуков в слоге, слогов в слове и норм слогоделения, для английского — аналитический. Русскому произношению присуще стремление к слитности фонетических компонентов слова. Аналитическая тенденция выражена в большей автономности безударных слогов, в более чёткой членимости звуков в слоге, сильном примыкании гласных к согласным, сильном приступе начальных гласных.

Нарушение ритмической структуры слова — самая яркая черта английского и американского акцента в русском языке. В русском языке ударный слог противопоставляется безударным большей длительностью, напряжённостью, в английском — только напряжённостью. Безударные слоги в обоих языках подвергаются редукции, однако в русском языке три степени редукции (гласные произносятся кратко, ненапряжённо, могут изменять своё качество), в английском языке — только одна.

Различия ударных и безударных гласных имеют, таким образом, количественный характер (Л.А. Вербицкая), только у безударных аллофонов [а] имеются и качественные различия, отмечаемые в транскрипции знаками [Λ] и [ъ]: *а молодость* [Λmólъdъs't'].

По месту ударения два языка значительно отличаются друг от друга. Английское ударение может считаться неподвижным, так как в большинстве английских дву- и трёхсложных слов ударение на начальном слоге. Как правило, ударение сохраняется на том же слоге, если к корневой морфеме прибавляются словообразовательные морфемы: *free — freedom* (исключения редки). В противоположность английскому русское ударение подвижное, т.е. может переходить в слове с одного слога на другой: *заме́тить — замеча́ть, со́ль — солёный — солево́й*.

Отличительная особенность английского языка — отчётливо выраженное вторичное ударение в словах с количеством слогов более четырёх, в русском же языке оно слабее английского и встречается только в словах, образованных из двух или более основ: *тёмно-красный*.

Функции ударения в обоих языках также различны: в русском оно служит для разграничения отдельных лексем и словоформ одной лексемы: *мука́ — му́ка, зимы́ — зи́мы*. В английском языке ударение находится на первом слоге двусложного слова в существительных, на втором — в глаголах: *ímport* — ввоз, *impórt* — ввозить (но таких пар немного).

Ударение в русском языке сильноцентрализующее, т.е. контраст между ударными и безударными слогами велик. Акцентная структура английского слова отличается от русской большей пропорциональностью, большей ритмичностью. Соотношение различных в количественном отношении слогов в слове определяет специфику русского слова и представляет существенную трудность для иностранцев.

Основные отклонения в произношении англоговорящих заключаются в неверном количественном соотношении ударных и безударных слогов в слове, в нарушении норм качественной редукции.

Корректировочные упражнения должны быть направлены на овладение признаками ударности в русском языке, т.е.

на сосредоточение на ударном слоге наибольшей длительности и напряжённости артикуляции, на ослабление напряжённости безударных слогов. Для этого составляются упражнения на комбинацию ударных и безударных слогов в двусложных и многосложных словах типа *Анна — она́, до́рого — доро́га — дорога́*, а затем следует закрепление в словосочетаниях и односинтагменных предложениях с обращением внимания на слитность произнесения слов в односинтагменном предложении.

Для постановки гласных в безударных слогах весь фонетический материал целесообразно представить по позициям первого, второго предударного и заударных слогов (открытых и закрытых) в зависимости от качества предшествующих согласных. Нужно объяснять законы редукции, используя транскрипционные знаки.

Для акцентирования внимания на коммуникативной стороне произношения (различении ударных и безударных слогов по длительности и напряжённости артикуляции) этот же фонетический материал можно распределить по ритмическим структурам независимо от качества предшествующих и последующих согласных: структура типа[1] ∪— *она, была, река, пяти*; —∪ *город, вечер, память*; ∪ ∪— *города, вечера, часовой* и др. Упражнения с использованием ритмических структур непосредственно обращают внимание учащихся на контраст ударных и безударных гласных по длительности и степени напряжённости артикуляции. В качестве закрепления могут быть предложены задания, развивающие фонетический слух: учащиеся слушают слова и обозначают их ритмическую модель или, наоборот, по заданной ритмической модели самостоятельно подбирают слова.

На заключительном этапе необходимо показать связь ритмики слова и фразы, объяснить, какие изменения претерпевает ритмика отдельного слова во фразе и какие типичные отклонения в интонации обусловлены ритмическими отклонениями в произношении англоговорящих.

---

[1] Ударный слог обозначается чёрточкой: —; безударный — значком ∪.

Литература

Бархударова Е.Л., Панков Ф.И. По-русски с хорошим произношением: Практический курс русской звучащей речи: учебное пособие для иностранных учащихся гуманитарных специальностей. М., 2008.

Беляева Г.В., Гудкова И.А., Луцкая Н.Э. Слушаем и пишем: учебное пособие по РКИ. СПб., 2013.

Гончар И.А. Послушайте! (Уровень 1, 2, 3): учебное пособие для вузов (аудирование, говорение). СПб., 2014.

Лютикова В.Д. Русский язык: Нормы произношения и ударения: учебное пособие. 3-е изд. М., 2009.

Розова О.Г., Хрымова М.Б. Русская интонация: учебное пособие для иностранных студентов. СПб., 2010.

Стрельчук Е.Н. Русский язык и культура речи в иностранной аудитории: Теория и практика: учебное пособие для иностранных студентов-нефилологов. М., 2011.

Харт Д.К. О русском ударении — просто: учебное пособие (говорение). СПб., 2011.

Вопросы и задания

1. Какие типы упражнений выделяют при обучении произношению звуков?

2. В чём особенности русской вокалической системы в сопоставлении с английской?

3. Расскажите о русской консонантной системе в сопоставлении с английской.

3.2. Грамматика

Изучение и использование любого иностранного языка так или иначе связано с его грамматическим строем, так как предполагает знание системы грамматических форм и правил их употребления в ходе коммуникации. При этом одна из задач преподавателя и самих учащихся — добиться со временем навыка автоматического (неосознанного) употребления изученных правил в том или ином речевом высказывании. Автоматизация достигается многократным повторением одного и того же действия, в данном случае — многократным использованием грамматической модели на новом лексическом материале. Автоматизированными грамматические навыки можно назвать в том случае, когда в процессе речевого высказывания сознание направлено на само содержание высказывания[1].

Известно, что для полноценной коммуникации требуется не только знание грамматики изучаемого языка, но и владение его лексической, фонетической системой, основами синтаксиса, а также навыками чтения, письма, аудирования и говорения. Освоение всех этих аспектов — это путь к формированию языковой и речевой компетенции. При этом грамматические навыки и процесс их формирования является наиболее трудным аспектом.

Коммуникативный подход к изучению иностранных языков, закрепившийся в методике последних десятилетий, основной целью обучения ставит развитие у учащихся умений решать различные коммуникативные задачи, пользуясь всеми возможностями изучаемого языка. Грамматика, таким образом, является средством, помогающим формировать коммуникативную компетенцию. Отсюда вытекает функциональный подход к обучению грамматике, когда в основу кладётся не изучение формы слова как таковой, а смысл, т.е. связь между формой и содержанием, выявление функции, которую выполняет та или иная форма в предложении. В учебном материале выделяется определённый перечень речевых (разговорных) тем, необходимых для решения конкретных коммуникативных задач: рассказ о себе и семье, учёбе, о профессиях, о городе и т.д., речевое поведение в различных жизненных ситуациях (при знакомстве, в транспорте, в кафе, в музее и на экскурсии, в гостях и т.д.). Целесообразно строить обучение так, чтобы

---

[1] *Захава-Некрасова Е.Б.* Роль и место грамматики в процессе обучения русскому языку на начальном этапе // Русский язык и методика его преподавания нерусским. М., 1973.

грамматический материал был тесно связан с практикой речи, с речевыми темами уроков.

На начальном этапе изучения русского языка учащиеся знакомятся с базовыми, коммуникативно-важными грамматическими моделями, осваивают коммуникативно-необходимый грамматический минимум — минимальное количество грамматических категорий, необходимых для усвоения той или иной разговорной темы. В этом случае от учащихся не требуется заучивания грамматических правил, они опираются на простейшие модели в виде предложений, которые представляют собой речевые образцы. В предложениях-образцах используется уже изученный лексический материал и демонстрируются та или иная грамматическая категория и её грамматические связи. Например, учащиеся знакомятся с предложным падежом со значением местоположения (*где?*). Предложения-образцы: *Книга (тетрадь, словарь, сумка, ручка) лежит на столе; Книга лежит в столе (в сумке); Ручка лежит в тетради (в сумке)* и т.д. Таким образом задаётся определённая модель (модели), в которой используются уже знакомые слова. Следует отметить, что при изучении грамматических моделей на синтаксической основе (то есть в предложении) продолжается отработка и корректировка произношения, ударения и интонации.

Коммуникативная цель обучения грамматике диктует принципы отбора и объём грамматического материала, необходимого для использования в продуктивных и рецептивных видах речи. Так, известно, что из множества имеющихся в языке значений падежей[1] при изучении базовых грамматических моделей вводятся только некоторые, наиболее важные для коммуникации на начальном уровне владения языком. Скажем, творительный падеж имеет значения: инструмента действия (*писать ручкой*), места действия (*идти лесом*), совместности действия (*приехал с братом*), местонахождения (*над столом, под столом*) и др.; может сочетаться с разными предлогами (*под,*

---

[1] См.: *Иванова Т.А.* Имя существительное в аспекте РКИ. СПб., 2003. С. 60—70.

над, перед, между, за, с); оформляться разными окончаниями (*-ом, -ым, -им, -ой, -ей, -ёй, -ами, -ями*). Поскольку в объёме значений каждого падежа имеются основные (более существенные для коммуникации в начале изучения неродного языка) и периферийные значения, то в речевую практику вводятся сначала значения, имеющие бо́льшую коммуникативную ценность. Например, при введении предложного падежа отбираются модели:

- со значением места (*где?*) — *Книга лежит на столе. Я работаю в школе*;
- со значением времени (*когда?*) — *В прошлом году я была в Москве*;
- со значением объекта речи или мысли (*говорю / думаю о ком, о чём?*) — *Он часто говорил о своём брате*;
- употребляющиеся при указании на средства передвижения (*ехать / лететь на чём?*) — *Я еду в школу на метро, автобусе*.

Другая важная особенность изучения грамматики в курсе РКИ — это последовательность и характер введения грамматического материала. Последовательность введения зависит от речевой темы. Так, тема «Знакомство» предполагает использование личных и притяжательных местоимений: *я — меня, он — его, она — её, мой, моя* и т.п. Последовательность введения падежей также иная — не такая, как при изучении падежной системы носителями языка. Это определяется частотностью употребления падежных форм в речи: к примеру, предложный падеж со значением местоположения предмета или объекта (*где? — на столе, в сумке, в школе, в магазине, на лекции*) и винительный падеж со значением направления движения или действия (*куда? — ехать в университет, на работу, поставить на стол, положить в карман*) позволяют продуцировать большое количество высказываний.

В методической литературе разработаны основные принципы отбора грамматического минимума. В активный грамматический минимум включаются те языковые явления, которые совершенно необходимы для продуктивных видов речевой деятельности. Так, общепринятыми критериями отбора в активный грамматический минимум считаются такие, как распространённость грамматической модели в речи, её потенциальные возможности служить образцом для создания подобных моделей с различной лексической наполняемостью, соответствие целям и задачам обучения. Иначе говоря, в активный минимум включаются лишь те грамматические явления, которые употребительны в устной речи и распространяются на значительный круг лексики.

Помимо этого, отбор и организация изучения грамматического материала должны подчиняться общим методическим правилам:
1) от более лёгкого — к более трудному;
2) от знакомого — к незнакомому;
3) от универсальных закономерностей — к единичным явлениям.

Также учитываются лексико-грамматические свойства языковых единиц и некоторые другие параметры.

Поскольку грамматика русского языка тесно связана с лексикой и, в частности, с лексической семантикой (так, значение и употребление глаголов меняется в зависимости от приставок), то многие грамматические явления требуют объяснения на семантическом уровне. Пример — особенности употребления парных глаголов движения несовершенного вида, обозначающих одно и то же действие (*идти — ходить, нести — носить, лететь — летать* и др.). В данном случае требуется объяснить, какой характер движения обозначает каждый из членов глагольной пары[1]. Семантической интерпретации требуют особенности употребления глаголов совершенного и несовершенного вида и т.п.

Если семантическая сторона какого-либо грамматического явления русского языка понятна инофонам (к примеру, назначение в речи глагольного императива), то часто возникают сложности, связанные с механизмом образования той или иной

---

[1] Подробнее см. ниже.

грамматической категории. Например[1]: *чита-ть* → *чита-й*, *работа-ть* → *работа-й*; но *писа-ть* → **писа-й* уже не будет правильным. В данном случае, как и во многих других, усвоенная первоначальная модель не является верной для образования новых форм и действие по аналогии не срабатывает. То же самое наблюдаем при образовании форм прошедшего времени некоторых глаголов, когда, познакомившись вначале с более простыми способами образования той или иной грамматической формы, учащиеся пытаются применять усвоенную модель в других случаях: *фотографирова-ть* → *фотографирова-л* → **фотографирова-ешь*; *нес-ти* → **нёс-л* (по аналогии с *не-сти* → *нес-ла, нес-ли* и *чита-ть* → *чита-л*).

Как видим, изучение грамматики любого неродного языка не сопровождается, к сожалению, сформированной языковой рефлексией, помогающей образовывать правильные грамматические формы.

Далее рассмотрим некоторые особенности изучения грамматических категорий различных частей речи.

Имя существительное. Изучение существительных начинается со знакомства с категорией рода. Определение родовой принадлежности большинства существительных происходит по формальным показателям. Покажем это схематически.

Он (мужской род): на согласную, в том числе на *-й*.

Она (женский род): 1) на *-а/я*, 2) на *-ия*, 3) исключения: *дядя, папа* и пр. — мужского рода.

Оно (средний род): 1) на *-о/е*, 2) на *-ие*, 3) исключения: на *-мя* (среднего рода, хотя оканчиваются на *-я*).

Существительные мужского и женского рода на *-ь* рассматриваются отдельно. В случаях с основами на *-ь* имеются лишь некоторые возможности определения рода того или иного слова, опираясь на формальный показатель: так, слова на *-тель*, *-арь* относятся к мужскому роду, а на *-знь*, *-ость / -есть / -ность*, *-бь* (исключение — *голубь*), *-пь*, *-фь*, *-мь*, *-жь*, *-чь*, *-шь*, *-щь* — к женскому.

---

[1] Значком * обозначаются слова или формы, образованные с нарушением грамматических норм.

Образование форм множественного числа также вызывает некоторые сложности, поскольку таких форм (моделей) несколько и лишь немногие из них подчиняются определённому правилу, которым могут руководствоваться учащиеся-инофоны. Так, формы множественного числа существительных среднего рода имеют следующую закономерность: если исходное существительное имеет основу на твёрдый согласный (*окно́*), то форма множественного числа образуется добавлением окончания *-а* с переносом ударения на основу (*о́кн-а*); если исходная форма имеет основу на мягкий согласный (*мо́р-е*), то окончание формы множественного числа будет *-я* с переносом ударения на окончание (*мор-я́*). Во многих других случаях требуется запомнить особенности форм образования множественного числа (*друзья, сыновья, соседи, дочери* и т.д.). Даже наиболее частотные способы образования форм множественного числа на *-ы/-и* и *-а/-я* не подчиняются чётким и понятным правилам, которыми могли бы руководствоваться учащиеся-инофоны, поэтому возможны ошибочные варианты: *домы вместо *дома*, *стола вместо *столы*. (Заметим, что эта проблема возникает не только у иностранцев: некоторые носители языка ошибаются, к примеру, в выборе правильной формы в парах *ректоры — ректора, слесари — слесаря, шофёры — шофера* и подобных.) Кроме того, в различных языках имеются несовпадения в отнесении существительных к единственному или множественному числу, что вызывает ошибки в результате влияния грамматического строя родного языка (**Мы купили моркови и рисы*; **Я занимаюсь разными спортами*).

С явлением интерференции связана значительная часть ошибок учащихся-инофонов. Для англичан, например, трудности вызывают употребление прилагательного перед существительным и их согласование, особенности употребления личных местоимений; для болгар характерно неправильное употребление предлогов, особенно в винительном и творительном падежах; в некоторых языках нет категории рода и т.д. В связи с этим издавались учебники и учебные пособия по РКИ с учётом родного языка учащихся.

При изучении грамматики русского языка желательно уделять внимание сравнению грамматических явлений разных языков, однако делать это надо с осторожностью, небольшими фрагментами. Главная цель — обратить внимание учащихся на многообразие языков, на универсальное и отличное в них, тем самым уменьшая трудности, связанные с оппозицией «своё / чужое». В качестве одного из примеров успешной реализации этого подхода можно привести книгу В.Н. Вагнер[1].

Введение предложно-падежных форм существительных должно осуществляться в тесной связи с раскрытием их синтаксической функции. Как уже говорилось, в объёме значений каждого падежа имеются основные и периферийные значения, поэтому они вводятся в зависимости от их значимости для коммуникации или в соответствии с потребностями конкретной речевой темы. В целом же для коммуникативных надобностей начального этапа изучения языка считаются достаточными основные значения каждого из падежей. Например, изучается около 10 основных значений родительного падежа (из 42 имеющихся в языке[2]): родительный со значениями принадлежности (*книга студента*), отсутствия предмета (в сочетании со словами *нет, не было, не будет* и с предлогом *без*: *Завтра не будет урока*), места (с предлогами *у, около, вокруг, мимо, среди, напротив*: *у окна, среди людей*), исходного места, откуда начинается движение (*из города*) и некоторые другие. В какой-то степени определиться с падежом и его значением помогают сопутствующие предлоги — в том случае, когда они употребляются только с определённым падежом в его определённом значении. Отработка моделей указанного типа позволяет учащимся достаточно быстро перейти к реальной коммуникации.

Имя прилагательное. При изучении прилагательных прежде всего следует обратить внимание на их семантические признаки. Также необходимо указать на полное согласование прила-

---

[1] *Вагнер В.Н.* Методика преподавания русского языка англоговорящим и франкоговорящим. М., 1995.
[2] См.: *Иванова Т.А.* Указ. соч. С. 60—63.

гательных с существительным, к которому они относятся, — уподобление в роде, числе и падеже (*новый большой дом, около нового большого дома*).

Знакомя учащихся со <u>степенями сравнения прилагательных</u>, преподаватель должен уделить особое внимание так называемым способам суффиксального образования, поскольку здесь требуются пояснения, указывающие на особенности чередования согласных основы (ср.: *добр-ый — добр-ее, красн-ый — красн-ее,* но *строг-ий — строж-е, крепк-ий — крепч-е*), а также на случаи с дополнительными особенностями (например, *выс-ок-ий — выш-е*). Что касается образования превосходной степени с суффиксами *-айш/-ейш*, то здесь необходимо дать пояснения, в каких случаях используется каждый из суффиксов: суффикс *-айш* — если основа прилагательного оканчивается на согласные *г, к, ш* (с чередованием *г/ж, к/ч, х/ш*), суффикс *-ейш* — в остальных случаях: *глубок-ий — глубоч-айш-ий,* но *сильн-ый — сильн-ейш-ий*.

После того как учащимся будет объяснена смысловая (семантическая) и функциональная особенность <u>кратких прилагательных</u> в сравнении с полными, следует рассмотреть механизм образования краткой формы, которую далеко не всегда можно получить простым отбрасыванием окончания (*добрый — добр, высокий — высок* и т.п.). Для одной группы прилагательных применимо правило вставки *е* перед *н* и *о* перед *к* (*модн-ый — моден, важн-ый — важен; крепк-ий — крепок, коротк-ий — короток*), для другой — правило вставки *е (ё)* вместо *ь* и *й* (*сильн-ый — силён / сильна, спокойн-ый — спокоен / спокойна*). В то же время краткая форма целого ряда прилагательных требует запоминания (*злой — зол / зла, острый — остёр / остра, солёный — со́лон / солона́, маленький — мал / мала* и др.). При объяснении всех этих особенностей нужно обращать внимание учащихся на правильную постановку ударения и корректировать их произношение.

Местоимение. Приступая к изучению местоимений, надо обратить внимание учащихся на их семантические признаки — например, объяснить, что личные местоимения, с которых начинается знакомство ещё при изучении рода существительных, не называют лиц или предметы, а только указывают на них (*У меня есть сестра. Она учится в университете*). Притяжательные местоимения используются для выражения принадлежности, но только в том случае, если в этом есть необходимость (ср.: *Возьми мою ручку* и *Он положил ручку в карман*). Многие местоимения (*кто, что, какой, этот, чей* и др.) встречаются в составе вопросительных предложений: *Кто это? Чья это тетрадь?*

Многие местоимения имеют особенности в употреблении и склонении. Так, следует обратить внимание на соотношение местоимений *мой* и *свой*, так как, кроме явных случаев их употребления (*Нина любит свою сестру* и *Нина любит мою сестру*), имеются семантически более сложные (*Я люблю свою / мою сестру*); на различение неопределённых местоимений с *-то* и *-нибудь, -либо, кое-*, которые семантически отличаются степенью неопределённости (например, местоимения с постфиксами *-нибудь* и *-либо* обозначают полную неопределённость, а местоимения с *-то* могут выражать неполную неопределённость, если предмет или обстоятельства действия неизвестны только говорящему, ср.: *Я тебе что-нибудь подарю на день рождения* и *Я тебе что-то подарю на день рождения*). Особое внимание надо уделить примерам употребления местоимения *себя* в сравнении с *меня* (*Я себя не обижу* и *Ты меня не обидишь*), а также отрицательным местоимениям (*Никто не выполнил это упражнение; Никто не читал эту книгу*).

Что касается склонения местоимений, то стоит отметить возможность их склонения по типу прилагательных (*большой — большого — большому... и какой — какого — какому...*), а также обратить внимание на то, что личные местоимения *я* и *ты, мы* и *вы* склоняются одинаково (*меня — тебя, мне — тебе...; нас — вас, нам — вам...*).

Наречие. В первую очередь учащиеся знакомятся с наречиями места, обозначающими местоположение предметов и объектов (*где?.. что / кто лежит, стоит, находится*), направление и исходный пункт движения (*куда?.. положить,* *поставить, идти, лететь* и *откуда?.. взять, спуститься, выехать*). Объяснение, как правило, сопровождается таблицами, схемами, рисунками. Модели для работы: *Где находится окно? — Справа / слева*; *Куда повернула машина? — Направо / Налево*; *Где находится море? — Море находится внизу*; *Куда идут дети? — Дети идут вниз, к морю*. Затем рассматриваются наречия времени (*когда? как часто? сколько времени?*). Обращаем внимание на наречия *уже (не)* и *ещё (не), тоже* и *также*; два последних, будучи синонимами со значением приравнивания, различаются сферой употребления (*тоже* более разговорное). *Степени сравнения наречий* (после изучения прилагательных) требуют незначительного комментария, поскольку по способу образования сравнительная степень наречия сходна со сравнительной степенью прилагательного. Следует сделать акцент на том, что прилагательное в сравнительной степени относится к существительному (*Сегодня **погода теплее**, чем вчера*), а наречие — к глаголу (*Зимой мы **одеваемся теплее**, чем весной или летом*).

Числительное. При знакомстве с русскими числительными надо выработать навыки их различения и правильного произношения. Сначала отрабатывается умение оперировать количественными числительными от *одного* до *десяти*, потом изучаются остальные (до *ста* и дальше). Надо обращать внимание учащихся на соотнесение графической, фонетической и семантической составляющей числительных, а также на своеобразие числительных *сорок, девяносто, сто*.

На следующем этапе необходимо дать функционально-семантическую характеристику разрядов числительных (количественные, порядковые и собирательные) и познакомить с особенностями сочетаемости количественных числительных с другими словами. Существенные моменты — наличие форм рода у числительных *один, два*, а также формулы сочетаемости с другими словами числительных от *одного* до *четырёх* (и всех производных): «1 + сущ. в И. п.» (*двадцать один студент / сто двадцать одна студентка*) «2, 3, 4 + сущ. в Р. п. ед. ч.» (*две кни-*

ги, тридцать два рубля); сочетаемость остальных числительных с сущ. в Р. п. мн. ч. (*пятнадцать дней, двадцать городов*).

Склонение всех количественных числительных требует запоминания. Склонение порядковых числительных аналогично склонению прилагательных соответствующих типов (*второй* как *большой*; *третий* как *лисий*).

При изучении числительных затрагиваются и более частные вопросы. Например, желательно познакомить учащихся со способами выражения приблизительности (*двадцать лет — лет двадцать, около двадцати лет, почти двадцать лет*), с особенностями употребления числительных с некоторыми предлогами: *по* (*по пять человек*), *за* (*за пять часов*), *через* (*через два часа*).

Дробные и собирательные числительные изучаются, если этого требует учебная программа, для обычной коммуникации они не имеют существенного значения.

Глагол. Русский глагол обладает большим количеством грамматических форм, каждая из которых представляет трудность для изучения с точки зрения либо особенностей формообразования, либо семантики, либо употребления. Обычно знакомство начинается с глаголов I продуктивного класса на *-ать (-ять): читать, гулять*. Затем для закрепления даются ещё несколько глаголов этого же класса, чтобы установить сходство и понять, что они спрягаются точно так же. Критерии отнесения глаголов к I или II спряжению в основном те же, что и для носителей языка. Но при спряжении глаголов особую трудность представляют так называемые неправильные глаголы, которых в русском языке немало. Такие глаголы имеют чередования согласных основы, самой основы или являются разноспрягаемыми (*грустить — грущу, беречь — берегу — бережёшь — берегут, пить — пью, петь — пою, гнать — гонишь, есть — ем — ешь — ест — едят, бежать — бежишь — бегут* и др.). К числу трудных относятся все глаголы на -чь (*печь, беречь*), глаголы с короткой основой (*пить, бить, петь, брать, лгать* и подобные), с чередованием -*ере-/-р-* (*тереть, уме-*

реть), а также разноспрягаемые (*есть, бежать* и подобные). Парадигмы трудных глаголов надо запоминать.

Образование <u>форм прошедшего и будущего времени</u> некоторых глаголов требует дополнительных разъяснений. Так, следует обратить внимание учащихся, что во всех формах прошедшего времени у глаголов с инфинитивом на *-ть/-сть* есть *-л* (*писа-ть — писал, упа-сть — упал*), а глаголы на *-чь*, глаголы с *-ере-*, некоторые глаголы на *-сти/-зти* в форме прошедшего времени мужского рода *-л* не имеют (*везти — вёз, везла, везло; нести — нёс, несла, несло;* ср.: *вести — вёл; плести — плёл*). Значительные трудности представляют многочисленные чередования согласных основы при образовании форм настоящего времени (*писать — пишу, ездить — езжу, брести — бреду*). Что касается форм будущего времени, то учащиеся, как правило, стараются избегать простого будущего, поскольку не всегда знают, с какой приставкой в той или иной конкретной ситуации следует употребить глагол. Преподаватель должен это учитывать.

<u>Вид глагола</u> более труден с точки зрения функционально-семантических особенностей. Возьмём, к примеру, глаголы *прийти* и *приходить*. Формы и того и другого (*пришёл, приходил*) указывают на результативность действия, но при этом один из них совершенного вида (СВ), а другой — несовершенного (НСВ), поэтому существующие на этот счёт определения и рекомендации (завершённость / незавершённость действия и т.п.) ставят инофонов в тупик.

При усвоении вида глагола обычно предлагается не давать материал порционно, а познакомить учащихся с семантическими вариантами несовершенного и совершенного вида, что даст им представление о признаках, характеризующих основные функции глагольного вида в речи:
1) НСВ используется, когда необходимо обозначить действие как повторяющееся или как процесс (*Пётр ходит на тренировки каждый вторник; Весь день я провёл дома*);
2) СВ используется для обозначения конкретного однократного действия или конкретного действия, которое завер-

шилось и имеется результат (*Он перевёл текст*; *Он перевёл весь текст до конца*).

Далее необходимо ввести понятие видовых пар и объяснить, как они образуются. При этом за основу берём глаголы НСВ, обращая внимание на формальные показатели видовой принадлежности. Последнее связано с тем, что учащиеся-инофоны не могут определить вид глагола по вопросам *что делать? что сделать?* — в определении вида они опираются на наличие у глаголов приставки (*писал* — **написал / переписал / выписал**) и некоторых суффиксов (*решать / решить, показывать / показать, одеваться / одеться, кричать / крикнуть*). Ряд видовых пар надо запомнить: *класть — положить, покупать — купить, падать — упасть, садиться — сесть, говорить — сказать* и др.

В русском языке имеется особая группа глаголов, вызывающих трудности у иноязычных учащихся. Это так называемые глаголы движения — парные глаголы, обозначающие одно и то же движение, но по-разному: один глагол из пары обозначает однонаправленное однократное движение (*идти, ехать, лететь, плыть, вести* и т.д.), второй — разнонаправленное повторяющееся движение (*ходить, ездить, летать, плавать, водить* и т.д.).

Говоря о различиях в употреблении глаголов движения, нужно объяснить особенности употребления языковых единиц, передающих идею повторяемости, регулярности, обычности совершаемого субъектом движения (*всегда, обычно, часто*: *Обычно по вечерам мы ходим в кино*; *Я часто езжу в Москву*) и идею однократности действия (движения) в конкретной ситуации (*Сегодня вечером мы идём в кино; Завтра я еду в Москву*). Тема «Глаголы движения» отрабатывается последовательно в несколько этапов:

1) глаголы движения без приставок (*идти — ходить, плыть — плавать, бежать — бегать* и т.д.);
2) глаголы движения с приставками (*прийти — приходить, уплыть — уплывать, выбежать — выбегать* и т.д.);

3) некоторые глаголы движения с переносным значением (*время идёт / пришло / летит / бежит, снег / дождь / автобус / спектакль идёт, он водит машину* и т.п.).

Следует обратить внимание учащихся на то, что при присоединении приставки глаголы, обозначающие однонаправленное движение, меняют вид — становятся глаголами СВ (*идти → прийти, пришёл / придёт; войти, вошёл / войдёт*), а глаголы, обозначающие разнонаправленное движение, вида не меняют — остаются глаголами НСВ (*ходить → входить; бегать → убегать*).

Сложности для инофонов в изучении возвратных глаголов связаны с их семантикой и особенностями употребления / неупотребления постфиксов -*ся/-сь*: *умывал — умывался, переписывал — переписывался*. Свойство некоторых глаголов употребляться то с -*ся/-сь*, то без них следует объяснять с семантической точки зрения (действие переходит на объект — глагол без постфикса: *одевать ребёнка* и т.д.) и отрабатывать в упражнениях.

Вызывают трудности способы образования той или иной формы повелительного наклонения глаголов. Следует показать учащимся разработанные в методике преподавания РКИ формулы, позволяющие не допускать ошибок при образовании этих глагольных форм[1]. В качестве исходной обычно берётся форма 3-го л. мн. ч. настоящего / будущего времени; существенно, на что оканчивается основа: *писать → пиш-ут → пиш-и (те); читать → чита-ют* [ju] *→ чита-й (те); готовить → готов-ят* [v'] *→ гото-вь (те)*.

В заключение ещё раз отметим, что все изучаемые грамматические формы вводятся не изолированно, а на синтаксической основе, т.е. в составе предложений. Последние должны представлять собой типичные речевые образцы, которые могут послужить моделью для построения однотипных фраз

---

[1] См., например, раздел «Образование форм императива» в кн.: *Дорофеева Т.М., Лебедева М.Н.* 53 модели русской грамматики: базовый курс. 5-е изд., стер. М., 2008. С. 229.

с различной лексической наполняемостью. Такая организация грамматического материала позволяет реализовать коммуникативную направленность обучения.

Кроме того, при изучении грамматики на начальном этапе необходимо соблюдать принцип последовательности, который заключается в переходе от простого к сложному. Отбор грамматического материала нужно согласовывать с принципом практической (коммуникативной) направленности, т.е. с ориентацией на материал речевых тем. В то же время целесообразно проводить занятия, посвящённые повторению и обобщению грамматического материала: они помогают учащимся получить полное, системное представление о грамматике русского языка.

Литература

Глазунова О.И. Грамматика русского языка в упражнениях и комментариях. СПб., 2009.
Егорова А.Ф. Трудные случаи русской грамматики. СПб., 2009.
Книга о грамматике: Русский язык как иностранный / [А.В. Величко и др.]; под ред. А.В. Величко. 3-е изд., испр. и доп. М., 2009.
Пехливанова К.И., Лебедева М.Н. Грамматика русского языка в иллюстрациях. М., 2014.
Росс Е.В. Русская грамматика в таблицах и схемах. СПб., 2006.

Вопросы и задания

1. В чём заключается общий подход к изучению иностранного языка в целом и его грамматического строя в частности?

2. Почему у иностранных учащихся в большинстве случаев возникают иные трудности в изучении грамматики, чем у носителей языка? Приведите примеры.

3. Назовите особенности изучения грамматических форм одной из частей речи (существительного, прилагательного, глагола и др.).

3.3. Лексика

3.3.1. Методические принципы организации лексического материала

Для полноценного усвоения учащимися лексики иностранного языка нужно оптимально организовать лексический материал. При его отборе и структурировании следует учитывать психологические и нейрофизиологические основы усвоения иноязычной лексики.

В памяти человека содержится конкретная лексика, а число значений неограниченно, так как сочетания слов в предложении содержат новые смыслы. По данным нейрофизиологии, решающую роль играют следы связей слов с другими словами, сохранившиеся от прежних актов словоупотребления. Уровень понимания слов зависит как от богатства связей, так и от способности возбуждения того аспекта связи, который обусловлен конкретной ситуацией.

В процессе изучения иностранного языка вырабатывается особый речевой механизм, который на разных стадиях усвоения в отношении каждого конкретного языкового образования и речевого поступка обладает различной степенью автономности, обособленности от речевого механизма родного языка. При переходе на иностранный язык образуется вторичная функциональная система с другой структурой. Данные об обособленности иноязычного речевого механизма говорят о физиологическом субстрате мышления на иностранном языке, или об иноязычной внутренней речи. Этим субстратом являются специализированные нейронные серии для иноязычных образований и их настроенность друг на друга, представляющая собой обособленную сеть следов иноязычных связей.

Следует стремиться к образованию обособленно действующих связей физиологических субстратов иноязычных слов и словосочетаний, к тому, чтобы механизм их категорийного поведения действовал бы автономно и при отсутствии интерференции со стороны родного языка. «Иноязычное слово само по себе не приобретает активность своего эквивалента на родном языке, т.е. его употребление во внутренней и внешней речи не приводит к возбуждению тех следов, которыми обросло слово-эквивалент»[1]. Об этом свидетельствуют эксперименты по восприятию корреспондирующих слов родного и иностранного языков в изолированном виде: результаты таких экспериментов показали, что богатству ассоциаций, вызываемых словом родного языка, противостоит почти полное отсутствие подобных ассоциаций при восприятии иноязычного слова. Между иноязычными словами не были установлены те связи, которыми обладали слова родного языка. Соответственно возникает необходимость формирования заново специальной сети связей с другими иноязычными образованиями, отражающими их свойства, признаки и функции в «нейронных записях» речевых ситуаций. Только в этом случае иноязычное слово способно вызывать ассоциативные связи и само активизироваться вследствие раздражения любой из этих связей. При формировании сети связей слов необходимо учитывать и то, что на характер ассоциаций влияют возраст, индивидуальный опыт, социальные условия становления личности, а также культурно-исторические традиции народа. В качестве примера можно привести самые частые ассоциации (существительные) к слову-стимулу *хлеб*: для русских — *соль*, для узбеков — *чай*, для французов — *вино*.

Методика обучения языкам как наука, разрабатывающая приёмы и способы формирования навыков и умений речевосприятия и речепроизводства, тесно переплетается с психолингвистикой, изучающей восприятие и порождение речи, речевое мышление. С точки зрения психолингвистики различаются парадигматические и синтагматические ассоциации, которые взаимодействуют друг с другом при порождении (восприятии) речевого отрезка. Выделяются и ассоциации другого вида — деривационные. В деривационной ассоциации доминирует

---

[1] Методика преподавания русского языка как иностранного: Для зарубежных филологов-русистов: (Включённое обучение) / Под ред. А.Н. Щукина. М., 1990. С. 45.

лингвистический фактор, а психологический приобретает относительно подчинённый характер, поэтому объём деривационных ассоциаций ограничен, чётко детерминируется законами словообразования конкретного языка.

Слова функционируют в речевой деятельности лишь благодаря своим связям с другими языковыми единицами. С точки зрения психофизиологии это означает, что каждый акт словоупотребления обусловливается следами, оставшимися в мозговой системе от прежних случаев установления связей между словом и другими словами. Эти связи должны быть предварительно сформированы (переформированы) в речевом опыте обучаемых. При наличии широко разветвлённой сети связей слово беспрепятственно актуализируется в речи: словоупотребление вызывается ассоциативным возбуждением каких-то связей слова. Вне связей слово не существует. Сама словоформа есть результат многомодельных связей. «Внутренний лексикон человека должен представлять собой чрезвычайно сложную систему многоярусных, многократно пересекающихся полей, с помощью которых упорядочивается и хранится в более или менее полной готовности к употреблению в деятельности разносторонняя информация о предметах и явлениях окружающего мира, об их свойствах и отношениях, об оценке индивидом...»[1]. Эта многосторонняя информация «перекрещивается к тому же со сложной системой оценок по параметрам эмоциональной окрашенности, частотности, периода усвоения слова индивидом»[2].

Некоторые виды связей слов, например категорийные и тематические, трудно отнести к чисто парадигматическому, синтагматическому или деривационному типу. Компонентом активизации, необходимым для овладения лексикой, являются тематические связи слов, которые так же, как и категорийные связи, основаны на сочетании парадигматики и синтагматики.

---

[1] *Залевская А.А.* Проблемы организации внутреннего лексикона человека: учебное пособие. Калинин, 1977. С. 73.

[2] Там же. С. 72.

При обучении иноязычным словам необходимо обеспечить свойственное им «категорийное поведение» (П.Б. Гурвич). В родном языке категорийное поведение слов вырабатывается стихийно, а в изучаемом языке — лишь в результате планомерной и систематической работы, которая должна быть направлена на включение любой языковой единицы в возможно большее количество осознаваемых учащимися категорий, т.е. в категорийные перечни самого разного характера. «Чем в большее число разных точек соприкосновения может быть приведена данная вещь к другим предметам, тем в большем числе направлений она записывается в реестры памяти, и наоборот»[1].

Достижения в области лингвистики, психологии, нейрофизиологии позволяют заключить, что работу над лексикой целесообразнее осуществлять с учётом многочисленных связей слов. При ассоциативном способе изучения лексики используются пути, свойственные нашей памяти. При этом формируются аналогичные, хотя и менее разнообразные и богатые, чем в родном языке, связи между лексическими единицами иностранного языка. Это естественный путь усвоения, присущий механизмам речи, который способствует раскрытию резервов памяти, увеличивает объём запоминаемой лексики и обеспечивает функционирование механизмов речи в соответствии с системой изучаемого языка. Только в этом случае может быть обеспечено прочное усвоение слов. Если же работу над лексикой свести лишь к формированию одного вида связей, всё ограничится заучиванием и необходимый эффект достигнут не будет.

Формирование оптимальных для усвоения ассоциативных связей слов снижает интерференцию родного языка. Учащиеся запоминают слова в характерных для изучаемого языка словосочетаниях. Таким образом происходит усвоение их национально-специфического и стилистического своеобразия.

Для того чтобы действовать в речи, слово должно обрастать связями с другими словами, и чем шире, разветвлённее, раз-

---

[1] *Сеченов И.М.* Избранные (философские и психологические) произведения. М., 1947. С. 2.

нообразнее такая сеть связей, тем скорее они актуализируются при рецепции текста. Формирование всё более расширяющейся сети связей и есть формирование лексического навыка, предполагающего грамматически и семантически правильное понимание и употребление слова. Чёткие этапы формирования лексического навыка (в отличие от грамматического) выделить очень трудно. Но основная тенденция — это максимальное варьирование ситуаций употребления слова, постепенное развитие умения свободно комбинировать его с другими лексическими единицами.

Формирование ассоциативных связей слов изучаемого языка должно осуществляться в учебном процессе во всех формах работы и включать:
- работу с изолированными лексическими единицами, коррелирующими друг с другом на основе парадигматических ассоциаций;
- рассмотрение парадигматически ассоциируемых лексических единиц в типичных синтагматических связях;
- установление деривационных связей лексических единиц.

Изучение лексики с опорой на формирование различных связей слов повышает осознанность и уменьшает механистичность в усвоении лексических единиц.

Чтобы лексические единицы были правильно поняты и усвоены, недостаточно указать на их значение. Как доказали многочисленные экспериментальные исследования, успешность усвоения зависит от организации, упорядоченности соответствующего материала. Под **организацией лексического материала** понимается психологически и методически обоснованное группирование лексических единиц по определённым критериям. Объединение в группы и ряды делается либо для того, чтобы материал был обозрим, либо для его изучения в комплексном виде, либо для того и другого. Это не означает, что все включённые в группы единицы вводятся одновременно. Они могут предъявляться по одной, но обобщаться в группе. Имеются в виду специфические, часто небольшие группы лексики, использовать которые совершенно необходимо, так как для усвоения лексика нуждается в систематизации.

Следует учитывать всю сложность и многоплановость как лексики в целом, так и конкретного слова как единицы этой подсистемы. Группировка слов должна быть такой же многоплановой. Слова систематизируются по разным признакам в зависимости от того, какие их характеристики будут учитываться в конкретный момент учебного процесса. Необходимо принимать во внимание не только внутриязыковую и межъязыковую интерференцию, особенности формы и значения, но и стилистическую принадлежность, ограниченность сферы употребления того или иного слова в системе русского языка.

Методическая типология лексики, основанная на системно-структурном и системно-функциональном подходах к описанию лексики и обучению ей, создаёт благоприятные условия для снижения трудностей при усвоении иноязычных слов, так как ассоциативные процессы способствуют запоминанию.

При организации лексического материала надо учитывать возможные трудности его усвоения. В процессе узнавания и понимания слов иностранными учащимися большие затруднения может вызывать графическое сходство слов, например *пробить — пробыть, забытый — забитый*. Это связано с внутриязыковой интерференцией. Важно обучать иностранных студентов приёмам языковой догадки, способствующим облегчению и ускорению понимания читаемого (слушаемого). Для успешного овладения приёмами догадки на основе законов словообразования русского языка необходимо научить иностранцев анализировать целый комплекс данных, сопоставлять известное с неизвестным, используя различные виды переноса. Овладение продуктивными словообразовательными моделями как схемой образования производных значительно облегчает и ускоряет понимание незнакомых слов. Обучающийся в ходе выделения и перераспределения знакомых элементов в слове получает возможность формировать новые связи, которые способствуют его дальнейшей аналитико-синтетической деятельности.

Существенное влияние на формирование лексического значения производных слов оказывают суффиксы, но то, насколько на них можно опираться в понимании семантики слова, зависит как от чёткости словообразовательного значения суффиксов, так и от характера производящих слов. Производящее слово может влиять и на стилистическую окраску суффиксального производного, что не всегда осознаётся инофонами. Затруднения вызывает понимание однокоренных слов с разными словообразовательными элементами (например: *покупатель, покупательский, покупка, скупка, купля-продажа*), так как семантика производного обычно не является суммой сем составляющих слово морфем, а характеризуется определённой степенью идиоматичности. Рассмотрение производных слов в методике преподавания русского языка как иностранного с точки зрения их семантизации и возможности создавать на этой основе потенциальный словарный запас учащихся приводит к осознанию тесной взаимосвязи, взаимообусловленности словообразования и лексики, к необходимости объединения на определённом уровне словообразовательной и лексической семантики.

Лексико-методические группы формируют в зависимости от целей обучения и с учётом особенностей лексического материала, а также родного языка обучаемых.

При создании таких групп необходимо принимать во внимание следующее.

1. Наличие между новыми и ранее пройденными единицами группы широкой и разнообразной сети парадигматических и синтагматических связей. Это предполагает создание наиболее полного и категорийно однородного перечня (например, списка существительных со значением лица), а также включение максимума наиболее типичных ситуаций употребления лексических единиц и их сочетаний.

2. Максимальная тематическая однородность, способствующая лучшему запоминанию слов. Это относится в большей степени к конкретной лексике. Введение в тематическую лексическую группу абстрактной лексики бывает затруднено или

практически невозможно. В таком случае её необходимо ввести в максимально большее количество лексико-методических групп других видов.

3. Целесообразность решения сразу двух задач: введение новой лексики и повторение пройденной (связанной с новой в смысловом плане). Это сделать трудно, поскольку надо на некоторое время сконцентрировать внимание только на новых лексических единицах. В то же время необходимо стремиться к формированию смешанных групп.

4. Открытость списков. Организация лексического материала тем эффективнее, чем более открытыми будут группы слов для подключения изучаемых позднее.

Объединение слов в лексико-методические группы способствует запоминанию их в систематизированном виде.

Лексические единицы группируют по двум критериям:
- для лучшего запоминания;
- для предупреждения ошибок.

С целью лучшего запоминания выделяют следующие лексико-методические группы:
- антонимические пары;
- лексико-семантические варианты многозначных слов;
- слова одного словообразовательного типа;
- слова, объединённые на основании близости соответствующего понятия (или, наоборот, его отсутствия) в родном языке обучающихся.

С целью предупреждения ошибок составляют следующие лексико-методические группы:
- синонимические ряды;
- слова с разными корнями, близкие по значению: *ум, рассудок*;
- слова с одним корнем (имеющие общий семантический признак): *продавать — продавец; читать — читатель*;
- слова, объединённые по графико-фонетическому сходству: *быть — бить, убывать — убивать*.

Преподавателю нужно создавать такие условия обучения, чтобы студент стремился как можно скорее добиться результатов. Напомним, что в настоящее время приоритет в обучении русскому языку как иностранному отдаётся коммуникативности, аутентичности общения, автономности и интерактивности обучения.

Поиски оптимальных, наиболее эффективных методов обучения лексике выдвигают необходимость опираться на основные положения личностно-деятельностного подхода, предполагающего качественные изменения личности обучаемого в учебном процессе. При таком подходе студент занимает активную творческую позицию, у него формируются навыки работы с лексическим материалом, обеспечивающие увеличение его словарного запаса, облегчающие выполнение лексических упражнений и процесс коммуникации в целом. В случае, когда студент в состоянии занять в учебном процессе сознательную и самостоятельную позицию в овладении лексическим материалом, достигаются адекватные условия для непроизвольного запоминания лексики.

Основные закономерности непроизвольного запоминания таковы.

1. Непроизвольное запоминание тем эффективнее, чем интенсивнее осуществляется мыслительная деятельность обучаемого с запоминаемым материалом для достижения какой-то другой мнемонической цели.

2. Лучше запоминается то, что найдено, сгруппировано и отработано самим обучаемым, а не дано ему в готовом виде, поскольку творческие мыслительные процессы наиболее интенсивные.

3. Непроизвольное запоминание не противопоставляется произвольному. Психолингвистические исследования показали, что оптимальный вариант запоминания для учащихся начиная с 9—10-летнего возраста — комбинированный.

Последний тезис подтверждается практикой. Для взрослой аудитории трудно обеспечить чисто непроизвольное запоминание лексического материала. При выполнении упражнения студент отдаёт себе отчёт в том, зачем выполняет такое задание, вне зависимости от его формулировки, т.е. подсознательно он всегда понимает, что нужно запомнить данный лексический материал. Необходимо постоянно учитывать и то, что «развитие произвольной памяти как неотъемлемой принадлежности сознательной психологической культуры не складывается стихийно, вне специально поставленных задач и системы обучения»[1]. Это неразрывно связано с мотивацией учебной деятельности обучаемых вообще и мотивацией изучения конкретного лексического материала в частности.

В психологии различают внешнюю и внутреннюю мотивацию. **Внешняя мотивация** вытекает из осознания учащимися цели учебной деятельности, лежащей вне самого учебного процесса (например, цель — ведение переговоров с деловым партнёром на русском языке). **Внутренняя мотивация** вытекает из чувства удовлетворения, которое учащиеся испытывают в связи с самим процессом учения (учение как самоцель).

Выделяют следующие подвиды внутренней мотивации:
- коммуникативная;
- инвентаризационная (вытекает из осознания учащимися прогресса в овладении языком, лексикой);
- инструментальная (связана с положительным отношением учащихся к выполнению определённых видов упражнений — инструментов обучения);
- лингвопознавательная;
- страноведческая;
- эстетическая.

Большое значение имеет самостоятельная работа обучаемых по составлению лексических карт, так как лексика больше других уровней языка предполагает самостоятельное изучение. Обучение студентов составлению лексических карт благоприятствует непроизвольному запоминанию, так как формирова-

---

[1] *Ляудис В.Л.* Память в процессе развития. М., 1976. С. 137.

ние групп лексики под разными углами зрения способствует возникновению разнообразных ассоциативных связей слов. Психологами доказано, что самостоятельно составленный план действия более эффективен, чем заданный, а лексическая карта является именно таким планом.

Обычно при обучении составлению карты задаются лексические единицы группы (узловое слово или узловые слова), а студенты должны дописать к каждой единице наиболее употребительные словосочетания. Приведём примеры заданий по составлению карт лексических сочетаний и варианты их выполнения.

1. Задание. Запишите все возможные существительные, с которыми может сочетаться глагол *слушать*.

Слушать	(что?)	*музыку*
		радио
		объявление
		лекцию
		сказки
		...

2. Задание. Подберите как можно больше прилагательных, с которыми может сочетаться существительное *погода*.

Погода	*чудная*
	ясная
	тихая
	пасмурная
	ненастная
	...

Таким образом, заполненная карта показывает возможные сочетания конкретной лексемы.

Обучение составлению карт лексических групп предполагает также выполнение упражнений, в которых отрабатываются необходимые для группирования мыслительные действия. Это могут быть:
- подбор слов, соответствующих данным дефинициям;
- нахождение в серии слов лишней единицы (не подходящей по семантико-категорийному признаку);
- соотнесение разрозненных слов с заданными дефинициями.

Выполнение такой работы создаёт благоприятные условия не только для запоминания лексики, но и для её употребления в речи. Учащиеся пользуются лексическими картами в качестве опорного материала для выполнения неречевых и речевых упражнений, карты облегчают повторительную работу.

Прочность усвоения слова зависит от того, установлены ли многообразные ассоциативные связи нового слова с уже имеющимися в словарном запасе обучаемых. Об этом следует помнить уже на этапе предъявления новой лексики, так как различные лексические группы требуют разных приёмов работы и разных действий со стороны обучающего и обучаемых.

Один из центральных этапов работы с лексическими единицами — объяснение их содержания (содержательной стороны), т.е. **семантизация**. При этом необходимо придерживаться главного методического принципа — адекватности.

Основные приёмы семантизации, направленные на раскрытие значения того или иного слова:
- применение средств наглядности;
- перевод на родной язык учащихся (или на язык-посредник);
- подбор синонимов;
- подбор антонимов;
- подбор родового понятия к видовому;
- словообразовательный анализ;
- использование семантизирующего контекста;
- описание или толкование вводимых слов на русском языке (или на родном языке учащихся).

Иногда в качестве дополнительных способов семантизации новых слов в иностранной аудитории применяют такие, как:
- перечисление;
- указание на внутреннюю форму.

Последовательность использования способов семантизации или предпочтительность того или иного способа зависит от многих факторов, в частности от уровня знания русского языка, от этапа обучения, его специфики или цели (в последнем случае имеются в виду такие цели, как чтение специальной литературы или газет и т.п.). Особое место среди способов семантизации вновь вводимой лексики отводится переводу или толкованию. Перевод или толкование на родном языке обучаемых возможны во многих случаях, важно только соблюдать умеренность и не превращать их в самоцель (подробнее об этих приёмах см. ниже).

Использование средств наглядности. Возможно на различных этапах обучения: в большей степени на начальном, эпизодически — на среднем и продвинутом. При семантизации слов используются разные виды наглядности.

Предметная наглядность позволяет:
- объяснить значение таких слов, как *сумка, карандаш, лупа, очки, деньги, лампа* и др.;
- ввести значительное число единиц, в том числе семантизировать и такие словосочетания, как *синий шарф, белая блузка, тёмные очки* и т.п.

С помощью *моторной наглядности* (т.е. непосредственных иллюстративных движений, действий, иногда с использованием мимики и т.п.) можно продемонстрировать значение таких слов и словосочетаний, как *писать, идти, бежать, открыть дверь, подойти к доске* и др.

С помощью *изобразительной наглядности*, т.е. путём показа рисунков, схем, фильмов, слайдов, можно:
- объяснить такие слова, как *магазин, дождь, купаться, загорать* и др., непосредственная демонстрация значения которых затруднительна или невозможна;

- продемонстрировать и тем самым объяснить значение многих слов, которые непросто или вообще нельзя семантизировать с помощью моторной наглядности: *снег идёт, самолёт летит, мальчик катается на велосипеде / на лыжах.*

При наглядной семантизации нужно придерживаться следующих правил.

1. Избегать ассоциации между словами и единичными предметами, что приводит к подмене видового значения родовым.
2. Давать семантизируемое слово в контексте предложения.
3. Показывать изображение, понятное учащимся.
4. Проверять понимание слова.

Использование перевода. Наиболее эффективный способ семантизации, возможный на любом этапе обучения (в большей или меньшей степени). Прибегать к переводному методу следует при объяснении значений абстрактных слов: *усталость, жалость, учёба* и др. С помощью перевода демонстрируется лексическое значение. Но в том случае, когда объёмы лексического значения русского слова и его переводного эквивалента не совпадают, необходимо прибегать к переводу с помощью нескольких слов или к дополнительному пояснению. Например, русское *Я люблю* имеет более широкое значение, чем английский эквивалент этого предложения. Поэтому по-русски можно сказать: *Я люблю своих родственников / чай / читать* и т.п. В английском же это возможно не всегда.

Наиболее оправданно и эффективно использование перевода при изучении делового и публицистического языка, а также языка науки. Например, такие слова, как *деловой, досмотр, сбыт, возникший, востребованный* и т.п., целесообразно семантизировать с помощью перевода на родной язык учащихся или на язык-посредник.

Использование синонимов. Значение некоторых слов можно объяснить, подбирая синонимы (как к отдельным словам, так и к некоторым словосочетаниям). Семантизация с помощью синонимов на начальном этапе обучения используется редко в связи с ограниченным словарным запасом обучаемых.

Эту проблему можно частично решить, если подыскивать интернациональные эквиваленты русских слов: *предприниматель — бизнесмен, проверка — контроль, руководитель — лидер, бред — нонсенс*. Можно также объяснять новые и сложные для учащихся слова, используя более простые и уже им известные: *прекрасный — очень хороший, ужасный — очень плохой*.

В аудитории с более высоким уровнем языковой подготовки этот приём используют для семантизации:
- стилистических синонимов: *приобретать — покупать, взирать — смотреть*;
- слов, близких к абсолютным синонимам: *говорить — излагать; сейчас — теперь*;
- слов, синонимами которых являются интернациональные эквиваленты: *проверка — аудит, договор — контракт, предоплата — аванс* и др.;
- словосочетаний официального характера: *совершить покупку — купить, преподнести подарок — подарить*.

Сюда же можно условно отнести семантизацию аббревиатур путём их расшифровки: *СНГ — Содружество Независимых Государств; вуз — высшее учебное заведение; МИД — Министерство иностранных дел* и др.

Семантизация новых слов с помощью синонимов в некоторых случаях носит приблизительный характер. Когда различия между двумя синонимами значительны, необходим соответствующий комментарий или семантизирующий контекст.

Использование антонимов. Семантизация новых слов с помощью антонимов также имеет смысл только в том случае, если у учащихся накоплен определённый словарный запас и приводимый для объяснения значения слова антоним им известен: *прекрасно — ужасно, хорошо — плохо, интересный — скучный, помогать — мешать*. Рекомендуется также, учитывая многозначность антонимов, приводить их в аналогичных контекстах: *Рисует прекрасно — Рисует ужасно*.

Подбор родового понятия к видовому. В этом случае указывается, что слово можно отнести к той или иной группе, причём его отличительные признаки нередко не конкретизируются: *кресло — мебель, туфли — обувь, костюм — одежда, капуста — овощи* и др. Этот способ семантизации по сравнению с другими используется реже.

Перечисление. Этот приём — зеркальное отражение предыдущего: перечисляются слова, которые обозначают части того, что названо семантизируемым словом (целое через части), или, наоборот, даются видовые понятия (род через вид): *лицо — лоб, глаза, нос, рот...; деревья — берёза, дуб, липа, тополь...* При этом подбираются слова, которые известны учащимся, поэтому, скажем, в приведённом примере не рекомендуется использовать такие слова, как *лиственница, ясень*.

Словообразовательный анализ. Нередко иностранные учащиеся не знают производных слов (с суффиксом, префиксом и т.д.), хотя исходные или однокоренные им известны. В этом случае достаточно объяснить значение (или даже просто указать на наличие), к примеру, префикса *без-*, чтобы учащиеся поняли значение таких слов, как *безработный, безаварийный, безопасный, безналичный*; узнав, что означает компонент *анти-*, они смогут сами определить значение слова *антикризисный* и т.д. Практика показывает, что, поняв значение префикса того или иного слова, учащиеся способны узнавать и моделировать аналогичные слова, что способствует активному пополнению их словарного запаса.

В некоторых случаях можно продемонстрировать однокоренные слова: *честь — честный — бесчестный; агроном — агрономия — агрономический*.

Реже используется морфемный анализ слова — только в тех случаях, когда входящие в состав морфемы знакомы учащимся: *лесной, столик, иностранный*.

Использование семантизирующего контекста. Иногда для понимания учащимися значения слова достаточно минимального контекста — словосочетания или предложения; в других случаях, чтобы учащиеся могли догадаться о значении слова, определить его, требуется более пространный контекст. Например: *Он был начальником этого отдела — ему подчинялись все работники.*

Использование описания (дефиниции, толкования, комментария). Этот способ используется в основном на продвинутом и завершающем этапах обучения.

Дефиниция применяется для семантизации лексических единиц, обозначающих научные понятия какой-либо области знания: экспонат — *предмет, выставляемый на обозрение в музее или на выставке.*

Толкование (с помощью простого или сложного словосочетания) — менее строгое определение лексической единицы: *мебель — предметы обстановки*; *кухня — помещение, где готовят пищу.*

Комментарий используется для более детального пояснения значения семантизируемого слова, чаще всего имеющего дополнительный фон. Комментируют обычно фоновую, безэквивалентную лексику.

Сразу после семантизации желательно давать упражнения на закрепление связей слова — парадигматических (подбор синонимов, антонимов, замена в контексте близкими по смыслу) и синтагматических (составление словосочетаний, предложений). Часто на практике преподаватели включают большое количество лексических упражнений сразу после введения новых слов, предполагая, что это может обеспечить прочное усвоение. Данные психологии свидетельствуют о том, что новое забывается сильнее в первые дни после сообщения. В дальнейшем введённые слова, как правило, не составляют предмета специальных учебных усилий. Однако повторения, следующие непосредственно друг за другом, дают меньший эффект, чем разделённые временными промежутками. Поэтому система обучения лексике должна быть направлена, в частности, на устранение излишней концентрированности. В связи с этим целесообразно:

- давать лексические единицы для записи в словарные тетради;
- включать предъявляемые слова в группы в зависимости от степени трудности слова и его типологических особен-

ностей; при этом стремиться, чтобы слово вошло в максимально большее количество разнообразных групп;
- включать изученные слова по возможности во все типы лексических упражнений и выполнять упражнения как на уроке, так и при подготовке домашнего задания;
- представлять все новые слова в повторительных фрагментах уроков.

Таким образом обеспечивается распределённое обучение лексике, которое намного эффективнее концентрированного, т.е. такого, когда слово отрабатывается сразу после введения. Оптимальное количество повторений для каждой лексической единицы установить довольно трудно, поэтому необходимо давать большое количество упражнений на отработку парадигматических, синтагматических, деривационных и других связей слов.

Лексика фиксируется студентами в словарных тетрадях. При этом важно, чтобы слова не записывались просто в порядке их появления на занятиях или по алфавиту, а группировались по тем или иным критериям: по темам, словообразовательным типам, синонимическим / антонимическим рядам и т.п. В таком случае слово встречается в тетради многократно, в разных группах, что способствует формированию и закреплению ассоциативных связей. Записывать слова надо в исходной форме, желательно тут же привести наиболее типичные словосочетания, дать перевод на родной язык с указанием на объём значения и совпадение (несовпадение) понятий в обоих языках. Эти записи можно использовать как опоры при выполнении различных заданий, их целесообразно дополнять новыми словами, обнаруженными при самостоятельной работе, что обогащает пассивный словарь студентов.

При организации работы с лексическим материалом на основе формирования ассоциативных связей слов усвоение лексики происходит эффективно, так как используется естественный путь усвоения, присущий механизмам нашей памяти и речи. Это способствует увеличению объёма запоминаемой лексики и обеспечивает прочное усвоение и функционирование механизмов речи в соответствии с системой изучаемого языка.

Литература

Азимов Э.Г., Щукин А.Н. Новый словарь методических терминов и понятий (теория и практика обучения языкам). М., 2010.

Гурвич П.Б., Григорян С.Т. Усиление мотивации учебной деятельности, направленной на овладение лексикой иностранного языка // Иностранные языки в школе. 1976. № 3. С. 50—55.

Жинкин Н.И. Речь как проводник информации. М., 1982.

Зимняя И.А. Психология обучения неродному языку: (На материале русского языка как иностранного). М., 1989.

Капитонова Т.И., Московкин Л.В., Щукин А.Н. Методы и технологии обучения русскому языку как иностранному / Под ред. А.Н. Щукина. М., 2014.

Кочнева Е.М., Луцкая Н.М., Морковкин В.В. Системная организация и обучение русскому языку иностранных студентов-филологов: сборник статей. М., 1984. С. 47—57.

Методика преподавания русского языка как иностранного: Для зарубежных филологов-русистов: (Включённое обучение) / Под ред. А.Н. Щукина. М., 1990.

Пассов Е.И., Кузовлёва Н.Е. Основы коммуникативной теории и технологии иноязычного образования. М., 2010.

Смирнов А.Л. Избранные психологические труды: в 2 т. М., 1987.

Вопросы и задания

1. Как связано обучение лексике с нейро- и психолингвистикой?

2. Какие лексические трудности связаны с внутриязыковой интерференцией?

3. Что такое лексико-методическая группа?

4. Какие приёмы семантизации новой лексики используются при обучении русскому языку как иностранному?

5. Как при введении новой лексики учитывается словообразовательная ценность слова и его лексико-грамматические свойства?

3.3.2. Особенности обучения лексике на начальном и продвинутом этапах

Для изучающих любой иностранный язык наиболее важным является овладение языком как средством общения, а не только набором лексических и грамматических элементов и отдельных правил. «Язык, как и любой другой сложный механизм, можно изучать с двух позиций: как он устроен и действует и как им практически пользоваться. Основной целью изучения русского языка иностранцами является не знакомство с ним как с известным лингвистическим феноменом, а у т и л и т а р н о е е г о у с в о е н и е как орудия общения и выражения мысли»[1].

Коммуникативный подход к изучению русского языка как иностранного является основополагающим уже на начальном этапе, он же определяет отбор и подачу языковых фактов. Они, в частности, должны подаваться на синтаксической основе — в виде элементарных (для начального курса) типовых предложений, вопросно-ответных реплик, в которых базовая лексика усваивается и закрепляется не только в типичных ситуациях, но и в типичных грамматических и синтаксических формах. Приведём примеры.

1) *Это ваза. Это карандаш. Это картина. Это яблоко.*
2) *Ваза высокая, большая. Карандаш зелёный, длинный. Картина красивая, известная. Яблоко круглое, вкусное.*
3) *Ваза стоит на столе. Карандаш лежит под столом. Картина висит над столом. Яблоко лежит в сумке.*

После того как учащиеся усвоили эти формы, преподаватель или сами учащиеся предлагают новые лексические единицы и закрепляют их в аналогичных речевых ситуациях:

Стакан стоит на столе / на окне. Книга лежит в столе / в портфеле. Пальто / платье висит в шкафу и т.д.

Таким образом можно ввести и закрепить в типичных ситуациях и грамматических формах значительное количество номенклатурной лексики, необходимой и важной для того или

---

[1] *Костомаров В.Г., Митрофанова О.Д.* Методическое руководство для преподавателей русского языка иностранцам. М., 1988. С. 8.

иного состава учащихся на начальном этапе изучения языка. Надо помнить, что взрослый человек за одно двухчасовое занятие может продуктивно усвоить от 15 до 25 иностранных слов. Скорость запоминания и соответственно количество усвоенных слов зависит от многих факторов: известности (неизвестности) структуры слова и его элементов; конкретности (абстрактности) понятия; эмоционального настроя учащегося и др.

Так, если слово интернационально по своему происхождению (*аудитория, опера, театр, балет, суп, кофе, конгресс, календарь, автомобиль, метро, экскурсия, музей* и др.), имеет в своей структуре интернациональные элементы (*анти-, супер-, интер-, -логия, -тека* и др.), конкретно по своей семантике и если в момент презентации его слуховой и письменный образ подкрепляется наглядным, зрительным, то у слова больше шансов быть усвоенным.

Активный словарный запас взрослого носителя языка составляет приблизительно 10% всего словарного состава языка. Словарный объём русского языка, фиксируемый словарями, — примерно 80 тыс. слов. Таким образом, активный запас носителя — в среднем 8 тыс. слов. Однако изучающий язык иностранец может обойтись существенно меньшим количеством слов, потому что «3 тыс. специально отобранных слов позволяют понять 95% любого текста, а если к этим словам прибавить их производные, можно понимать уже 97% любого текста»[1].

При определении необходимого лексического минимума надо учитывать конкретные цели и условия обучения, а также его продолжительность. При среднем количестве 60—70 учебных часов лексический минимум определяется в 500 слов, а при среднем количестве 120—150 учебных часов он может составить приблизительно 1200 слов.

Существуют универсальные критерии отбора, ограничивающие или исключающие из минимума определённые лексиче-

---

[1] Методика преподавания русского языка как иностранного: Для зарубежных филологов-русистов: (Включённое обучение) / Под ред. А.Н. Щукина. М., 1990. С. 74.

ские слои: просторечную и грубопросторечную, устаревшую, жаргонную и диалектную лексику, а также терминологическую и профессионально-терминологическую (если её необходимость не вызвана особой ситуацией). В лексический минимум входит базовая (межстилевая, нейтральная) лексика, к которой предъявляют следующие основные требования:
- семантическая ценность;
- частотность;
- ситуативно-тематическая принадлежность;
- сочетаемость;
- словообразовательный потенциал;
- учебно-методическая целесообразность.

Это общий подход к отбору лексических единиц вне зависимости от этапа обучения.

В современной методической литературе **начальный этап** понимается как обучение «с нуля» или «почти с нуля». Во втором случае имеются в виду некоторые элементарные знания: алфавита (в устной и письменной форме), небольшого количества актуальных слов (*спасибо, здравствуйте, пожалуйста, Россия* и др.); возможно наличие некоторых навыков письма и чтения.

Глобальная задача начального этапа обучения — при ограниченном, минимизированном объёме языковых средств, которые могут усвоить учащиеся, научить их общению на русском языке в социально-бытовой и учебно-профессиональной сфере. Отсюда строго ограниченный и продуманный перечень предлагаемых речевых ситуаций (ситуативно-тематическая организация языкового материала). Типичные речевые ситуации, которые отрабатываются на начальном этапе: «Знакомство», «Семья», «Профессия», «Дом, квартира», «Транспорт», «В кафе / ресторане / столовой», «В гостях», «На почте», «У врача», «В театре / музее», «Экскурсия / знакомство с городом».

Все факты языка, в том числе лексические единицы, рассматриваются и отбираются с точки зрения их необходимости для передачи и понимания информации, т.е. их коммуникативной значимости, поэтому правильнее говорить не об обучении лексике (отдельно взятым лексическим единицам или их определённому набору — так называемому лексическому минимуму), а об обучении речевым единицам. При таком подходе вводимое слово даётся в составе предложений — элементарных на начальном этапе и более развёрнутых — на продвинутом: *Я студент, моя сестра — учительница, мой отец — инженер, я учусь в университете, сестра работает в школе, отец работает в фирме / на заводе; Моя мама не работает / работает дома.*

Обучение ситуативно-тематической лексике на коммуникативной (синтаксической) основе означает, что лексика должна изучаться в тесной связи с грамматикой. Грамматические темы нужно совмещать с лексико-разговорными (и наоборот). Так, с лексико-разговорной темой «Знакомство» легко увязываются местоимения — не только личные, но и притяжательные (в разных формах): *я, мой, у меня, она, он, они, у них, у неё, у него, ему, ей, им* и др. С темой «Город» совместима грамматическая тема «Глаголы движения» во всём её объёме, включая и префиксальные глаголы. Приём совмещения лексико-грамматического материала и разговорных тем используется в процессе обучения при организации и представлении учебного языкового материала, обеспечивая его коммуникативность.

Предложения или речевые единицы, помогающие на начальном этапе усваивать новую лексику на коммуникативной (или синтаксической) основе, должны быть простыми с грамматической точки зрения, а лексические единицы — по возможности немногозначными. Более сложные языковые формы предъявляются на продвинутом этапе по мере коммуникативной необходимости.

Так, конкретная лексика, обозначающая конкретные предметы, вводится преимущественно на начальном этапе, а абстрактная — на продвинутом. Это методически оправданно: при весьма скудном или практически нулевом запасе слов конкретную лексику вводить легче — можно, в частности, демонстрировать сами предметы, действия или использовать их изображения, указывая при этом на конкретные качества или характеристики предметов и т.д. Так можно познакомить учащихся, к примеру, со словами *книга, окно, ручка, карандаш, рука, нога, глаз, зелёный, красный, большой — маленький, длинный — короткий, сидеть — ходить, садиться — вставать, говорить — молчать, писать, читать*. Во многих ситуациях можно использовать схематические рисунки. Например, с их помощью преподаватель легко объяснит значения некоторых приставочных глаголов, в том числе глаголов движения: *войти — выйти, подойти — отойти, прийти — уйти, перейти, обойти* и др. Что же касается абстрактной лексики, то она требует толкования на русском языке, поэтому целесообразно вводить её на продвинутом этапе, причём в некоторых особых случаях допустимо и переводить слова на родной язык учащихся, и использовать толкования на нём[1].

Ситуативно-тематический принцип организации языкового материала в процессе обучения русскому языку как иностранному может создать впечатление разрозненности языковых фактов. К лексике это относится в меньшей степени, а к грамматике и словообразованию — в большей. Избежать этого, почувствовать системный характер языка помогает «организация в учебном процессе специальных этапов систематизирующего обобщения»; цель каждого такого этапа — «построение целого из изученных ранее относительно изолированных друг от друга языковых фактов»[2]. Поэтому во многих учебниках после определённого количества занятий предлагается урок-обобщение или приводится обобщающий лексико-грамматический материал.

---

[1] Поскольку на начальном этапе не всегда можно избежать использования некоторого количества абстрактной или многозначной лексики, то здесь тоже используется толкование, но только на родном языке учащихся, так как практика показывает, что толкование на русском языке только осложняет ситуацию, но никак не проясняет её.

[2] *Вишнякова Т.А.* Основы методики преподавания русского языка студентам-нефилологам. М., 1982. С. 15.

Например, в учебнике «Русский язык для иностранных студентов»[1] после каждого урока даётся лексико-грамматический комментарий. Так, после 3-го урока такой комментарий содержит шесть рубрик.

1. Употребление глаголов совершенного и несовершенного вида в будущем времени.
2. Видовые пары глаголов и их употребление.
3. Употребление глаголов с частицей *-ся* и без неё.
4. Употребление местоимения *тот*.
5. Предложения с союзом *когда*.
6. Обратите внимание на употребление слов.

Лексико-грамматический комментарий, как и учебник в целом, рассчитан на иностранцев, изучающих язык на продвинутом этапе, и все языковые факты подаются на синтаксической основе, т.е. в составе отдельных предложений.

В учебном пособии для начинающих «По-русски — обо всём»[2] в кратких таблицах (рубрика «Запомните!») даются элементарные грамматические правила, а в рубрике «Что мы уже знаем?» — перечень лексики и лексических конструкций (словосочетаний), введённых на уроке. Каждая лексическая единица переводится на английский язык.

Обобщающие материалы, в которых изученные языковые факты группируются по определённой системе, способствуют их лучшему запоминанию и пониманию, формируют стремление к самообучению, т.е. умение переносить полученные лексико-грамматические знания на новые речевые ситуации, и, следовательно, большую самостоятельность и уверенность.

В методической литературе по обучению русскому языку как иностранному выделяют два этапа отработки вводимой лексики: этапы презентации и интерпретации.

Презентация понимается как предъявление учащимся лексических единиц, которые надо усвоить. Согласно современ-

---

[1] Русский язык для иностранных студентов. М., 1991.
[2] По-русски — обо всём: учебное пособие для начинающих: интенсивный курс / Е. Зыкова, А. Кирейцева, А. Шатилов. СПб., 1993.

ным методическим рекомендациям, предъявлять новое слово следует в контексте: в составе предложения или словосочетания (словосочетание можно рассматривать как минимальный контекст). Презентация слова в конкретном предложении — это, по сути, предъявление одного из его лексико-семантических вариантов (если слово многозначное). На начальном этапе обучения этого достаточно, так как в основном изучается конкретная лексика. Если же нужно познакомить учащихся с несколькими значениями многозначного слова или ввести абстрактную лексику (а такие слова, как уже говорилось, обычно имеют не одно значение), то нужно привести слова в нескольких контекстах.

На **продвинутом этапе** часто требуется презентация слова таким, каким оно известно носителям языка. В этом случае можно использовать совокупность разных контекстов, раскрывающих речевые свойства слова (*Людей всего мира волнуют экологические проблемы. Простые люди на земле всегда хотели мира, всегда боролись против войны*), или предъявлять его изолированно — со всеми толкованиями отдельных его значений либо с толкованиями, необходимыми в данной речевой ситуации с учётом контекста. Приведём пример задания по анализу толкований многозначного слова.

Задание.
1. Прочитайте толкования значений глаголов *лететь (полететь)* и примеры с ними.
ЛЕТЕТЬ (ПОЛЕТЕТЬ)
 1) передвигаться по воздуху;
 2) то же, что мчаться: Лечу на экзамен;
 3) то же, что падать: Книги летят с полки;
 4) быстро проходить: Дни летят;
 5) быстро изменяться в цене: Акции летят вниз;
 6) ломаться, разрушаться: Мотор полетел.
2. Составьте свои примеры с этими глаголами в 1, 2 и 3-м значениях.

3. Объясните, в каких значениях употреблён глагол *лететь* в предложениях:
Годы летят; Мы летим с горки на санках; Все планы полетели; Птицы летят на юг; Чашка полетела на пол.

Интерпретация вводимых на занятии слов — это сообщение учащимся всех необходимых сведений, позволяющих в дальнейшем пользоваться этими словами по возможности без затруднений.

При отборе минимума для начального этапа можно предъявить не только лексико-семантические варианты (в ограниченном количестве), но и лексико-грамматические, а также показать пути формирования потенциального словаря: *читать* (что?) — *чтение* (чего?); *изучать* (что?) — *изучение* (чего?); *молоко — молочный суп*; *кофе — кофейник*; *продукты — продуктовый (магазин)*.

Интерпретация слова обычно включает не только сведения о его значении, что является главным, но и указания на особенности графического и звукового облика, который учащиеся также должны усвоить, а презентация слова в контексте (или контекстах) даёт представление о некоторых морфологических свойствах предъявленных лексических единиц: *Мы покупаем продукты в продуктовом магазине недалеко от дома.*

Работа по обучению лексике сопровождается овладением элементами фонетических и грамматических знаний. Изучение лексики — это не простое заучивание новых слов, а ещё и осознание их грамматических и лексико-семантических связей. Именно поэтому наиболее эффективно введение и закрепление новых слов в предложениях и соответствующих ситуациях.

Литература

Абрамов В.П. Семантические поля русского языка. М., 2003.

Вагнер В.Н. Лексика русского языка как иностранного и её преподавание: учебное пособие. М., 2009.

Василенко Е.И., Добровольская В.В. Сборник методических задач по русскому языку. М., 1990.

Ермаченкова В.С. Слово: пособие по лексике и разговорной практике. 3-е изд. СПб., 2012.

Лазарева О.А. Лингвокогнитивные основы обучения иностранцев русской лексике: монография. СПб., 2012.

Одинцова И.В. Что вы сказали? СПб., 2007.

Слесарева И.П. Проблемы описания и преподавания русской лексики: учебное пособие. 2-е изд. М., 2010.

Вопросы и задания

1. Почему предпочтительно изучать лексику ассоциативным способом?

2. Что входит в понятие «организация лексического материала»?

3. Какие трудности должны быть учтены при организации лексического материала?

4. Назовите основные принципы формирования лексико-методических групп.

5. Перечислите необходимые условия, способствующие прочному усвоению лексики.

6. Что входит в понятие «обучение лексике на коммуникативной основе»?

3.4. Стилистика

Стиль как совокупность приёмов для выражения мысли несёт информацию[1]:
- об отношении субъекта речи к адресату;
- о социальном статусе говорящего;
- о его социальной роли в ситуации общения;
- об эмоциональном состоянии говорящего;
- о его отношении к предмету речи.

---
[1] *Долинин К.А.* Стилистика французского языка. М., 1987. С. 13.

В стилистически окрашенном слове присутствует дополнительное, интуитивно воспринимаемое «приращение смысла», которое реализуется в результате выбора конкретной единицы речи. Задача преподавателя — дать учащемуся представление о наборе социально значимых синонимических вариантов и вооружить его умением пользоваться вариантами понятийного содержания в зависимости от условий общения.

Изменившаяся в 1991 году политическая обстановка в России привела к смене стилей общения. Вместо формально-административного стиля в русском литературном языке стал преобладать раскованный нейтрально-фамильярный, а в живой речи чаще других используются средства разговорного стиля. В русском языке появилось много новых заимствованных слов, отражающих экономические реалии (*бизнес, маркетинг, менеджмент, инвестиции* и т.д.), и новых разговорных или просторечных образований от иностранных корней (*отксерить*). Кроме того, активизировалось использование просторечной и жаргонной лексики в средствах массовой информации. Эти процессы пока не находят адекватного отражения в учебниках русского языка как иностранного, и вопрос о том, в какой мере они должны быть представлены в учебной литературе, очень актуален.

Новая политическая ситуация в России повлияла и на содержание учебных материалов, и на методику обучения русскому языку как иностранному. Расширились возможности для обмена опытом преподавания неродных языков с коллегами из других стран. Этот опыт обогащает методику обучения русскому языку как иностранному, потому что во многих странах коммуникация на нескольких языках давно стала нормой повседневной жизни. Однако роль стилистики в процессе обучения иностранному языку ещё недостаточно учитывается в лингводидактике.

Бытует мнение, что стилистика как наука, изучающая вариантность языковых средств и их целесообразное применение в зависимости от сферы общения, целей и ситуации, должна включаться в учебный процесс только на поздних этапах ов-

ладения языком. Мы же считаем, что стилистику надо включать в структуру учебных материалов на в с е х этапах обучения неродному языку. Такая точка зрения основывается на содержании понятия «владение языком». В этом понятии выделяют четыре уровня[1]:
- собственно лингвистический;
- национально-культурный;
- энциклопедический;
- ситуативный.

На последнем, ситуативном уровне синтезируются умения первых трёх уровней, и он играет в стилистике ключевую роль. Ситуация общения представляет собой многокомпонентное образование (говорящий и его социальная роль; слушающий и его социальная роль; отношения между говорящими и тональность их общения: официальная, нейтральная или дружеская; цель, способ и место общения), ситуативные переменные требуют использования различных языковых средств при разных коммуникативных обстоятельствах.

Живая речь включает варианты произношения и употребления слов, отражающих социальную дифференциацию речевой деятельности. Носители языка хорошо чувствуют эти нюансы, потому что учатся их воспринимать и опознавать с детства. Ребёнок, обучаясь родному языку, различает интонацию и речевые формулы, с которыми к нему обращаются мать, отец, бабушка, и одновременно с освоением новых для него слов воспринимает информацию о характере родных, о степени их любви к нему, об их отношениях друг к другу.

Если учитывать все эти обстоятельства, становится понятно, что стилистическая информация имеет серьёзное методическое значение в преподавании русского языка как иностранного. Это связано прежде всего с тем, что именно она содержит сведения о принадлежности субъекта речи к определённой социальной группе и времени, об отношениях между говорящи-

---

[1] *Крысин Л.П.* Социолингвистические аспекты изучения современного русского языка. М., 1987. С. 125—133.

ми, о культуре говорящего и о его социальной роли[1]. Это те самые сведения, которые формируют коммуникативную компетенцию. Поэтому уже на первых уроках русского языка как иностранного, научив официальной форме обращения к преподавателю (*Галина Ивановна*), надо не только дать варианты имени (*Галя, Галочка*), но и отметить иную их стилистическую принадлежность, рассказать о различии коммуникативных ситуаций, в которых используются первый вариант и остальные. Точно так же преподаватель должен поступить и тогда, когда здоровается со студентами. Разные варианты приветствия предполагают стилистический комментарий, например:

- «*Здравствуйте!*», «*Добрый день!*» — это формы нейтральные, пригодные для любой ситуации;
- «*Привет!*» — фамильярная форма, употребляется при встрече хорошо знакомых людей, ровесников, социальный статус которых одинаков.

Обучение стилистическим вариантам неродного языка уже на начальном этапе имеет большое психологическое значение, так как помогает усваивать ситуативные «приращения смысла» вместе с выбором той или иной языковой (речевой) единицы. Это можно успешно сделать, например, изучая формулы речевого этикета.

В основе традиционной российской методики обучения русскому языку как иностранному — система аспектного обучения: стилистика выделяется из общего предмета «Развитие речи» наряду с разговорной практикой, грамматикой, фонетикой, литературой. Содержанием разговорной практики (собственно развития речи) как самостоятельного аспекта является обучение тематической лексике («Знакомство», «Семья», «Человек», «Город», «Транспорт» и др.), направленное на усвоение новых слов, детерминирующих различные денотаты (*глаза, лицо, руки*), а на занятиях по стилистике обучают пониманию коннотаций (дополнительных, сопутствующих значений), которые отражаются в различных функциональных стилях,

---

[1] *Долинин К.А.* Указ. соч. С. 64—66.

на примере одного денотата (ср. нейтральное *глаза*, обидное *гляделки*, возвышенное книжное *очи*).

Нередко при обучении русскому языку вне языковой среды преподаватель, отчасти из-за отсутствия компетенции в вопросах стилистики, даёт только нейтральные варианты русских слов и конструкций. На наш взгляд, целесообразно в зарубежных школах и вузах шире использовать на занятиях неадаптированные мини-тексты уже в первые дни обучения. Например, богатый материал для стилистического комментария дают русские пословицы и скороговорки. Кроме того, ритмика, сочетания труднопроизносимых звуков, страноведческие детали составляют такой комплекс особенностей русского звучащего текста, который несравним по дидактической ценности ни с одним искусственным упражнением. Большое познавательное значение имеют и тексты детских сказок, особенно тогда, когда у них есть зарубежные аналоги. Например, в сказке «Три медведя» иностранные студенты узнают знакомых им персонажей, но их имена (*Михаил Иванович, Настасья Петровна, Мишутка*) и варианты этих имён, не имеющие перевода, адекватно передающего эмоциональные оттенки (*Михаил Иваныч, Мишенька*), вызывают недоумение у иностранцев и раскрывают на эмоциональном уровне таинства русской души едва ли не ярче, чем философская лекция об особенностях русского менталитета.

Учебники по русскому языку как иностранному, изданные в России, редко включают стилистический компонент в материал уроков. Известны зарубежные учебники, в которых представлены речевые варианты, относящиеся к разным стилям, причём там встречаются не только пометы *формальное, неформальное*, но и пометы *женское* (так скажут женщины) и *мужское* (так скажут мужчины). У учебника, построенного по такой модели, большое будущее, особенно если стилистический компонент с социо- и психолингвистическими вариациями станет составной частью всех разделов (имеются в виду как темы уроков, так и структурно-грамматические разделы учебника).

Актуальность дифференцированного формирования стилистических речевых навыков очевидна и потому, что изменение социально-политической обстановки в России отразилось на стилистической окраске многих слов, используемых в разговорном и газетно-публицистическом стилях (ср. новые коннотации слов *вождь, господин, товарищ*). Появляются многочисленные речевые варианты, необходимые для выражения полифонии мнений по самым разным вопросам.

Однако в учебной литературе все эти стремительные изменения пока ещё не нашли адекватного отражения. Устарело идеологическое содержание учебников русского языка для иностранцев, устарела и стилистика изложения, и методическая стратегия организации содержания.

Необходимость обучения новой стилистике речевого общения по-русски диктует необходимость создания нового комплекса учебных пособий по стилистике.

Важно отметить, что учебные пособия по стилистике могут быть ориентированы не только на филологов и не только на продвинутый этап владения языком. Культура речевого общения должна закладываться с первого неродного слова и с первой фразы. Так, квалифицированный преподаватель уже на раннем этапе обучения даст и прокомментирует со стилистической точки зрения интонационные и произносительные варианты (фоностилистика), простейшие словообразовательные модели (*Петя, Петька, Петенька*), параллельные синтаксические варианты простого предложения (полное, неполное, односоставное). Другими словами, с самого начала обучения важно обращать внимание студентов на стилистическую характеристику языковых средств, по крайней мере в самом общем виде (*нейтральное, разговорное, книжное*).

Целесообразно создавать учебное пособие по стилистике параллельно с учебным пособием по развитию речи, чтобы стилистическая информация вводилась по грамматическим уровням на основе тематической структуры курса «Развитие речи». Так же, параллельно, желательно организовывать и учебную деятельность. Например, стилистические варианты оценочных суффиксов существительных можно дать на материале темы «Человек» (*работяга, тихоня, весельчак*), стилистические варианты обращений — на материале «Знакомство» (*Александр, Саша, Александр Иванович, доктор Петров*) и т.д.

Если пособие рассчитано на слабый уровень знания языка, теоретические сведения лучше подавать не через вводные описания, а через справочные таблицы, в которых каждый столбец соответствует определённому стилистическому варианту (*нейтр., разг., книжн.*). Единообразная структура тренировочных упражнений с заданиями на наблюдение, копирование, трансформацию и порождение речи в таких пособиях для начинающих должна основываться на минимальном объёме текста — от словосочетаний до нескольких предложений.

Разнообразие форм краткосрочного обучения требует вариативного подхода к модели учебного пособия по стилистике. Но независимо от срока и формы обучения концептуальное ядро такого пособия — стилистические трансформации, то есть изменения средств выражения схожей информации в переменных ситуациях общения (меняются обстановка, социальные роли, пол и возраст участников общения, канал и формы взаимодействия).

Многомерность речевого процесса подразумевает многообразие языков общения, каждый из которых обладает своими лексическими и грамматическими особенностями. Иностранцы с интересом изучают такие стилистические разновидности современной русской речи, как деловой русский (язык бизнеса), разговорный русский, язык прессы. Остановимся подробнее на последней разновидности.

Газетный текст давно используется в качестве учебного при работе с иностранцами, однако соответствующих методических рекомендаций, рассчитанных на разные этапы обучения, чрезвычайно мало. С методической точки зрения использование газетного текста при обучении русскому языку как иностранному имеет ряд особенностей. Прежде всего важно обращать внимание учащихся на специфические грамматические и лексические элементы газетных текстов — общественно-политическую терминологию, компрессию содержания, обособленные обороты, сложноподчинённые предложения. В газете также находят отражение особенности книжного, письменного вариантов русского языка, поэтому преподавателю нужно фиксировать отличия газетного текста от устной формы разговорной речи. Отличия демонстрируются на примерах вариантного употребления различных форм (падежных, словообразовательных, видовых и т.д.) и речевых формул (стандарты и штампы синтаксических моделей). Только при постоянном сопоставлении стилистических вариантов книжной, публицистической речи (газетные тексты) и разговорной (общение в быту, выступления и дискуссии на радио и телевидении) можно поддержать интерес к изучению неадаптированного газетного текста в учебной аудитории.

Помимо общего лингводидактического принципа, в работе с газетой применимы и частные методы и приёмы, способствующие оптимизации учебного процесса. К ним относятся прежде всего такие, которые основаны на дифференцированном подходе к газетному тексту в плане учёта жанровой специфики, с одной стороны, и типа издания — с другой. Именно этим широким диапазоном стилистики газетного текста определяется уникальность его использования в обучении русскому языку как иностранному[1].

Преподаватель должен знать, что на начальном этапе обучения целесообразно обратить внимание не только на заголовки газет (начать следует с объяснения их структуры и содержания), но и на ориентацию газеты, типологические особенности издания. Желательно демонстрировать варианты разных способов выражения одного и того же содержания, зависящие от позиции журналиста и особенностей его читательской аудитории. В этом отношении полезно начинать чтение с газет, ориентированных на широкую аудиторию, или с детских изданий, так как синтаксис и лексика в них адаптированы с учётом

---

[1] *Лысакова И.П.* Язык газеты и типология прессы: Социолингвистическое исследование. СПб., 2005.

лёгкости восприятия. Молодёжные («Молодёжная газета») и специализированные издания («Коммерсантъ») должны вводиться ограниченными дозами, причём тексты из молодёжных СМИ подаются сначала в функции дополнительного, экспрессивного варианта к нейтральному содержанию «взрослой» респектабельной газеты.

Ярко выраженная политическая дифференциация прессы требует учёта социально-политических диалектов разных изданий. Можно сопоставить информацию на одну тему в «Невском времени» и в «Санкт-Петербургских ведомостях», в «Известиях» и в «Правде». Это не только интересно с точки зрения сопоставления разных идеологических позиций (что всегда привлекает внимание иностранцев), но и эффективно в плане сравнения оценочных средств, антонимических и синонимических вариантов.

На продвинутом этапе обучения особенно продуктивно чтение молодёжных и еженедельных изданий, в которых встречаются ирония, подтекст, различные ассоциативные намёки. Такая многослойность текста позволяет строить занятие в форме дискуссии страноведческого характера со стилистическим комментарием. Особый интерес у студентов вызывает чтение текстов электронной прессы.

Работа с прессой в иностранной аудитории требует раскрытия экстралингвистических факторов, формирующих стилистическое лицо издания, поэтому так важен дифференцированный отбор газетных текстов с учётом жанра и типа издания, хотя в имеющихся пособиях по стилистике русского языка для иностранцев эти особенности не фиксируются.

Социолингвистические подходы к анализу текста становятся очень актуальными в современной методике обучения русскому языку как иностранному. Среди традиционных функций газетного текста на уроке русского языка как иностранного (лингвострановедческая, функционально-стилистическая) выделяют ещё и социокультурную. Под этим понимается не только отражение социальных реалий жизни общества, но и формирование его менталитета речевыми структурами газетных текстов разных изданий.

Современная лингводидактика, интегрируя психологические и лингвистические знания, широко использует достижения дисциплин, связанных с социальными факторами. Такие фундаментальные понятия стилистики, как функциональные разновидности речи, коннотации, зависимость выбора речевых средств от ситуации, цели участников общения, необходимо учитывать при разработке новых моделей учебников русского языка как иностранного и в программах специальных курсов и семинаров.

Стилистический компонент в практике преподавания русского языка как иностранного — это фактор, не только формирующий коммуникативную и языковую компетенцию учащихся, но и раскрепощающий их психику, потому что осознанный выбор уместного речевого варианта в определённой ситуации способствует снятию психологического барьера в общении.

Стилистика, предоставляющая говорящим парадигмы речевых вариантов для использования в социально-дифференцированных обстоятельствах, является своеобразной «грамматикой общения» и потому необходима в преподавании неродного языка. Она регулирует употребление речевых средств в зависимости от ситуации, социальной роли, демографической и психологической характеристик коммуникантов.

Литература

Васильева А.Л. Практическая стилистика русского языка для иностранных студентов-филологов старших курсов. М., 1989.

Долинин К.А. Стилистика французского языка. М., 1987.

Кожина М.Н., Дускаева Л.Р., Салимовский В.А. Стилистика русского языка: учебник. 5-е изд., стер. М., 2016.

Крылова О.А. Лингвистическая стилистика: учебное пособие: в 2 кн. Кн. 1. Теория. Кн. 2. Практикум. М., 2006.

Крысин Л.П. Социолингвистические аспекты изучения современного русского языка. М., 1989.

Лысакова И.П. Язык газеты и типология прессы: Социолингвистическое исследование. СПб., 2005.

Лысакова И.П., Железнякова Е.А., Пашукевич Ю.С. Азбука вежливости: учебное пособие для детей, начинающих осваивать русский язык / Под ред. проф. И.П. Лысаковой. М., 2013 (приложение: диск с мультимедийным тренажёром «Мы принимаем гостей»; авторы — О.В. Миловидова, Ю.С. Пашукевич).

Лысакова И.П., Матвеева Т.Н., Иванова Е.А. Русский язык в ситуациях общения. М., 2005 (мини-разговорник в форме закладок, 16 тем; для начинающих изучать русский язык).

Практическая стилистика русского языка для учащихся с неродным русским языком: учебное пособие для продвинутого этапа: (I—II сертификационные уровни) / [И.П. Лысакова и др.]. М., 2007.

Щерба Л.В. О трояком аспекте языковых явлений и об эксперименте в языкознании // Щерба Л.В. Языковая система и речевая деятельность. Л., 1974.

Hymes D. The ethnography of speaking // Readings in the sociology of language. The Hague; Paris, 1968.

Вопросы и задания

1. Почему важно включать стилистику в преподавание русского языка как иностранного?

2. Что является теоретической основой для включения стилистики в структуру учебных материалов на всех этапах обучения неродному языку?

3. Как сочетать обучение стилистике с другими аспектами преподавания русского языка как иностранного?

4. Какое значение имеет стилистика для психологической адаптации иностранного студента в условиях языковой среды?

5. Почему необходимо вводить стилистический компонент в обучение русскому языку как иностранному вне языковой среды?

6. Какие функциональные особенности газетного текста важно учитывать при работе с ним в иностранной аудитории?

4. Актуальные проблемы теории и практики обучения русскому языку как иностранному

4.1. Средства обучения РКИ

4.1.1. Общая характеристика средств обучения

Под **средствами обучения** понимается комплекс учебных пособий и технических приспособлений, с помощью которых осуществляется обучение. В методике традиционно выделяют средства обучения:

- для преподавателя (инструктивные материалы — нормативные документы, программы, лексико-грамматические минимумы, перечни требований к различным уровням владения языком; методические пособия, учебники, учебные пособия, словари, справочная литература);
- для обучаемых (учебник, рабочая тетрадь, сборник упражнений, книги для чтения, хрестоматии, словари, справочники);
- аудиовизуальные (предназначенные для предъявления зрительной и слуховой информации — аудиозаписи, кино-, теле-, видеоматериалы, рисунки, таблицы, схемы, репродукции произведений живописи и т.д.);
- технические (разнообразное оборудование для предъявления звуковой, зрительной информации).

Однако такая классификация средств обучения, как нетрудно заметить, нелогична: средства обучения и для преподавателя, и для обучаемого могут быть как печатными, так и аудиовизуальными. Технические же средства обучения, то есть аппаратура, вообще соотносятся с первыми тремя группами как способ предъявления и содержание.

Более логичным представляется рассматривать средства обучения по способу предъявления учебного и методического материала. Тогда можно выделить две группы средств обучения.

1. Средства обучения на традиционном бумажном носителе.
2. Аудиовизуальные средства обучения.

Все средства обучения (на традиционном носителе и аудиовизуальные, для преподавателя и для обучаемого) могут использоваться порознь, но могут также объединяться в комплекс.

Традиционно типовой учебный комплекс включал как минимум три основных компонента — учебник для обучаемого, учебное пособие для преподавателя (на традиционном носителе) и лингафонное приложение (аудиовидеосредство или, точнее, аудиосредство), мог содержать и другие компоненты, конкретизирующие и дополняющие основные. С распространением в образовательной сфере компьютеров стало возможным объединить все три компонента в мультимедийный продукт. Это не исключает сочетания в учебном комплексе мультимедийных аудиовидеосредств и средств на традиционном бумажном носителе.

Благодаря использованию коммуникационных технологий все средства обучения могут размещаться в едином информационном пространстве, что расширяет их возможности в обучении русскому языку как иностранному.

4.1.2. Учебные, адаптированные, аутентичные средства обучения

Средства обучения могут быть учебными, адаптированными и аутентичными.

Учебные средства обучения содержат методически обработанный материал, специально предназначенный для использования в обучении русскому языку как иностранному; напротив, разного рода неучебные материалы специально для обучения не предназначены, они создаются носителями языка для самих себя.

За основу **адаптированных средств обучения** берутся реальные тексты, фильмы, записи телепередач и т.д. на русском языке, которые затем подвергаются упрощению в той или иной степени в зависимости от особенностей контингента (уровень владения языком, возраст и т.д.).

Понятие **аутентичных средств обучения** как противопоставленное понятиям «учебное» и «адаптированное» средство обучения трактуется в отечественной и зарубежной методике по-разному. Выделяют, во-первых, аутентичность материала, прагматическую аутентичность и личностную аутентичность. Далее можно говорить об аутентичности текстов, используемых в процессе обучения, восприятия этих текстов, об аутентичности учебных заданий, социальной ситуации на занятии. Однако не существует единого мнения о том, какой текст можно признать в методическом отношении аутентичным, поскольку это свойство присуще не тексту как таковому, а тексту в конкретном контексте, который создаёт все типы аутентичности.

Е.В. Носонович и Р.П. Мильруд[1] выделяют следующие виды аутентичности.

1. Культурологическая аутентичность — использование текстов, формирующих представления о специфике другой культуры, особенностях быта, привычках носителей языка.

2. Информативная аутентичность — использование текстов, несущих значимую для обучаемых информацию, соответствующую их возрастным особенностям и интересам.

3. Ситуативная аутентичность — естественность ситуации, предлагаемой в качестве учебной иллюстрации, интерес носителей языка к заявленной теме, естественность её обсуждения.

4. Аутентичность национальной ментальности — разъяснение уместности или неуместности использования той или иной фразы.

5. Реактивная аутентичность — необходимость при разработке учебного текста придавать ему способность вызывать у обучаемых аутентичный эмоциональный, мыслительный и речевой отклик.

6. Аутентичность учебных заданий к текстам — задания должны стимулировать взаимодействие с текстом и основы-

---

[1] *Носонович Е.В., Мильруд Р.П.* Критерии содержательной аутентичности учебного текста // Иностранные языки в школе. 1999. № 2. С. 6—12.

ваться на операциях, которые совершаются во внеучебное время при работе с источниками информации.

7. Аутентичность оформления — его способность привлекать внимание учащихся и облегчать таким образом понимание коммуникативной задачи текста, установление его связей с реальностью.

Можно сделать вывод, что аутентичность средства обучения представляет собой совокупность различных видов аутентичности в зависимости от ситуации. Каждый из составных элементов занятия (тексты, учебные задания, обстановка на уроке, учебное взаимодействие) имеет свои критерии, позволяющие отличить аутентичность от неаутентичности. Представление об аутентичности, адаптированности и учебном характере, таким образом, в большей степени относится не столько к самому средству обучения, сколько к использованному в нём материалу (тексты, языковой или речевой материал, коммуникативные ситуации).

Методисты по-разному относятся к учебной ценности аутентичных, адаптированных и учебных материалов, а также к целесообразности их использования. Наиболее распространены следующие оценки.

- Учебные тексты лишены характерных признаков текста как особой коммуникативной единицы, лишены авторской индивидуальности и национальной специфики. Использование искусственных или упрощённых текстов впоследствии может затруднить переход к пониманию аутентичных текстов в аутентичных коммуникативно-речевых ситуациях.
- Аутентичные тексты разнообразны по стилю и тематике, вызывают этим интерес обучаемых, а стало быть, более мотивируют к изучению языка. Они являются оптимальным средством обучения культуре страны изучаемого языка, поскольку иллюстрируют функционирование языка в форме, принятой носителями языка, в естественном социальном контексте.

Задача преподавателя состоит в том, чтобы добиться гармоничного сочетания всех параметров аутентичности и учебной направленности средства обучения.

4.1.3. Средства обучения на традиционном бумажном носителе

Основное средство обучения на бумажном носителе — учебник. Он предназначен для обучаемых, в учебном процессе выполняет следующие функции:
1) информирующую — это источник языкового материала для усвоения, справочник, корпус текстов;
2) формирующую — формирует навыки, умения и личность обучаемого;
3) систематизирующую — в нём систематизирован языковой и речевой материал;
4) контролирующую — даёт возможность контролировать знания, умения и навыки;
5) мотивирующую.

В учебнике находят отражение подход к обучению и соответствующий этому подходу метод. В соответствии с подходом и методом перечисленные функции будут представлены по-разному в различных учебниках. Например, в учебнике, ориентированном на самостоятельное овладение языком, будут реализованы все функции учебника, но особенно важной станет мотивирующая функция, а контролирующая будет наименее реализованной.

Каждый учебник должен соответствовать дидактическим и методическим требованиям.

Дидактические требования — это общие требования для любого учебника по любой дисциплине. Основные из них следующие.

1. Аутентичность, т.е. соответствие реальности.
2. Научность.
3. Соответствие целям обучения.
4. Соответствие контингенту обучаемых.
5. Воспитательный потенциал.
6. Развивающий характер.
7. Системная организованность материала в рамках учебника в целом.
8. Системная организованность материала в рамках минимальной структурной единицы учебника.
9. Мотивирующий характер.

Методические требования — это требования, специфичные для конкретной дисциплины, в данном случае для дисциплины «Русский язык как иностранный».

1. Комплексность целей, достигаемых при помощи учебника (единство практической, общеобразовательной и воспитательной целей).
2. Взаимосвязанность обучения различным видам речевой деятельности.
3. Комплексное представление языкового материала.
4. Методическая системность в последовательности упражнений.
5. Функциональность и системная последовательность в применении средств наглядности.

Учебники, отражая подход к обучению, сменяют друг друга так же, как сменяют друг друга подходы и методы. Поэтому в среднем учебник «живёт» пять-семь лет, после чего нуждается в переработке, а затем и в замене.

Композиционно и структурно учебники организованы по-разному. Основная структурная единица учебника может называться «урок», «раздел», «тема», unit, быть только пронумерованной (без названия) и т.д. Обычно она соотносится с аудиторными занятиями — соответствует занятию продолжительностью один академический час (крайне редко) или нескольким занятиям (12—16 часов). Важно, что такая единица является мини-концентром, содержательным и лингводидактическим единством со своей структурой.

В каждой основной структурной единице должно быть представлено лингводидактическое содержание учебника: объём языкового материала, принципы отбора лексики и грамматики, система упражнений, система контроля. Как правило, эта единица содержит основной и дополнительные тексты, предтекстовые и послетекстовые упражнения, словарь, грамматический материал, языковые (подготовительные) и речевые (коммуникативные) упражнения, средства контроля, иллюстративный материал, лингвострановедческий материал и т.д.

Именно в условном «уроке» отражаются принципы коммуникативности, сознательности и другие частнометодические принципы обучения РКИ.

Также содержание условного «урока», как и всего учебника в целом, должно соответствовать дидактическим принципам научности, доступности, наглядности, последовательности и систематичности.

Классификация учебников РКИ может осуществляться по-разному в зависимости от того, что именно положено в её основу.

1. По тому, **какой подход к обучению РКИ и какой метод** реализованы в учебнике, выделяют следующие типы.

- *Аудиовизуальные учебники.* Рассчитаны на широкое использование средств наглядности в качестве источника семантизации и закрепления материала, а также на ситуативно-тематическую организацию материала, обеспечивающую речевую направленность обучения. Используются преимущественно при необходимости интенсивно обучать языку в короткие сроки на ограниченном лексико-грамматическом материале (обиходно-бытовая сфера общения).
- *Аудиолингвальные учебники.* Опираются на аудиолингвальный метод (овладение языком в результате многократного прослушивания и повторения речевых образцов при интенсивном использовании средств слуховой наглядности — аудиозаписи) и ориентированы на родной язык обучаемых. Такие учебники полезны при работе над слухо-произносительными навыками, а также для развития речи на начальном этапе обучения.
- *Переводно-грамматические учебники.* Создавались в 40—50-х годах XX века. Знакомят с системой языка (которая излагается с позиций пассивной грамматики) в сопоставлении с родным языком учащихся и формируют грамматические навыки. В учебниках этого типа представлены языковые (подготовительные) упражнения, языковой материал даётся в виде правил. Формирование речевых умений не предусмотрено.
- *Сознательно-практические учебники.* Формируют речевые навыки, а затем речевые умения в результате наблюдений над фактами языка. В 50—60-х годах XX века при исполь-

зовании таких учебников основная работа была связана с текстом и выполнением языковых (подготовительных) и речевых упражнений. В 70-х годах в них увеличился объём речевых упражнений, что обеспечило коммуникативную направленность обучения. Некоторые учебники этого типа — национально-ориентированные.

- **Сознательно-сопоставительные учебники.** Предусматривают опору на родной язык учащихся при введении, закреплении и активизации материала. Основное внимание уделяется взаимовлиянию языков (языковая интерференция, перенос).
- **Коммуникативные учебники.** Отражают коммуникативно-деятельностный подход к обучению (речевая направленность, учёт особенностей контингента обучаемых). Это находит выражение в отборе текстов, представляющих аутентичные коммуникативно-речевые ситуации.

2. В зависимости от **степени универсальности учебников** можно говорить о следующих их видах.

- *Универсальный учебник,* т.е. не учитывающий специфику различных контингентов учащихся. Универсальный учебник может иметь языковые варианты (механически переводится на тот или иной язык).
- *Типовой учебник.* Он может быть типовым:

а) в отношении контингента обучаемых (профиль, этап обучения);

б) в отношении родного языка обучаемых.

При создании типового учебника разрабатывается единый «сценарий» учебника (например, учебник для нефилологического профиля обучения), на основе которого пишутся различные ориентированные учебники.

- *Профильный учебник,* т.е. рассчитанный на специализированный контингент обучаемых.
- *Национально-ориентированный учебник.* Пишется с учётом родного языка обучаемых, причём принимаются во вни-

мание особенности как самого языка, так и национальных методик его преподавания. Такие учебники обычно создаются смешанными авторскими коллективами.

3. В зависимости от **вида обучения** учебник может быть комплексным или аспектным.
- *Комплексный учебник* позволяет в рамках одного занятия обучать всем видам речевой деятельности и всем аспектам языка (фонетике, грамматике и т.д.).
- *Аспектный учебник,* не нарушая методическое требование взаимосвязанности обучения различным видам речевой деятельности и аспектам языка, ориентирован прежде всего на обучение одному, основному, аспекту или виду речевой деятельности (фонетика, грамматика и т.д.).

Дополнительные средства обучения для обучаемых — это учебные пособия, рабочие тетради, раздаточный материал, практикумы, тесты, хрестоматии, сборники текстов, словари, справочные пособия, средства наглядности (рисунки, фотографии, таблицы, схемы). Наиболее широко представлены учебные пособия, цель которых — обучение какому-то одному аспекту языка или виду речевой деятельности: учебное пособие по фонетике, грамматике, развитию речи, стилистике и др.

Существует также широкий спектр литературы для преподавателей. Прежде всего это учебники, учебные пособия, методические разработки, словари, справочная литература. Преподавателю адресованы также инструктивные материалы: государственные стандарты, требования к различным уровням владения языком, учебные программы, учебные планы, лексико-грамматические минимумы, материалы для тестирования и другие нормативные документы, регламентирующие процесс обучения русскому языку как иностранному для различных категорий обучаемых.

Средства обучения для обучаемых и для преподавателей могут объединяться в учебные комплексы. Например, в такой комплекс могут входить учебник и рабочая тетрадь для обучаемых, методические указания для преподавателя, а также грамматический справочник, сборник упражнений, книга для чтения, лингвострановедческое приложение, словарь. Средства обучения, входящие в комплекс, могут быть изданы обычным способом (на бумаге), а могут быть частично или полностью размещены на аудио- или видеоносителе (CD, DVD и т.д.). Однако надо понимать, что представление текстовой информации средства обучения на электронном носителе не делает это средство обучения компьютерным.

4.1.4. Аудиовизуальные средства обучения

Аудиосредства

Под аудиосредствами понимают фонограмму — магнитозапись, грамзапись, радиопередачу.

Термин «аудирование» означает слушание и понимание иноязычной речи[1]. Это аналитико-синтетический процесс обработки звукового сигнала, в результате чего осмысляется воспринятая информация. Аудирование как вид коммуникативной деятельности условно можно рассматривать не только как самостоятельный вид коммуникации, когда поток речевой информации направлен в одну сторону (например, при прослушивании рассказа, озвученного мультимедиашоу, кино- и видеофильма), но и как составную часть речевой деятельности. Аудирование лежит в основе обучения и слушанию, и говорению, поэтому для обучения этим видам речевой деятельности применяются аудиосредства.

Аудирование используется на всех этапах обучения русскому языку как иностранному: вначале для формирования и закрепления навыков слушания и говорения, затем — для их корректировки.

Для воспроизведения фонограмм необходим звуковоспроизводящий аппарат или система соответствующей аппаратуры — лингафон. Первые **лингафонные устройства** появились в середине 50-х годов XX века. Их распространение было обу-

---

[1] Об аудировании см. также выше, подраздел 2.2.

словлено ростом популярности аудиовизуальных приёмов обучения. По мере того как возрастало значение экранных пособий в процессе преподавания иностранных языков, менялся характер оборудования, и в 60-х годах XX века в лингафонных кабинетах были уже не только лингафонные устройства, но и развитая система проекционной аппаратуры. Таким образом, помимо средств аудиовоспроизведения (магнитофона, проигрывателя, радиоприёмника), в состав лингафонного оборудования входят и средства визуальной (оптической) проекции — диапроектор, эпидиаскоп, кинопроектор, лазерный проектор.

Лингафонные устройства бывают *аудиопассивные* и *аудиоактивные*.

Аудиопассивные устройства предоставляют обучаемым возможность прослушивать фонограммы с магнитофонов, установленных на преподавательском пульте; при этом сами студенты ничего не говорят. Рабочие места аудиопассивного устройства оборудуются головными телефонами (наушниками) для изоляции от посторонних звуков (шумов), а также регуляторами громкости.

Аудиоактивные устройства дают возможность не только прослушивать фонограммы, но и тренироваться в говорении. Они позволяют обучаемым записывать свою речь на магнитофон, а затем прослушивать запись и сравнивать её с образцовой.

Число рабочих мест в лингафонном кабинете определяется задачами обучения и условиями учебного заведения, так, чтобы все обучаемые могли работать одновременно.

Аудиосредства в своей основе имеют фонограмму — запись звучащей речи на магнитном или другом носителе. Такая запись осуществляется с соблюдением методических принципов обучения аудированию и говорению. Однако для формирования навыков слушания и говорения одной фонограммы недостаточно. Как правило, её дополняют текстовые зрительные средства, тем самым образуется единый комплекс. Работа с материалами комплекса заключается прежде всего в прослушивании текста, тематика, лексическое и грамматическое наполнение которого обусловлены особенностями уровня и профиля обучения, а также спецификой контингента. Паузы в фонограмме дают обучаемому возможность повторять услышанное, а затем проверять себя, сравнивая свой ответ с образцом. Учебное пособие содержит различные упражнения и задания, связанные с фонограммой.

Современные аудиокомплексы рассчитаны как на аудиторную, так и на самостоятельную работу иностранцев. Они также содержат учебники с приложением аудиокассеты или компакт-диска.

Аудиовидеосредства

Аудиовидеосредства позволяют организовать обучение на базе образов. Это принципиально новый тип обучения. Для него характерно то, что информация передаётся в виде образов, а не посредством текста (печатного материала), который традиционно рассматривается в большинстве психологических теорий как основа обучения.

Обучение на базе образов позволяет максимально сконцентрировать внимание обучаемых на предмете изучения и этим радикально отличается от обучения на базе текста. Образы воздействуют на человека в гораздо большей степени, чем текст: они непосредственно доступны всем, не требуют расшифровки, их легко имитировать, — поэтому обучение на основе образов задаёт образцы поведения. Благодаря эмоциональному воздействию, которое оказывают образы, возникает дополнительная мотивация к обучению.

Аудиовидеосредства обучения основаны на интенсивных методах преподавания русского языка как иностранного и используются на всех этапах обучения. На начальном этапе они позволяют студентам познакомиться с основными учебно-разговорными моделями русской речи в стандартных социально-бытовых и социально-культурных ситуациях, а на следующих этапах помогают совершенствовать навыки восприятия устной речи носителей языка.

Аудиовидеосредства обучения — это видеофонограммы на носителях разного вида: кинофильмы, видеофильмы, диафильмы со звуковым сопровождением. Для характеристики их использования в обучении русскому языку как иностранному целесообразно рассматривать их с позиций учебных, адаптированных и аутентичных средств обучения, о которых шла речь выше[1], поскольку аудиовидеосредства обучения (как и средства обучения вообще) бывают учебными, специально предназначенными для использования в обучении русскому языку как иностранному, и неучебными, аутентичными; если аутентичные средства подверглись в той или иной степени упрощению, то можно говорить об адаптированных учебных средствах.

Учебные видеофонограммы — это материалы, специально созданные в учебных целях. Они имеют определённого адресата (тот или иной контингент обучаемых) и созданы с учётом основных требований к учебному пособию. Использование таких материалов предусмотрено в тех аспектах обучения русскому языку как иностранному, для которых они создавались. Учебные материалы являются комплексными и включают, помимо учебной видеофонограммы, приложение — учебное пособие для обучаемого и методическое руководство для преподавателя. Видеофонограмма содержит не только игровой, сюжетный видеоряд, но и графические, текстовые эпизоды с паузами для чтения примеров, продолжения диалогов, повторения аудиоряда, выполнения упражнений по данному на экране образцу и др. В учебном пособии могут даваться тексты для поддержки аудиоряда, необходимый справочный грамматический материал, к пособию прилагается словарь. Работа с этими материалами происходит в том порядке и так, как это определяется учебным пособием.

Аутентичные видеофонограммы — это документальные, художественные и мультипликационные фильмы и записи теле-

---

[1] См. § 4.1.2.

визионных передач. Работа с аутентичным материалом требует его предварительной методической обработки преподавателем (подготовка лексического, грамматического и лингвострановедческого комментария, объяснения связи с темой занятия и т.д.).

Аутентичные материалы изначально не имеют адресата среди изучающих русский язык. В них отсутствуют текстовая поддержка — запись фонограммы, а также какие-либо материалы для обучаемого и преподавателя. Однако аутентичные материалы имеют и несомненные достоинства. Во-первых, они знакомят иностранцев с неадаптированной речью носителей языка (со всеми её возможными отклонениями от нормативной речи). Во-вторых, они обладают мощным культурологическим потенциалом. В-третьих, имеют большую художественно-эстетическую ценность (при правильном отборе). Поэтому, несмотря на сложность в предъявлении и восприятии таких материалов, они весьма популярны и среди преподавателей русского языка как иностранного, и среди иностранных студентов.

Аутентичные материалы используют прежде всего в рамках самостоятельного аспекта «Аудиовизуальный курс», основная цель которого — тренировка в аудировании аутентичных текстов с опорой на видеоряд и на текстовую (запись фонограммы) поддержку. Для этого курса отбирают разнообразные материалы: художественные, документальные, мультипликационные фильмы; записи художественно-публицистических, информационных и других телевизионных передач; видеозаписи концертов и театральных постановок и др.

Кроме того, аутентичные видеофонограммы востребованы при обучении различным аспектам русского языка как иностранного в качестве вспомогательного средства: художественный фильм или запись художественно-публицистической телевизионной передачи могут быть использованы практически во всех традиционных (фонетика, грамматика, лингвострановедение) и сравнительно новых (деловая речь, язык прессы и т.д.) аспектах обучения русскому языку как иностранному.

Например, в курсе литературы иностранцев часто знакомят с экранизациями изучаемых литературных произведений. Просмотр экранизации происходит только после работы с текстом художественного произведения, которая, таким образом, становится предпросмотровым этапом работы над видеоматериалом. Фильм может стать самостоятельной единицей занятия или использоваться фрагментарно. В обоих случаях он служит и средством оптимизации обучения, и средством поддержания мотивации, и источником культурологической информации. Послепросмотровая работа позволяет поднять изучение литературного произведения на более высокий уровень: по-новому осмыслить идею и образы, точнее расшифровать внешние проявления процессов, происходящих в душах героев, попробовать поставить себя на место того или иного персонажа (но не отождествлять себя с ним!), вступить в сотворчество с автором.

В других аспектах (лингвострановедение, разговорная практика) аутентичные аудиовидеосредства обучения:

- позволяют познакомиться с основными разговорными моделями русской речи в стандартных социально-бытовых и социально-культурных ситуациях, представленных как аудио-, так и видеорядом: это, благодаря образности и невербальным средствам коммуникации, оказывает большее воздействие на обучаемого;
- дают широкий круг лингвострановедческих и культурологических знаний.

Использование аутентичных материалов при всей их привлекательности связано со значительными трудностями. Основные из них таковы.

1. Необходимость учёта при отборе видеоматериала этапа обучения, профиля и контингента.

2. Технические трудности, связанные с записью и обработкой фонограммы.

3. Трудоёмкость подготовки лексического, грамматического, стилистического, лингвострановедческого, культурологического материала и комментария к нему.

4. Трудности, связанные с разработкой пред- и послепросмотровых вопросов, заданий и упражнений.

5. Трудности, связанные с презентацией видеоматериала в аудиторной работе и с завершающим обсуждением.

Существуют **общие требования к презентации аудио- и видеоматериалов**.

На начальном этапе обучения длительность просмотра не должна превышать 5—10 минут. Предполагается многократный просмотр одного и того же фрагмента. На следующих этапах длительность фрагмента может быть больше, но не должна превышать 30 минут непрерывного просмотра и занимать более половины занятия. На практике последнее требование иногда нарушают, поскольку студенты хотят в первый раз посмотреть весь сюжет целиком; это логично (не разрушается целостность художественного восприятия), но тогда целесообразно первый просмотр проводить в форме внеаудиторных занятий. Обязательные условия — логическая завершённость каждого занятия и высокая степень эмоционального заряда предлагаемого учебного материала.

Успешность воздействия аудиовидеоматериала во многом определяется допросмотровой работой, которой нельзя пренебрегать. Это может быть:

- устный комментарий преподавателя, вводящий студентов в тему сюжета;
- самостоятельная работа студентов с раздаточным материалом (*Найдите в словаре перевод следующих слов..., Вспомните, что вы знаете о... и т.д.*);
- чтение студентами текста фонограммы и ответы на вопросы, помогающие понять её содержание.

Послепросмотровая работа — также обязательный элемент занятия с аудиовидеосредством. Она бывает устной (дискуссия) или письменной (сочинение, рецензия и др.).

Наряду с общими требованиями к презентации аудиовидеоматериалов необходимо учитывать **особенности самого аудио- и видеоматериала**.

1. Экранизации произведений художественной литературы и художественные фильмы, не имеющие литературной основы. Такие материалы наиболее просты для презентации и восприятия. Экранизации художественной литературы имеют текстовую поддержку в литературном источнике (например, телевизионный фильм «Маленькие трагедии»). Отобранные для показа иностранцам художественные фильмы — это, как правило, наиболее интересные и значительные кинопроизведения, удостоенные международных наград и часто уже известные студентам (показываются с субтитрами или переводом на их родной язык). Предварительное знакомство не только не снижает интереса к фильму, но, напротив, избавляет иностранцев от естественной боязни непонимания. Такие фильмы, как «Зеркало», «Утомлённые солнцем», «Вор», «Кавказский пленник», а также «народные» фильмы «Ирония судьбы, или С лёгким паром!», «Бриллиантовая рука», «Белое солнце пустыни» живут долго, поэтому в дополнение к ним можно разработать учебно-методический материал и сделать текстовую поддержку (запись фонограммы). Можно использовать и мультипликационные фильмы — сериалы о Коте Леопольде, о Простоквашине, мультфильмы «Жил-был пёс», «38 попугаев» и др. Поскольку эти мультфильмы (или отдельные серии) не очень продолжительные, то снимается противоречие между временны́ми ограничениями презентации и желанием студентов видеть сюжет целиком.

Эту группу аутентичных материалов целесообразно использовать для всех профилей обучения. Мультипликационные фильмы показывают ближе к концу начального этапа обучения, так как, например, в мультфильме «Трое из Простоквашино» представлены практически все типичные ситуации: «Давайте познакомимся», «Моя семья», «Мой дом» и т.д. Художественные фильмы воспринимаются более или менее полноценно только на среднем (продвинутом) этапе обучения.

2. Музыкальные (песенные) аудиовидеозаписи также достаточно просты и интересны. Это могут быть образцы народного творчества, а также менее известные иностранцам городской романс, русский рок и такое уникальное явление, как авторская песня. Например, большим интересом пользуется аудио- и видеозапись презентации проекта «Песни нашего века». Такой материал используют уже в конце начального этапа обучения.

3. Записи телевизионных художественно-публицистических передач, документальных программ и сюжетов, а также документальные теле- и кинофильмы. Эти материалы характеризуются наиболее полной аутентичностью и, следовательно, требуют обширнейших комментариев. Кроме того, большинство таких сюжетов — это сюжеты одного дня, не стоящие усилий по их методической обработке, без которой тем не менее презентация материала недопустима. Наиболее подходят для показа иностранцам авторские программы тележурналистов, а также некоторые ток-шоу. Предъявлять их целесообразно в записи для среднего и продвинутого уровней, а в прямой трансляции — только для продвинутого уровня, при этом желательно предварять просмотр подготовкой с учётом темы передачи.

4. Информационные передачи. Наиболее трудны в силу «телеграфного стиля» ведущих, обилия официально-деловых и художественно-публицистических штампов, географических названий, собственных имён и т.д. Время, необходимое для методической разработки таких сюжетов, существенно превышает «срок жизни» самой передачи. Тем не менее при наличии полной, тщательно продуманной разработки предъявлять такие сюжеты в записи можно уже на среднем этапе обучения. Если же разработка сделана недостаточно подробно или аудитория работает не с записью, которую можно повторить необходимое число раз, а с прямой трансляцией, такие сюжеты предъявляют только студентам филологического профиля или нефилологам на продвинутом этапе обучения.

Работа с аудиовидеосредствами требует серьёзной подготовки. Она включает:
- отбор материала;
- подготовку текстовой записи фонограммы с комментариями;

- продумывание предпросмотровых и послепросмотровых вопросов, заданий и упражнений;
- учёт особенностей контингента обучаемых, требующий лингвокультурологической компетенции преподавателя русского языка как иностранного.

Мультимедийные средства

Мультимедийные средства (мультимедиа — многофункциональная среда) дают возможность воспроизводить на одном техническом устройстве как по отдельности, так и одновременно аудио- (речь, музыка и др.) и видео- (видеофильмы, анимационные ролики и др.) информацию. Эти средства позволяют моделировать различные ситуации профессиональной или учебной деятельности, приближённые к реальности. Мультимедийные технологии сочетают в себе две (и более) базовые технологии и соответственно поддерживаются программными средствами, работающими со звуком, видеоизображением и т.д.

Мультимедийные продукты, как правило, размещают на лазерных дисках (CD, VCD, DVD).

Основное техническое средство обучения, позволяющее применять мультимедийные средства обучения, — компьютер.

Вначале компьютер использовался в обучении РКИ как средство тренировки — для выполнения упражнений языкового и речевого характера (в том числе для анализа и исправления допущенных ошибок). Затем внимание переключилось на ресурсы и средства общения, предоставляемые Интернетом. Сегодня компьютер как техническое средство активно используется в преподавания РКИ, меняя свои функции в зависимости от целей, задач, этапа обучения и т.д. В лингводидактический процесс включаются электронные учебники, словари, разговорники, мультимедийные словари и энциклопедии. Создаются специальные программы — педагогические программные средства.

Назначение компьютера в обучении многообразно:
- инструментальное — он используется для поддержки универсальных видов деятельности (письма, рисования,

вычислений, поиска и хранения информации, коммуникации и др.);
- профессиональное — способствует профессионально-ориентированной деятельности;
- диагностическое — используется в психологическом и педагогическом диагностировании;
- дефектологическое — обеспечивает компьютерную поддержку обучения людей с дефектами и недостатками развития;
- учебно-методическое — используется для поддержки и контроля учебного процесса, а также учебно-методической деятельности (планирование учебного процесса; подготовка учебных материалов, методических разработок, индивидуальных заданий, контрольных работ и др.);
- организационное — используется для управления учебным заведением и его подразделениями, обеспечения работы сети учебных учреждений и др.;
- коммуникативное — позволяет организовать взаимодействие и обучение на расстоянии, т.е. делает реальным дистанционное обучение; такое обучение проводится по электронной переписке (отсроченно, т.е. в разное время) или в режиме реального времени.

Использование компьютеров на занятии можно описать с разных позиций:
- по выполняемым в учебном процессе функциям — применяются для предъявления учебного материала, его закрепления и контроля;
- по отношению к роду обучения — предназначаются как для индивидуальной, так и для индивидуально-групповой работы;
- по характеру воздействия на органы чувств — обладают возможностями визуального цветового алфавитно-графического динамического воздействия, а также возможностями звукового воздействия.

Но основная функция компьютера как технического средства в обучении русскому языку как иностранному — обучающая. Именно эта функция в связи с мультимедийными средствами обучения позволяет говорить о компьютерном обучении, т.е. о такой системе обучения, в которой компьютер является техническим средством обучения[1].

В обучении РКИ компьютер выполняет функции по формированию языковой или коммуникативной компетенции.

1. Осуществляет обучение и тестирование в режиме диалога.

2. Моделирует реальные речевые ситуации с помощью графики, мультипликации и видео, создаёт эффект контакта с языковой средой.

3. Наглядно представляет речевую ситуацию, использует её как стимул, как опору в учебном диалоге.

4. Обеспечивает общение на изучаемом языке с помощью компьютерных линий связи.

Таким образом, компьютер в обучении РКИ выступает как инструмент для создания тренировочных упражнений, как информационная база данных, позволяющая создавать, хранить и анализировать тексты на изучаемом языке, как средство учебного взаимодействия в Интернете и дистантного (дистанционного) обучения.

Различают два вида компьютерного обучения — рецептивное и интерактивное.

Рецептивное обучение основано на восприятии и усвоении знаний, передаваемых путём аудиовизуального представления (пассивное взаимодействие).

Интерактивное обучение подразумевает взаимодействие человека и компьютера в диалоговом режиме. Такое обучение строится исключительно на основе обратной связи и подкрепления правильных ответов. Индивидуализация обучения осуществляется с учётом анализа продукта деятельности: результата решения задачи или проблемы. Однако диалог меж-

---

[1] Теорией и практикой использования компьютеров в обучении языку занимается компьютерная лингводидактика. Подробнее о ней пойдёт речь ниже (см. подраздел 4.2).

ду компьютером и обучаемым моделирует лишь отдельные аспекты реального общения между преподавателем и обучаемым. Такое взаимодействие лишено ряда существенных характеристик живого общения, и прежде всего информационной избыточности: на занятии с преподавателем зрительный ряд сочетается со звуковым, а лингвистические средства — с паралингвистическими. Кроме того, в организации выразительных средств высказывания (пауз, повторений, риторических вопросов), осуществляемой при живом общении, содержится возможность управления учебно-познавательной деятельностью обучаемых. Компьютер пассивен по отношению к обучаемому (так как работает в режиме ответа) — активен только сам обучаемый. Язык компьютера в большой степени формализован, структура машинных языков жёсткая, с однозначной смысловой нагрузкой элементов. Немаловажно и то, что ручной ввод информации утомителен, требует постоянного зрительного внимания.

Мультимедийное средство обучения по своим общедидактическим и методическим характеристикам не отличается от средства обучения на традиционном носителе. Но использование современных информационных технологий, а именно — представление информации в виде образов, возможность воспроизводить аудио- и видеоинформацию на одном техническом устройстве, позволяет на одном носителе (компакт-диске) представить средство обучения:

- заменяющее традиционный комплекс аудиовизуальных средств обучения (учебник, сборник упражнений, словарь, аудиокассета и др.);
- не требующее специально оборудованного лингафонного кабинета;
- пригодное как для аудиторной работы под руководством преподавателя, так и для самостоятельной работы, в том числе при дистанционном обучении.

Разработка и создание полноценного, методически адекватного учебного средства, в том числе мультимедийного, требует серьёзной длительной профессиональной работы, но некоторые учебные материалы могут быть разработаны преподавателем русского языка как иностранного самостоятельно.

Так, для представления тестов и упражнений в виде мультимедийного продукта преподавателю не требуется умений и навыков программирования, достаточно владеть компьютером на пользовательском уровне и освоить программу Microsoft PowerPoint, которая позволяет создавать слайды, связанные системой ссылок.

Например, можно создать тест: каждый слайд будет соответствовать одному тестовому вопросу с несколькими вариантами ответа, из которых правильный только один. Автором теста (преподавателем) может быть задан или переход к следующему вопросу (при правильном ответе), или возврат к этому же вопросу (при неправильном ответе), или сквозной проход всего теста с начислением баллов по результатам ответов. При неправильном ответе возможно делать отсылку к слайду, где расположен соответствующий теоретический материал.

Таким же образом подготавливается раздаточный материал с упражнениями и заданиями; будет автоматически производиться их оценка, а в случае ошибки студентов можно отсылать к словарям или учебнику для повторения.

Для оформления файла используются цвет, графика, рисунки, анимация. Тест или упражнения могут быть записаны на компакт-диск, отправлены студенту электронной почтой или размещены в Интернете.

Для того чтобы выкладывать информацию в Интернете, требуется определённое место — сайт. Можно самостоятельно создавать пусть и не профессиональные, но пригодные для размещения учебной информации бесплатные сайты с возможностью добавления и обновления текстовой и графической информации: заданий, упражнений, материалов для дистанционного обучения. Сделать это позволяет программа Microsoft FrontPage, предлагающая шаблон структуры сайта и шаблоны оформления. Текстовая и графическая информация, выложенная на сайт, может связываться гиперссылками. Это также даёт возможность составлять упражнения и задания, результаты выполнения которых будут контролироваться и оцениваться.

Учебное мультимедийное средство предназначено для индивидуального пользования или для группового доступа. При предъявлении обучающемуся учебного материала в виде мультимедиапродукта взаимодействие между главными участниками учебного процесса опосредуется техническими средствами. При этом деятельность обучающегося оценивается по результатам обучения. Оценка бывает количественная (баллы, число правильно выполненных действий и др.) или качественная (словесное заключение, рекомендация и т.п.).

Следует помнить, что «компьютер — это просто ещё одно техническое средство обучения, и хотя его возможности превосходят возможности всех других <...> ТСО, само по себе использование компьютера на занятиях не делает их полезными и интересными. Так же как и любые другие виды работ, задания с использованием информационных технологий должны иметь чёткую цель и точно вписываться в структуру урока»[1]. Это утверждение тем более справедливо по отношению к преподаванию русского языка как иностранного, поскольку иностранцы приезжают в страну изучаемого языка для общения с его носителями, а не с компьютерами.

Педагогические программные средства

Среди аудиовизуальных средств обучения выделяют педагогические программные средства. Это такие мультимедийные средства, которые, с одной стороны, требуют использования программных компьютерных технологий для их создания, а с другой — сами являются программами.

Педагогические программные средства (ППС) классифицируют по нескольким основаниям.

1. По функциональному назначению:
- обучающие — обеспечивают диалог с компьютером для приобретения знаний, умений, навыков;

---

[1] *Бовтенко М.А.* Компьютерная лингводидактика: учебное пособие. М., 2005. С. 214.

- тренирующие — служат для закрепления полученных знаний, умений, навыков;
- контролирующие — используются для определения уровня и качества знаний и для их корректировки;
- игровые — вносят в процесс обучения игровые элементы; могут сочетать в себе элементы обучающих, тренирующих и контролирующих, считаются наиболее эффективными.

2. По способности адаптироваться:
- адаптивные — позволяют менять способы изложения учебного материала в зависимости от скорости и степени его усвоения; такие ППС предусматривают несколько вариантов вопросов и заданий («уровней»), которые автоматически выбираются компьютером в соответствии с ответами обучаемого;
- частично адаптивные;
- неадаптивные.

3. По степени независимости:
- локальные — связанные с тем или иным учебником, уроком, темой;
- автономные — относительно самостоятельные;
- для разных этапов обучения.

4. По лингвометодическому назначению.

По этому параметру классифицируются самые разнообразные педагогические программные средства, отражающие широчайший спектр аспектов обучения русскому языку как иностранному и направленные на обучение какому-либо виду речевой деятельности: фонетические, грамматические, словообразовательные, лексические, стилистические, лингвострановедческие и др.

Создание педагогического программного средства требует методически обоснованного подхода. «Далеко не все программы, даже использующие новые технологии, обладают должным образовательным качеством. Мультимедийным курсам на CD-ROM часто присущи методические недостатки, которые не компенсируются современными технологическими возможностями и прекрасным дизайном»[1].

Педагогическое программное средство в первую очередь должно соответствовать дидактическим и методическим требованиям к учебному средству. Его функции — информирующая, формирующая, систематизирующая, контролирующая и мотивирующая. Такое средство — это компонент системы средств обучения, поэтому при его создании, так же как и при создании средства обучения на традиционном носителе, необходимо определить цели обучения, систему коммуникативных потребностей и их приоритетность, лингводидактическое содержание (объём языкового материала, принципы отбора грамматических сведений, лексики и др.), характер организации материала, т.е. его соотнесённость с программой, учебным планом, принятыми видами контроля, лингвострановедческое содержание.

К различным видам ППС предъявляются разные требования. Сравним требования к тренировочным и обучающим программам.

Требования к тренировочным программам
1. Направленность при организации диалога на содержание и информационную значимость общения, а не только на его форму.
2. Гибкость при анализе ответа, вариативность сообщений учащегося.
3. Ситуативность, проблемность в отборе и организации речевого материала.
4. Понимание ограниченности жёстких алгоритмов обучения, перенос акцента на обеспечение активности учащихся.
5. Перенос акцента на использование аутентичных информационных материалов.

Требования к обучающим программам
1. Целенаправленность.
2. Интегрированность.

---
[1] *Бовтенко М.А.* Указ. соч. С. 215.

3. Объективность.
4. Корректность.
5. Отражение фактов языка и культуры.
6. Учёт и обобщение наиболее часто встречающихся трудностей в изучении языка.

4.1.5. Использование информационных технологий в обучении РКИ

Оптимизация системы обучения, т.е. повышение эффективности учебного процесса при сокращении времени, усилий и средств, необходимых для достижения поставленных целей, связана не только с развитием новых интенсивных методов, но и с внедрением в обучение современных информационных технологий.

Суть современной информационной революции состоит не в технологическом развитии, а в совершенствовании интеллектуальных способностей людей. Новые информационные технологии предстают как новые интеллектуальные средства, поскольку изменяют способы:

- представления информации, а значит, и восприятия проблемы;
- анализа, исследования проблем;
- принятия решения, так как влияют на постановку и методы исследования проблемы.

Тем самым новые информационные технологии представляют собой средства развития умственных способностей, поэтому они находят применение в учебном процессе: изменяя саму природу мышления, они изменяют и суть процесса образования. Кроме того, они позволяют эффективно обрабатывать, хранить и находить значительные массивы информации, осуществлять оперативную связь посредством современных коммуникаций.

Новые информационные технологии находят свою реализацию в учебном процессе в том числе в качестве **технических средств обучения**. Это связано с их характерной особенностью — образностью представления информации. Как уже говорилось, информация, воспринимаемая в виде образов, оказывает принципиально более сильное эмоциональное воздействие, чем текст, а значит, лучше усваивается. Образность, выступая в качестве мощного инструмента мышления, позволяет более эффективно представлять связи между различными проблемами, связи идей и тенденции их развития. Таким образом она способствует формированию и развитию творческого мышления.

Новые технические средства обучения дают возможность создавать и использовать на базе новых информационных технологий новые аудиовизуальные средства обучения. Появление нового поколения технических и аудиовизуальных средств обучения не означает отказ от традиционных средств обучения, а, напротив, предполагает комплексное их использование. Поэтому рассматривать технические и аудиовизуальные средства обучения следует не изолированно, а в общей системе средств обучения.

Коммуникационные технологии, т.е. технологии передачи и распределения информации, относятся к важнейшим, поскольку именно с их помощью удаётся создать в обществе единое информационное пространство. Это технологии, обеспечивающие создание и функционирование сайтов, работу электронной почты, чатов и форумов, возможность проведения телеконференций, аудиовидеоконференций и др.

Коммуникационные технологии позволяют осуществлять **дистанционное обучение** русскому языку как иностранному, т.е. взаимодействие и обучение на расстоянии. Дистанционное обучение использует коммуникационные технологии для построения системы пространственно-временно́го взаимодействия и создания специальной среды для участников образовательного процесса.

Сайты в дистанционном обучении помогают передавать и получать информацию в текстовой, графической, видео-, звуковой и комбинированной формах, а значит, размещать необходимую для обучаемых информацию, а также обучающие и контролирующие программы.

Интернет-технологии в дистанционном обучении высокоэффективны и многофункциональны, поскольку наличие гипертекстовой среды создаёт возможность организации интерактивного режима обучения. Они позволяют:
- предоставлять студентам учебные материалы в более удобной форме, чем при использовании традиционных средств обучения (например, студенты могут получать материалы в мультимедийной форме, быстро обращаться к разным их разделам, связываться с педагогом);
- использовать интерактивные обучающие и тестирующие программы (следовательно, студенты могут обращаться за информацией к любым источникам, меньше зависят от преподавателя).

Существенную помощь во всех видах обучения оказывает **электронная почта**. При дистанционном обучении с её помощью осуществляется регулярная оперативная обратная связь между преподавателем и обучающимися, а также между самими обучающимися. Кроме того, электронная почта обеспечивает оперативный обмен учебными и учебно-методическими материалами.

Форумы, чаты позволяют осуществлять при дистанционном обучении деятельность в групповой форме, вести диалог между участниками учебного процесса. У обучающихся появляется возможность узнавать, как учатся другие члены виртуальной группы, с какими они сталкиваются проблемами и как их решают. Обмениваясь между собой информацией и оказывая друг другу поддержку, студенты пополняют свои знания, совершенствуют умения. Кроме того, общение студентов виртуальных групп обеспечивает формирование коллектива, объединённого общими целями и подкреплённого неформальными взаимоотношениями, и создаёт условия, предотвращающие отсев обучающихся.

Дистанционное обучение с использованием **видеоконференцсвязи** — одно из наиболее дорогих средств обучения, поскольку взаимодействие участников учебного процесса происходит в режиме реального времени с применением специального оборудования — цифровой камеры и ряда дополнительных устройств. К видеоконференцсвязи обращаются обычно в тех случаях, когда учебные задачи не могут быть решены иначе или их решение высокоэффективно. Чаще всего видеоконференции рассматривают как дополнительное учебное средство в сочетании с другими коммуникационными технологиями, при этом процесс обучения полностью управляется педагогом.

Чтобы успешно использовать в обучении РКИ информационные технологии, преподаватель должен обладать определёнными знаниями и умениями.

1. Знать основные методические приёмы использования ресурсов Интернета в преподавании иностранных языков.

2. Знать основные информационно-поисковые системы в русскоязычном Интернете, знать методы и способы получения информации, уметь осуществлять поиск на основе ключевых слов и гиперссылок.

3. Понимать типологические особенности различных ресурсов Интернета (содержание, функционирование, система обратной связи).

4. Знать основные ресурсы, необходимые для поддержки профессиональной деятельности.

5. Уметь оценивать онлайновые курсы по таким параметрам, как содержательность, интерактивность, функциональность, удобство навигации.

6. Уметь пользоваться электронной почтой, чатами, принимать участие в электронных форумах.

7. Ориентироваться в научных и учебных интернет-проектах.

8. Знать принципы создания и функционирования персональных веб-страниц, понимать функциональные возможности программ, с помощью которых создаются персональные веб-страницы.

Таким образом, если рассматривать владение современными информационными и телекоммуникационными технологиями как компонент профессиональной компетенции преподавателя, то все перечисленные требования можно свести к следующим трём: умение пользоваться различными видами компьютерных технологий; умение отбирать наиболее эффективные педагогические программные средства обучения; умение создавать педагогические программные средства обучения. Несомненно, владение информационными технологиями необходимо преподавателю, чтобы эффективно размещать в едином информационном пространстве различные средства обучения, использовать такую форму обучения РКИ, как дистанционное обучение, обеспечивать иностранцам возможность легко вступать в контакты с носителями русского языка и таким образом совершенствовать свои умения и навыки во всех видах речевой деятельности. Однако, творчески используя все преимущества современных компьютерных технологий, нужно стремиться к тому, чтобы они дополняли живое общение педагога с учащимися, поскольку, как замечает М.А. Бовтенко, «компьютер не может заменить преподавателя — если преподавателя можно заменить компьютером, то его нужно им заменить!»[1]

Литература

Азимов Э.Г. Информационно-коммуникационные технологии в преподавании русского языка как иностранного. М., 2012.

Александров Е.П. Учебный текст: опыт дефиниции и классификации // Москва: Научная цифровая библиотека Portalus.ru. Дата обновления: 5 мая 2010 г. URL: http://www.portalus.ru/modules/pedagogics/rus_readme.php?subaction=showfull&id=1273044931&archive=&start_from=&ucat=& (дата обращения: 29.02.2016).

Арутюнов А.Р. Теория и практика создания учебника русского языка для иностранцев. М., 1990.

Бовтенко М.А. Компьютерная лингводидактика: учебное пособие. М., 2005.

Вятютнев М.Н. Теория учебника русского языка как иностранного. М., 1984.

---

[1] *Бовтенко М.А.* Указ. соч. С. 214.

Лобашев В.Д. Дидактические функции учебных текстов // Фундаментальные исследования. 2006. № 8. С. 69—71.

Носонович Е.В. Методическая аутентичность в обучении иностранным языкам // Иностранные языки в школе. 2000. № 1. С. 11—16.

Носонович Е.В., Мильруд Р.П. Критерии содержательной аутентичности учебного текста // Иностранные языки в школе. 1999. № 2. С. 6—12.

Носонович Е.В., Мильруд Р.П. Параметры аутентичного учебного текста // Иностранные языки в школе. 1999. № 1.

Вопросы

1. Что входит в систему средств обучения?
2. Как содержание учебника соотносится с методом обучения иностранному языку?
3. В чём характерная особенность новых информационных технологий?
4. Какие средства обучения относят к аудиовизуальным средствам обучения?
5. В чём различие между учебными и аутентичными аудиовидеоматериалами?
6. Как используют аутентичные аудиовидеоматериалы в преподавании русского языка как иностранного?
7. Каковы общие принципы предъявления аутентичных аудиовидеоматериалов?
8. Какие средства обучения относят к мультимедийным средствам обучения?
9. Каковы общедидактические и методические принципы создания мультимедийных средств обучения?
10. Что такое компьютерное обучение?
11. Что относится к информационно-коммуникационным технологиям?
12. Как используют информационно-коммуникационные технологии в обучении русскому языку как иностранному?

▬▬▬▬▬▬▬▬ **Задания для самостоятельной работы** ▬▬▬▬▬▬▬▬

I. Проанализируйте традиционный учебник РКИ или педагогическое программное средство (ППС) по следующей схеме.

1. Кому адресован учебник (ППС)? (Контингент: уровень и профиль обучения, возраст, родной язык обучаемых.)

2. Может ли данный учебник (ППС) использоваться только в рамках одного аспекта преподавания русского языка (при аспектном обучении) или предназначен для комплексного обучения русскому языку?

3. Какова системная организация материала в рамках всего учебника (ППС) и его наименьшей структурной части?
- Какую структурную единицу можно выделить как наименьшую?
- Соответствует ли эта единица занятию (45 минут, 90 минут)?
- Каковы структура и содержание этой единицы?

4. Чем представлено лингводидактическое содержание учебника (ППС)?
- Объём языкового материала.
- Принципы отбора лексики и грамматики.
- Система упражнений.
- Система контроля.

5. Получил ли отражение в учебнике (ППС) принцип коммуникативности?

6. Получил ли отражение принцип сознательности?

7. Чем представлено лингвострановедческое содержание?

8. Соответствует ли учебник (ППС) требованию аутентичности?

9. Соответствует ли учебник (ППС) дидактическим принципам научности, доступности, наглядности, последовательности и систематичности?

10. Позволяет ли учебник (ППС) реализовать развивающие, образовательные и воспитательные цели обучения?

II. Адаптируйте приведённый ниже фрагмент мультфильма «Трое из Простоквашино» для определённого контингента учащихся, выбрав соответствующий уровень (элементарный, базовый, ТРКИ-1, ТРКИ-2).

Эпизод 4. Встреча с Шариком

Шарик. Здравствуйте! Возьмите меня к себе жить! Я вам буду всё охранять!

Матроскин. Ещё чего! Мы ж сами нигде не живём. Ты к нам через год прибегай. Когда мы хозяйством обзаведёмся.

Дядя Фёдор. Ты, Матроскин, помолчи. Хорошая собака ещё никому не мешала. Давай мы лучше узнаем, нет ли в деревне свободного домика.

Шарик. Да есть, есть. Я вам один дом покажу, там никто не живёт, хозяева за реку переехали.

Матроскин. А печка там есть?

Шарик. У-у-у! Полкухни. Ну что, возьмёте меня к себе жить? Или мне потом прибегать? Через год?

Дядя Фёдор. Возьмём! Возьмём! Втроём веселее. Тебя как зовут?

Шарик. Шарик. Я из простых собак. Не из породистых.

Дядя Фёдор. А меня Дядя Фёдор зовут. А кота — Матроскин.

Матроскин. ... это фамилие такое.

Шарик. Очень приятно.

III. Создайте тест с использованием возможностей Microsoft PowerPoint.

4.2. Инновационные технологии в методике обучения РКИ

Определение инновации как педагогической категории обычно сводится к понятию новшества, введения нового (идеи или организации процесса) в образовательно-воспитательную среду. Между тем инновация в точном переводе с латинского означает *в новое* (лат. *in* — в, *novatio* — новшество). Это то самое чуть-чуть, которое смещает акцент с внешней стороны на глубинную, процессуальную.

Инновация — это не всякое новшество или нововведение, а только такое, которое серьёзно повышает эффективность действующей системы, в нашем случае учебного процесса.

Как результат внимания к наметившемуся несоответствию нормативного обучения духу времени возникла такая организация учебного процесса, как **инновационное обучение**. Его разработка подготовлена всем ходом развития дидактико-психологической и методической мысли и касается изменения стиля учебно-воспитательного процесса, типа овладения знаниями. Соотнесение таких понятий, как «развивающее обучение», «проблемное обучение», «творчество с предполагаемыми возможностями инновационного обучения», позволило определить особенности инновационного обучения, его место и роль в обновлении методики как науки. Следовательно, сегодня уместно объединить эти понятия и методы в один блок инновационной педагогической деятельности.

Инновационная педагогика — это такой подход к обучению и преподаванию, который соответствует потребностям рынка труда и при этом подчёркивает важность опыта в сфере НИОКР. При таком подходе методы обучения и преподавания становятся более творческими. Делается упор на пользу от приобретённых знаний. Студенты сами отвечают за своё обучение и активно стремятся достичь поставленных целей. Выпускники вуза, применяющего такой подход, обладают новаторским мышлением и более ориентированы на решение разного рода задач, касающихся развития. Это означает, что у них есть не только опыт работы в своей сфере, но и умение совершенствовать процессы, что сегодня необходимо в любой деятельности. Такое умение позволяет студентам активно участвовать в процессах внедрения инноваций. Принимая во внимание встроенные механизмы, позволяющие студентам применять свои знания на практике ещё во время обучения, можно сказать, что инновационная педагогика вступает в дело там, где классическое теоретическое обучение опускает руки.

Таким инновационным подходом в области обучения иностранным языкам, и в частности РКИ, принято считать компьютерную лингводидактику.

4.2.1. Основные понятия и термины компьютерной лингводидактики

Современная методика обучения иностранному языку, в том числе русскому языку как иностранному, ориентирована на коммуникативно-прагматическое взаимодействие людей в современном мире, в котором наряду с традиционным способом общения («лицом к лицу») всё большее значение приобретает виртуальный, основанный на использовании вычислительной техники.

Компьютерная лингводидактика — область лингводидактики, изучающая теорию и практику использования компьютеров в обучении языку. Как междисциплинарная область знания, компьютерная лингводидактика связана с развитием информационных технологий, прикладной и математической лингвистики, с разработками в области искусственного интеллекта, дизайна компьютерных программ, а также с теорией и практикой компьютерного обучения в целом.

Если исходить из самого термина «компьютерная лингводидактика», основой научного знания является прежде всего лингводидактика. Как общая теория обучения языку, лингводидактика исследует общие закономерности обучения языкам, специфику содержания, методов и средств обучения определённому языку в зависимости от дидактических целей, задач и характера изучаемого материала, условий монолингвизма (одноязычия) или билингвизма (двуязычия), этапа обучения и интеллектуально-речевого развития учащихся. Сам термин «лингводидактика» был введён в 1969 году Н.М. Шанским и с 1975 года признан МАПРЯЛ в качестве международного.

Использование информационных технологий в обучении языку развивается в двух сферах: обучение родному языку и обучение иностранному (второму или неродному) в среде изучаемого языка и вне её. В теоретических и прикладных аспектах компьютерной лингводидактики можно выделить три направления исследований.

1. Исследования, посвящённые разработке теоретических аспектов использования компьютеров в обучении языку. К этому направлению относятся методологические проблемы компьютерной лингводидактики, психолого-педагогические проблемы компьютеризации обучения языку и проблемы, связанные с педагогическим проектированием, типологией компьютерных учебных материалов.

2. Экспериментальная работа по созданию и использованию в учебном процессе компьютерных материалов, предназначенных для различных целей, форм и профилей обучения.

3. Исследования, посвящённые включению компьютерного обучения в общий процесс обучения языку и разработке эффективных приёмов использования информационных технологий в учебном процессе.

Термин «компьютерная лингводидактика», предложенный К.Р. Пиотровской ещё в 1991 году, вошёл в понятийный аппарат теории и практики обучения РКИ. Его можно считать наиболее адекватным — учитывающим общие тенденции развития терминологии, связанной с эволюцией вычислительной техники и компьютеризацией обучения, и с необходимой полнотой охватывающим теоретические и практические аспекты использования компьютерных технологий в обучении языку.

В зарубежной англоязычной литературе весь комплекс исследований, связанных с использованием компьютеров в обучении, обозначается терминами computer-assisted instruction (CAI), computer-based instruction (CBI), computer-assisted learning или computer-aided learning (CAL), computer-based learning (CBL), computer-based training (CBT) и другими подобными словосочетаниями, определяющими соотношение обучения и компьютерных технологий.

Практическое использование компьютерных технологий в обучении языку существенно не повлияло на терминологию данной дисциплины. По-английски язык — language. Поэтому неудивительно, что аббревиатура CALL (computer-assisted language learning) получила в Европе более широкое распространение, чем другие варианты названий компьютерного обучения языкам (TELL — technology-enhanced language learning; CMC — computer-mediated communication и некоторые другие), так как мнемонически запомнить акроним CALL довольно просто (по-английски call — вызывать, звонить). Термин computer-assisted language learning впервые появился в 1986 году — в специальных номерах журнала System, посвящённых проблемам компьютерной лингводидактики.

4.2.2. История развития компьютерной лингводидактики

Начало развития компьютерной лингводидактики относится к концу 50-х — середине 60-х годов и даже к началу 70-х годов XX века. Интересно отметить своеобразную перекличку между развитием компьютерных технологий и концепций обучения языку.

Общепризнанной периодизацией развития компьютерной лингводидактики можно считать предложенную М. Варшауэром хронологию этапов развития[1].

- 1950—1970-е годы: бихевиористский этап (использование тренировочно-контролирующих программ);
- 1970—1980-е годы: коммуникативный этап (ориентация на учебно-игровые и прикладные программы);
- с конца 1980-х годов: интегрирующий этап (использование средств гипермедиа и коммуникации с применением компьютеров).

Последнее десятилетие повлияло в ещё большей мере на развитие компьютерной лингводидактики, поскольку сетевые ресурсы стали приобретать свойства сетевой или дистанционно управляемой среды. Обучающие оболочки, учебно-методические и справочные порталы, сетевые курсы и форумы

---

[1] *Warschauer M.* Computer assisted language learning: an introduction / Ed. by S. Fotos. Tokyo, 1996.

стали неотъемлемой частью современной технологически ориентированной коммуникации. Она всё больше входит в жизнь современного человека, который практически с раннего возраста становится активным пользователем глобальной информационной сети, т.е. Интернета. При этом пользование Интернетом приобретает интерактивный характер. Поэтому очевидно, что с конца 1990-х годов можно с полной объективностью продолжить хронологию этапов развития компьютерной лингводидактики и выделить в качестве самостоятельного когнитивно-коммуникационный этап (с ориентацией на использование сетевых интерактивных коммуникационных продуктов).

В историографии современной компьютерной лингводидактики существует и иной подход, при котором выделяются более крупные исторические периоды: традиционный и современный. Водоразделом между ними становятся именно 1990-е годы, когда стали возможны качественные преобразования технических возможностей компьютеров и распространение телекоммуникационных технологий. Они в свою очередь повлекли за собой кардинальные изменения в обучении языку. Перечислим основные технологические достижения современного этапа:

- средства мультимедиа, объединяющие возможности записи и воспроизведения речи и интерактивного видео;
- гипертекст, создающий систему перекрёстных ссылок в текстовых массивах информации;
- гипермедиа, сочетающие возможности гипертекста и мультимедиа;
- телекоммуникационные технологии (в том числе компьютерная телефония, представленная программой Skype, и т.п.).

Данные средства позволяют использовать компьютер как для работы над всеми видами речевой деятельности, так и для реального общения с носителями изучаемого языка в письменной и устной форме. А доступный в Интернете аутентичный материал на изучаемом языке и сетевые компьютерные учебные пособия позволяют участникам межкультурного сетевого общения максимально приобщаться к фоновой культуре, систематически «подпитываться» лексикой и слушать живую речь с её социокультурной спецификой. Такая виртуальная среда общения оказывает большое влияние на развитие вторичной языковой личности и позволяет представителям различных культур вырабатывать такие необходимые параметры человеческого общежития в глобальном мире, как толерантность и устойчивое культурное самоопределение, межкультурную компетенцию и мотивированность к перманентной познавательной деятельности.

4.2.3. Программное обеспечение обучения языку в Интернете

В настоящее время одним из наиболее актуальных вопросов формирования научно-методической базы построения учебной деятельности является правильный выбор программных средств для построения учебных курсов в Интернете или на основе компьютерных программ. В короткой истории развития программных средств для дистанционного обучения уже можно выделить несколько этапов, на каждом из которых решались свои, актуальные именно для этого периода задачи.

Так как компьютерное обучение языку (прежде всего иностранному) не является автономным направлением развития компьютерных технологий в образовании, приводимая ниже периодизация развития программного обеспечения обучения в целом затрагивает и область обучения русскому языку как иностранному.

Периодизация развития программных технологий в обучении была предложена ещё в 2004 году ведущими отечественными специалистами по дистанционной дидактике, авторами монографии «Интернет-обучение: технологии педагогического дизайна» М.В. Моисеевой, Е.С. Полат, М.Ю. Бухаркиной и М.И. Нежуриной[1].

1. Период экспериментов (примерно 1995—1998 годы). Большинство университетов, получивших доступ к Интернету и разрабатывающих дистанционные курсы, приступили к созданию собственных оболочек для размещения курсов в Сети. По этому пути пошли все крупные европейские и американские университеты. Эти оболочки, как правило, предназначались для внутреннего использования — удовлетворения потребностей студентов данного учебного заведения. Возможности интеграции данных оболочек с оболочками других вузов не планировались, поэтому через некоторое время несовместимость подобных оболочек с другими дистанционными курсами Интернета переросла в проблему. Болонский процесс, нацеленный на максимальную интеграцию европейского образования, оказал в этом смысле медвежью услугу разработчикам многих очень интересных в инновационном и технологическом смысле программных продуктов. Например, системные обучающие оболочки многих университетов Финляндии, такие как Optima (университеты Ювяскюля и Оулу), Portti (Университет Турку) по-прежнему ещё удовлетворяют насущным потребностям студентов и преподавателей в обеспечении непрерывного накопления образовательной информации, но явно препятствуют более активной международной интеграции образовательных пространств.

2. Период профессиональных программ (1998—2000 годы). Ведущие компании мира — разработчики программных средств (IBM, Oracle, Microsoft и др.) обратили внимание на существующие потребности в сфере дистанционного образования и представили на рынок новые универсальные средства для создания дистанционных курсов и управления ими. Эти программы получили широкое распространение во мно-

---

[1] Интернет-обучение: технологии педагогического дизайна / М.В. Моисеева, Е.С. Полат, М.Ю. Бухаркина, М.И. Нежурина. М., 2004.

гих учебных заведениях мира, тем самым создав определённые предпосылки для интеграции дистанционных курсов различных учебных заведений.

Вместе с тем эти профессионально выполненные оболочки не учитывали новые тенденции в развитии образовательных систем мира и были ориентированы главным образом на традиционную лекционно-семинарскую систему обучения или на самообразование. В качестве единственного варианта оценки знаний и умений учащихся в этих программах предусматривались онлайновые тесты.

3. Период создания единых образовательных платформ (2000—2005 годы). Авторы приводимой здесь исторической типологии определили этот период как текущий в настоящее время[1]. Действительно, на момент выхода цитируемой монографии (2004) в условиях открытого образования и широкого использования новых педагогических технологий, предполагающих так называемое обучение в сотрудничестве и активную коммуникацию всех участников дистанционного обучения, наметилась отчётливая тенденция к созданию интегрированных платформ для международных образовательных онлайновых сообществ. Эти платформы постоянно развиваются (равно как и сами сообщества), но они являются, по сути, улучшенной версией предыдущих оболочек с усиленной интерактивной составляющей, способствующей интеграции интеллектуальных сил различных университетов мира.

Интересно, что развитие программных продуктов, предназначенных для создания дистанционных курсов и управления ими, идёт по двум направлениям: коммерческому и некоммерческому. Первый вариант, коммерческий, является традиционным в системе рыночных отношений и осуществляется по схеме «товар — деньги — товар». В качестве примера действующих в настоящее время наиболее известных в России и за рубежом коммерческих программных продуктов следует упомянуть LearningSpace, WebCT, Blackboard, First Class и др.

---

[1] См.: Интернет-обучение: технологии педагогического дизайна...

Продолжим историческую перспективу развития программных средств в обучении, вычленив с 2005 года новый период — период формирования образовательной оболочки; суть этого этапа можно определить как «википедизацию» интернет-пространства.

4. Период формирования единой образовательной среды (настоящее время). Параллельно с коммерческими программными продуктами дистанционного обучения развиваются и некоммерческие продукты. Самыми популярными стали Moodle (Европа) и Sakai (основные разработчики — США и Канада). В противовес традиционной поговорке о том, что бесплатный сыр бывает только в мышеловке, разработчики этих продуктов являются приверженцами философии Интернета в целом как свободного доступа людей в виртуальный мир информации, знаний и коммуникаций. Единственное условие, которое выдвигает генеральный администратор программы при регистрации — не использовать эти оболочки для последующей коммерциализации. Сообщество пользователей этими крупнейшими оболочками насчитывает сегодня сотни тысяч, если уже не миллионы пользователей, активно применяющих эти технологии в своей познавательной и профессиональной деятельности. Невероятным успехом пользуется «Википедия», всемирная интернет-энциклопедия, в создании которой может принять участие любой человек.

Рассмотрим кратко основные характеристики этих платформ.

«Википедия» — общедоступная, свободно распространяемая многоязычная энциклопедия, размещённая в Интернете и работающая по технологии «вики»[1].

Несмотря на то что сама оболочка была разработана ещё в середине 1990-х годов, преподаватели иностранных языков познакомились с этой средой сравнительно недавно, в большой степени благодаря распространению платформы Moodle, которая снабжена модулем вики.

---

[1] Wiki wiki по-гавайски означает «быстро».

Moodle[1] (www.moodle.org) — это название электронно-коммуникационной учебной оболочки, или платформы, созданной как интернет-продукт для свободного распространения. Эту оболочку называют Course Management System (Система управления курсами), Learning Management System (Система управления обучением) или Virtual Learning Environment (Виртуальная обучающая среда). Платформа Moodle была разработана для создания онлайновых курсов с максимальной интерактивностью участников (преподаватель и студенты). Активность использования платформы начала повышаться в самом конце 1990-х годов, и сегодня число приверженцев этой оболочки неуклонно растёт. Платформа имеет лицензию «открытого источника» (Open source) и благодаря модульному дизайну позволяет наполнять оболочку различными функциональными элементами. Сегодня развитием этой платформы занимается компания Moodle (Западная Австралия). Автором-разработчиком системы является Мартин Дугиамас (Martin Dougiamas), бывший системный администратор WebCT в Университете Куртэна. Moodle включает в себя гибкий конструктор тестов, позволяющий снабжать курсы онлайн-тестами для проверки знаний обучаемых. В системе предусмотрено присвоение ролей пользователям и определены базовые роли «Ученик» и «Учитель».

По статистике (февраль 2016 года), Moodle насчитывает 68 880 зарегистрированных сайтов, 9 505 722 курса и 83 295 380 пользователей.

С педагогической точки зрения философия Moodle базируется на идеях конструктивизма и социально-конструктивистских подходах к образованию. На практике это означает, что каждый обучающийся (learner), а не только учитель (teacher) может вносить различными способами свой вклад в процесс накопления и усвоения знаний, а также приобретения эписте-

---

[1] Акроним: *англ.* modular object-oriented dynamic learning environment — модульная объектно-ориентированная динамичная обучающая среда.

мологических навыков (knowing how). Для осуществления такого подхода платформа Moodle снабжена различными модулями, которые способствуют и совместной (в группах), и индивидуальной работе, что позволяет преподавателю и студентам находиться в постоянном интерактивном диалоге, проводить оценивание и самооценивание, а также фиксируют активность каждого участника. Статус студента, достигшего успеха, может быть изменён. Он может быть выбран группой в качестве тьютора или помощника преподавателя (assistant teacher), тогда он получает более широкие права как пользователь ресурса.

В последние годы стала популярна ещё одна платформа с лицензией «открытого источника» — Sakai. Она пока не очень хорошо известна в Европе, но опыт таких крупных американских университетов, активно использующих эту платформу, как Мичиганский университет (её разработчик), Университет Индианы, Стэнфордский университет, а также опыт Массачусетского технологического института позволяют предположить, что в недалёком будущем Sakai займёт своё достойное место и на серверах европейских и российских университетов.

Sakai[1] (http://sakaiproject.org/) — учебно-коммуникационная онлайновая среда (платформа). Так же как и Moodle, Sakai является свободно распространяемым интернет-продуктом, созданным, в отличие от Moodle, не одним человеком, а «сообществом Sakai». Модель развития ресурса называется «общественный источник» (Community Source), так как многие девелоперы (разработчики) участвуют в этом проекте как члены «сообщества» организаций, ставших пользователями системы.

Sakai — новейшая разработка ресурса открытого типа. Проект стартовал в 2004 году. Пять базовых организаций (ведущих университетов США во главе с Мичиганским университетом) определили стратегию проекта как сообщества организаций,

---

[1] Проект носит имя знаменитого японского шеф-повара Хироюки Сакаи (Hiroyuki Sakai), получившего, благодаря своей многолетней деятельности на японском телевидении в качестве ведущего кулинарных шоу, титул Железного шефа. Первоначально проект Sakai был посвящён именно сетевому обучению кулинарному искусству.

которые пользуются продуктом и потому заинтересованы в его развитии. На сегодняшний день активными девелоперами проекта являются 70 коммерческих и академических организаций. Для содействия развитию проекта создан специальный фонд.

Оболочка Sakai имеет много модулей, которые обычно включаются в любые системы дистанционного курсового обучения; можно непосредственно опубликовать материал, есть форум, живой чат, база данных о слушателях (студентах), модуль оценки, электронная библиотека, тестовый модуль и проч. В дополнение к этим модулям позднее были добавлены модули для проектной и исследовательской работы. Администратор курса всегда имеет возможность начинить свой курс всеми необходимыми для целей и задач курса модулями (директориями и опциями). Процесс формирования курса гибкий, администратор выделяет права преподавателя, тьютора и студента всем его участникам.

Современные интернет-технологии и разработанные для образовательных целей продукты были созданы для того, чтобы преподаватель смог реализовать свою профессиональную дидактическую задачу во всём объёме непрерывного образования. В следующем разделе познакомимся с особенными подходами к сетевому дистанционному обучению в целом и иностранным языкам в частности.

4.2.4. Сетевое дистанционное обучение

Прежде всего обратимся к термину. Дистанционно — значит на расстоянии. Соответственно **дистанционное обучение** можно определить как обучение без присутствия, в удалённости от преподавателя или учебного заведения. Например, такую традиционную форму образования, как заочная, можно смело отнести к дистанционному обучению. Студент получал по почте комплект учебных пособий и перечень заданий (набор упражнений, задач, экспериментов для самостоятельной работы), которые он должен был выполнить за определённое время. Позднее, с появлением радио и телевидения, возникли учебные радио- и телепередачи. Использовалось также обучение «по переписке», поскольку учащимся и преподавателям была необходима обратная связь для общения друг с другом в периоды между очными экзаменационными сессиями.

В Советском Союзе заочное обучение было очень распространённым видом получения высшего образования для работающей молодежи. Дальние расстояния, отсутствие профильных высших учебных заведений по месту работы заставляли молодых специалистов искать пути повышения своего образования, а в дальнейшем — квалификации. И заочное образование являлось до недавнего времени прекрасной возможностью приобщиться к научному знанию, освоить новые исследовательские методы и практические приёмы профессионального характера.

Современные компьютерные и интернет-технологии ориентированы на дистанционный характер коммуникации. Поэтому традиционные формы образования стали если не замещаться новыми формами, то видоизменяться. В принципе можно говорить о революции в заочном образовании, которая способна коренным образом изменить весь процесс обучения и подготовки кадров, потому что при заочном образовании возможна индивидуализация обучения, оно доступно для различных слоёв населения, экономически выгодно, отличается быстротой внедрения знаний, требует практической деятельности и т.д.

Основным отличием **заочного образования** от дистанционного является фокус внимания к студенту со стороны обучающей организации. В заочном используется поточный метод (всем даются одинаковые задания и т.д.), а дистанционное образование осуществляется по индивидуальному плану. Кроме того, обучающиеся по системе дистанционного образования сами выбирают последовательность изучения предметов и темп работы. Например, за один семестр может пройти курс, который в дневном вузе изучают целый год. Или, наоборот, растянуть его на два года. Многие системы дистанционного образования достигли сейчас такого уровня подготовки учащихся к сдаче экзаменов на получение аттестатов, дипломов и степеней, который не уступает уровню, обеспечиваемому традиционными учебными заведениями, а также отвечает всем установленным государством требованиям к содержанию, условиям и стоимости обучения. И конечно, самым главным здесь является способ осуществления такого образования — через Интернет, потому что эта среда обеспечивает постоянный доступ к информации как для студента, так и для преподавателя (24 часа в течение 7 дней).

Сейчас дистанционное обучение представлено в основном дистанционными курсами. Такой вид образовательного процесса наиболее полно удовлетворяет педагогическим задачам и с учётом модульности обучающих систем (см. выше) позволяет наиболее грамотно составлять различные образовательные модели, модули или курсы.

Рассмотрим основные типы дистанционных курсов. Типологию курсов дистанционного обучения представим на основе уже упоминавшейся монографии М.В. Моисеевой и др.[1]

Курсы на основе комплексных кейс-технологий. Такие курсы можно считать базовыми для дистанционного обучения. В их основе самостоятельная работа студента по изучению целого пакета учебных материалов, выложенных как бы в портфеле, или кейсе (от *англ.* case — портфель). Любой кейс — это программно-методический комплекс, в котором все элементы связаны друг с другом. Пользователям предоставляется комплект учебных материалов (электронный учебник на CD или DVD или традиционное печатное издание, рабочие тетради, аудио- и видеокассеты, сборники тестов и проч.), доступ к актуальной информации по изучаемой специальности, расположенной на сайтах, а также возможность принять участие в различных формах аудиторных занятий (тренинги, деловые игры, тесты, зачёты и экзамены). Если судить по основному содержанию такой технологии, её стоимость довольна велика. Как правило, такие технологии востребованы в сфере повышения квалифи-

---

[1] Интернет-обучение: технологии педагогического дизайна...

кации в бизнес-структурах, а также в коммерческих образовательных фирмах, ориентированных на предоставление услуг. Примером использования кейс-технологии могут служить курсы дистанционного обучения Международного института менеджмента «Линк» (МИМ «Линк»; http://www.ou-link.ru).

Наибольший интерес для академического образовательного учреждения представляет другой вид курсов дистанционного обучения — **курсы на основе компьютерных сетевых технологий (интернет-технологий).** Как и в случае кейс-технологий, основу таких курсов составляет весь комплекс учебных материалов — обучающие программы, электронные учебники, компьютерные тесты, базы знаний и т.д. Отличием является то, что все эти материалы выложены в Интернете и доступными пользователю они становятся благодаря сетевым обучающим средам или порталам. Такая оболочка в буквальном смысле обрамляет содержательный компонент курса, позволяя преподавателю и студентам влиять на развитие контента и на сам учебный процесс. В этом смысле возможности дистанционного курса напрямую зависят от операционных возможностей системы, поддерживающей такой вид обучения. Именно в развитии сетевых технологий специалисты и организаторы образования видят будущее отечественных университетов и системы образовании России в целом. Болонский процесс интеграции европейского и мирового образования, активное стремление России выйти на передовые рубежи в технологическом обеспечении гуманитарного развития являются сегодня убедительными свидетельствами того, что образовательная парадигма кардинально меняется в сторону конструктивистского подхода к решению педагогических задач. Во всех ведущих американских, европейских и в некоторых российских университетах действуют так называемые виртуальные университеты, включающие самые разные сетевые курсы дистанционного обучения. Виртуальные университеты, как и сам Интернет, охватывают всё больше и больше пользователей, стремящихся к максимальному удовлетворению своих познавательных и образовательных потребностей на основе индивидуального выбора образовательного «маршрута» и диалога с партнёром и преподавателем.

Ещё одним популярным, но в техническом плане пока не очень распространённым видом дистанционного обучения являются **курсы на основе телевизионных сетей и спутниковых каналов связи.** В последнее время всё чаще используются средства компьютерной телефонии. Такие программы, как Skype, позволяют установить прямой голосовой и визуальный контакт с абонентом сети, а следовательно, дают возможность участникам курсов дистанционного обучения общаться с преподавателем, между собой и даже проводить конференции и групповые консультации. Эти современные программы стали очень популярны среди преподавателей, занимающихся сетевой педагогической деятельностью.

Глобальная открытая сеть онлайн-курсов (*англ.* Massive Open Online Course, MOOC) — это новый широкомасштабный виртуальный гиперуниверситет для всех. Стремительное распространение этой сети дистанционных курсов в мире впервые в истории создаёт реальную альтернативу традиционной системе высшего образования. Для всех стран, обладающих собственной традицией высшего образования, MOOC — системный вызов, но и системная возможность. Великобритания ответила на вызов созданием университетского альянса из Открытого университета и ещё 11 ведущих университетов, а также образованием компании FutureLearn.

Сегодня крупнейшие университеты всего мира (но прежде всего США и Великобритании) создают собственные MOOC, исследуя новые способы обучения, применяя технологии краудсорсинга для дискуссионных форумов, сопровождающих отдельные курсы, поощряют профессуру читать онлайн-лекции и выделяют для взаимодействия со студентами рабочее время сотрудников. Для доставки «образовательного контента» университеты используют общую инфраструктуру, разработанную провайдерами.

К примеру, Стэнфордский университет, Калифорнийский технологический институт, Иллинойский университет в Урбане-Шампейне, Музыкальный колледж Беркли работают на базе Coursera, тогда как другие университеты создают собственные платформы для распространения МООС (для Массачусетского технологического института, Гарвардского университета и Калифорнийского университета в Беркли — проект edX). Создатели Udacity пошли другим путём и привлекают к ведению курсов (наравне с университетскими работниками) высококвалифицированных специалистов как из университетов, так и из крупнейших компаний — Google, Microsoft и др. Целый ряд платформ, обучающих, к примеру, программированию, может быть выстроен без участия «тьютора», а то и вовсе создан усилиями одного-единственного энтузиаста.

Именно в этом направлении будет развиваться мировое образование. Эпоха дистанционного электронного обучения (e-learning) переживает сегодня свой расцвет. В условиях современной России нам приходится о такой перспективе пока только мечтать. Но опыт наших выдающихся учёных, педагогов-новаторов и современных исследователей и энтузиастов оставляет надежду.

Литература

Александров К.В. К вопросу о компьютерной лингводидактике // Иностранные языки в школе. 2012. № 10. С. 9—12.

Бовтенко М.А. Информационно-коммуникационные технологии в преподавании иностранного языка: создание электронных учебных материалов: учебное пособие. Новосибирск, 2005.

Бовтенко М.А. Компьютерная лингводидактика: учебное пособие. М., 2005.

Интернет-обучение: технологии педагогического дизайна / М.В. Моисеева, Е.С. Полат, М.Ю. Бухаркина, М.И. Нежурина. М., 2004.

Компьютерная лингводидактика: теория и практика: курс лекций / М.А. Бовтенко, А.Д. Гарцов, С.И. Ельникова и др. М., 2006.

Миловидова О.В. Моделирование процесса коммуникативно-прагматического обучения иностранному языку в формате русско-финского сетевого диалога // Известия РГПУ им. А.И. Герцена. Аспирантские тетради. 2006. № 1. С. 135—138.

Назаренко А.Л. Информационно-коммуникационные технологии в лингводидактике: дистанционное обучение. М., 2013.

Полат Е.С. Некоторые концептуальные положения организации дистанционного обучения иностранному языку на базе компьютерных телекоммуникаций // Иностранные языки в школе. 1998. № 5. С. 6—11; № 6. С. 18—24.

Тамбовкина Т.Ю. Самообучение иностранным языкам: проблемы и перспективы. Калининград, 2007.

Тарева Е.Г., Гальскова Н.Д. Инновации в обучении языку и культуре: pro et contra // Иностранные языки в школе. 2013. № 10. С. 2—8.

Уша Т.Ю. Современные и телекоммуникационные технологии в обучении РКИ. СПб., 2002.

Хромов С.С. На пути к смарт-технологиям в преподавании иностранных языков // Вестник Московского университета. Сер. 19. Лингвистика и межкультурная коммуникация. 2013. № 4. С. 169—171.

Шацкий С.Т. Избранные педагогические сочинения: в 2 т. / Под ред. Н.П. Кузина [и др.]. М., 1980.

Вопросы и задания

1. В каком случае педагогическую деятельность можно отнести к инновационной?

2. Назовите три основных направления научных изысканий в области компьютерной лингводидактики.

3. Перечислите основные технологические достижения современного этапа развития компьютерной лингводидактики.

4. Определите собственный уровень подготовки в области программного обеспечения педагогической деятельности. На основе периодизации развития программного обеспечения обучения языку в Интернете определите перспективы своего развития.

5. Пройдите любой курс английского языка, выбрав его в МООС www.futurelearn.com.

4.3. Сертификационное тестирование

Как обеспечить объективную оценку уровней владения учащихся языком — эта проблема была и остаётся важнейшей в методике обучения иностранным языкам, и в частности русскому языку как иностранному. Традиционный контроль успеваемости, даже если он основан на разработанных методистами критериях, в значительной степени субъективен. При выставлении итоговых отметок преподаватели учитывают не только результаты контрольных срезов, но и текущую успеваемость учащихся в году, а также их поведение, пропуски учебных занятий и общий уровень их развития. Это происходит как по причине устоявшихся традиций, так и из-за недоверия преподавателей к результатам контрольных работ и экзаменов. Если учащийся имел в году успеваемость на посредственном уровне, а контрольную работу выполнил на «отлично», преподаватели, как правило, считают работу списанной.

Такой субъективный подход к оценке имеет негативные последствия: снижается мотивация обучения, возникают конфликтные ситуации между учащимися и преподавателем, что влияет на его авторитет, поскольку для учащихся справедливость и объективность — важные показатели профессионального уровня преподавателя. Это хорошо понимают и сами преподаватели. Их неудовлетворённость субъективностью традиционных форм контроля приводит к необходимости использовать в обучении тесты, позволяющие обеспечить большую объективность оценки.

Под **тестом** в методике обучения иностранным языкам понимается «подготовленный в соответствии с определёнными требованиями комплекс заданий, прошедший предварительное опробование с целью определения его показателей качества и позволяющий выявить у тестируемых степень их языковой (лингвистической) и/или речевой (коммуникативной) компетенции и результаты которого поддаются определённой оценке по заранее установленным критериям»[1].

Основное отличие теста от традиционной контрольной работы состоит в том, что он всегда предполагает измерение. Именно поэтому результаты тестового контроля более объек-

---

[1] *Арутюнов А.Р.* Теория и практика создания учебника русского языка для иностранцев. М., 1990. С. 3.

тивны. Кроме того, к важнейшим признакам понятия «тест» относятся однозначность, недвусмысленность, непосредственная фиксация результатов испытаний, сравнение которых с заранее подготовленными эталонами ответов позволяет легко и точно установить правильность или ошибочность действий испытуемых. Обязательна также стандартизированность организации и проведения тестового контроля. При соблюдении этих условий итоги тестирования не зависят от субъективных суждений оценивающих его лиц. Отличительные черты многих тестов — кратковременность их проведения, что важно в условиях постоянного дефицита учебного времени, и возможность контроля сразу всех учащихся конкретной учебной группы.

Различают стандартизованные и нестандартизованные тесты. ***Стандартизованные тесты*** обычно составляются большой группой специалистов, которые тщательно отбирают материал для контроля. Такие тесты обычно большие по объёму, носят комплексный характер (представляют собой батарею, или серию, тестов). Они несколько раз экспериментально проверяются, редактируются и лишь после этого рекомендуются для массового использования.

Нестандартизованные (преподавательские) тесты, как правило, составляют один или два преподавателя для конроля успеваемости своих учащихся. При этом проверяется усвоение небольших фрагментов учебного материала. Экспериментальная проверка таких тестов обычно проводится только один раз. Достоинства преподавательских тестов: гибкость, возможность быстро реагировать на изменения в содержании обучения и учитывать индивидуальные особенности учащихся. Их недостаток в том, что они не могут быть перенесены на все системы обучения.

В обучении иностранным языкам тесты применяются прежде всего для контроля уровней сформированности:
- языковых знаний;
- рецептивных речевых умений (аудирования и чтения) и рецептивных речевых навыков;
- продуктивных речевых навыков;

- общего уровня коммуникативной компетенции (клоуз-тесты — задания на быстрое заполнение пропусков в тексте[1]).

Что же касается продуктивных речевых умений, то составлять тесты для их проверки затруднительно, такие тесты часто носят искусственный характер и труднее поддаются объективному учёту. Это происходит из-за того, что почти невозможно объективно измерить творческую составляющую говорения и письма. Поэтому при контроле продуктивных речевых умений тестовая методика дополняется традиционными видами контроля.

Тесты, направленные на измерение того или иного уровня языковой и коммуникативной компетенции учащихся, классифицируются по разным основаниям: выделяются, например, тесты на скорость и тесты на сложность.

В тестах на скорость задания примерно равны по трудности, однако их так много, что редко кому из испытуемых удаётся выполнить все задания за отведённое время. Число правильных ответов служит количественной характеристикой успешности выполнения данного теста. Таковы словарные тесты или тесты на перевод.

В тестах на сложность задания размещаются в порядке возрастания трудностей. Времени учащимся дают столько, чтобы можно было, если учебный материал хорошо усвоен, выполнить все задания, включая последнее, самое трудное. Если испытуемый справился не со всеми заданиями, то номер последнего выполненного задания является качественной характеристикой успешности его работы над тестом. По этому принципу построены многие тесты по грамматике и чтению.

Тест обычно состоит из двух частей: информационной и операционной. Информационная часть содержит точно,

---

[1] Некоторые учёные считают, что клоуз-тест проверяет понимание текста, другие же рассматривают результаты этого теста как показатель общего владения языком (см., например: *Рапопорт И.А., Сельг Р., Соттер И.* Тесты в обучении иностранным языкам в средней школе. Таллин, 1987).

ясно и просто сформулированную инструкцию, что и как нужно сделать испытуемому. Например: ничего не писать, только выбрать правильный ответ и подчеркнуть его; поставить крестик в определённых квадратах и т.п. Часто в инструкции содержится напоминание, что каждый тест должен быть закончен в определённое время, поэтому испытуемым рекомендуется не тратить времени зря на те вопросы, на которые они ответить не могут. Цель таких инструкций — обеспечить идентичные условия для всех испытуемых. Правильность выполнения задания обычно иллюстрируется примерами.

Операционная часть теста состоит из серии заданий, которые иногда называют тестовыми вопросами. Каждое задание содержит основу (предложение или небольшой текст), над которой учащийся должен поработать — понять её, соотнести с чем-либо и т.д. К тестовому заданию часто даются наборы ответов, называемых выборочными, или альтернативными. Эти ответы включают правильный и неправильные (дистракторы). Номер или букву, под которой дан ответ, испытуемый вписывает в листок учёта (контрольный листок), на котором выполняется тест. Возможны и другие варианты: обвести или зачеркнуть номера правильных ответов, поставить крестик в нужный квадрат и т.д.

По характеру выборочных ответов тесты делят на четыре группы.

Альтернативные тесты. На предложенный вопрос учащийся должен ответить утвердительно или отрицательно: «да» или «нет».

I. Прослушайте пары слогов. Если вы слышите одинаковые слоги, пишите 1, если разные — 2. Например: *са, са* — 1; *са, ца* — 2.

II. Прочитайте текст, а затем ряд предложений. Если эти предложения правильно передают информацию текста, поставьте +, если неправильно, поставьте –.

Альтернативные тесты применяются нечасто, так как их недостаток — большая вероятность случайного выбора, угадывания правильного ответа.

Тесты множественного выбора. Предполагают выбор одного ответа (реже части ответов) из нескольких предложенных.

I. Прочитайте предложение и определите его тип.
Покажите мне, пожалуйста, эту книгу.
Это:
а) утверждение,
б) приказ,
в) вопрос,
г) ответ,
д) просьба.

II. Прочитайте начало предложения и выберите из трёх предложенных вариантов его правильное окончание. <...>

III. Прочитайте текст, а затем вопрос к нему. Выберите из трёх вариантов правильный ответ на этот вопрос. <...>

Тесты перекрёстного выбора. Рассчитаны на установление соответствия между элементами множества вопросов и множества ответов к ним, написанных в произвольном порядке. Чаще всего такие тесты используются при работе с лексико-грамматическим материалом.

I. Найдите существительные, сочетающиеся по смыслу с данными прилагательными.

1. Скучный	*а) чемодан*
2. Тяжёлый	*б) вагон*
3. Чистый	*в) голос*
4. Громкий	*г) фильм*

II. Найдите окончания предложений.

1. Врач   а) остановил автобус на площади.
2. Мой брат   б) учится в нашей группе.
3. Этот студент   в) осмотрел больного.
4. Водитель   г) подарил мне книгу.

Тесты со свободно конструируемым ответом. Представляют собой связные тексты, в которых пропущены отдельные слова или сочетания слов. Испытуемый должен вспомнить их и написать. Цель этих заданий — измерить вероятность прогнозирования отдельных элементов связной речи. Приведём пример.

Напишите ответ другу по следующей программе:
а) формула начала письма;
б) сообщение о том, что вы получили письмо и рады этому;
в) рассказ о последних новостях вашей жизни.

Учащимся может быть предложено и такое задание.

Напишите одно слово, которым можно выразить смысл данных словосочетаний или групп слов.
Семь дней — ...
Шесть месяцев — ...
Трамвай, самолёт, такси — ...
Сто лет — ...
Собака, кошка, тигр — ...

Подготовка любого теста начинается с определения целей контроля, которые на каждом этапе процесса обучения согласуются с конечными целями обучения. В соответствии с требованиями к уровню коммуникативной компетенции на каждом этапе и подэтапе определяют объекты тестирования — речевые умения и навыки, языковые знания. При этом программный материал и материал учебника подвергаются анализу, определяются удельный вес каждой темы или раздела курса, а внутри темы или раздела — лингвистические характеристики изучаемого материала. В результате этой работы намечается тип теста.

Далее отбирается материал для теста, причём в качестве дистракторов (отвлекающих, неправильных ответов) часто выступает материал анализа типичных речевых ошибок учащихся. На заключительном этапе составляются сами тестовые задания.

При тестировании необходимо обеспечить самостоятельность работы учащихся. Для этого нужно, чтобы каждый учащийся сидел за отдельным столом. Если это невозможно, учащимся предлагают разные варианты теста. Сами тесты и контрольные листки для каждого учащегося должны быть подготовлены заранее.

Перед выполнением теста надо прочитать вслух инструкцию к нему и проверить, все ли учащиеся правильно её поняли, сообщить о времени, которое отводится на выполнение теста. Во время тестирования преподаватель следит за самостоятельностью работы учащихся, а по истечении времени собирает контрольные листки и тестовые задания.

Тесты можно проверить прямо на занятии. Для этого часто используют шаблоны, представляющие собой листки с правильными ответами. Прикладывая шаблон к контрольному листку, преподаватель сразу определяет результаты работы учащихся. Если используются несколько вариантов теста, то удобно использовать листок с ключами — номерами правильных ответов. Например:

I вариант	II вариант	III вариант
3	2	1
3	1	1
2	3	3
1	1	2
2	1	2

Прикладывая ключи к контрольному листку, преподаватель быстро отмечает в нём неправильные ответы и тут же, в аудитории, анализирует допущенные ошибки. Подсчитав количество ошибок и вычтя их из общего количества вопросов в тесте, преподаватель выставляет отметку, которая выражается количеством правильных ответов и легко может быть преобразована в обычную пятибалльную отметку.

Если критерии оценки известны учащимся, они могут сами после проверки теста преподавателем выставить себе отметку. Когда в учебной группе много учащихся и нет времени на проверку работ в аудитории, преподаватель может брать их домой, но желательно не затягивать время проверки и оценки выполнения тестов.

В зарубежной практике, особенно в американской, английской и французской системах образования, тестовый контроль проводится уже много десятилетий. В нашей стране интерес к опыту зарубежных коллег в области языкового тестирования обозначился в 1960—1970-х годах. Тогда же были созданы первые отечественные тесты по иностранным языкам для средней школы.

В области обучения русскому языку как иностранному актуальность проблем языкового тестирования была осознана только в 1990-х годах. В 1994 году разработан первый стандартизованный тест по русскому языку для иностранцев, поступающих в вузы России (абитуриент-тест), в 1996-м — тесты по русскому языку как иностранному для делового общения.

В 1997 году была введена в действие Российская государственная система сертификационного тестирования по русскому языку как иностранному. Были разработаны шесть уровней владения русским языком (элементарный, базовый, I, II, III и IV сертификационные уровни)[1], составлены требования к каждому уровню, типовые тесты, разнообразные тестовые практикумы.

Литература

Балыхина Т.М. Основы теории тестов и практика тестирования (в аспекте русского языка как иностранного). М., 2004. Гл. 1.

---

[1] О государственной системе тестирования и уровнях владения русским языком как иностранным подробнее см. выше, в подразделе 2.6.

Балыхина Т.М. Что такое русский тест? Российская государственная система тестирования граждан зарубежных стран по русскому языку (ТРКИ — TORFL). М., 2006.

Коккота В.А. Лингводидактическое тестирование. М., 1989. Гл. 1.

Лазарева О.А. Школа тестора: лингводидактическое тестирование ТРКИ — TORFL. М., 2012.

Рапопорт И.А., Сельг Р., Соттер И. Тесты в обучении иностранным языкам в средней школе. Таллин, 1987.

Российская государственная система тестирования по русскому языку (ТРКИ — TORFL) / Т.М. Балыхина, Е.Е. Юрков, С.И. Ельникова, О.А. Лазарева. СПб., 2011.

Вопросы и задания

1. Чем отличается тестирование от традиционных форм контроля?

2. В чём различие стандартизованных и нестандартизованных тестов?

3. Каковы возможности применения тестов в обучении иностранному языку?

4. Каковы структура и типология тестов по характеру выборочных ответов?

5. Основные методы научно-методического исследования

Научное исследование — вид познавательной деятельности, представляющей собой процесс выработки новых научных знаний. Можно выделить несколько этапов этого процесса.

1. Учёный обнаруживает проблему. Она должна быть решена, но имеющиеся научные знания не позволяют это сделать, так как или недостаточно объективной информации, или даже нельзя точно определить само направление научного поиска.

2. Исследователь обдумывает возможные пути решения проблемы, проводя мысленные эксперименты с воображаемыми объектами; при этом он не имеет каких-либо точных предписаний, которые обеспечили бы оптимальное достижение поставленной цели.

3. Исследователь определяет путь решения проблемы, планирует решение и осуществляет его на практике, тщательно регистрируя промежуточные и конечные результаты.

4. Он выясняет существенные характеристики явлений и процессов и представляет их в итоге как важные обобщения в виде научных фактов и закономерностей.

Цели методического исследования соответствуют целям методики как науки. Это изучение конкретной системы обучения языку и её оптимизация. Выделяют два типа научно-методических исследований: диагностические (описательно-объяснительные) и преобразующие (оптимизирующие). **Диагностические исследования** описывают изучаемые явления и процессы и объясняют их причины. **Преобразующие исследования** предусматривают разработку способов оптимизации обучения и их экспериментальную проверку.

Диагностические исследования — это исследования особенностей функционирования какой-либо существующей системы обучения. Выделяют несколько их разновидностей.

1. Исследования деятельности преподавателей — процессов введения учебного материала, организации его усвоения,

контроля; особенностей педагогического общения, приёмов воспитательного воздействия; индивидуальных особенностей личности преподавателя и др. В ходе таких исследований изучают педагогический опыт: положительный, передовой — в целях его дальнейшего распространения, а отрицательный — для его дальнейшего учёта в преобразующих исследованиях.

2. Исследования деятельности учащихся — особенностей усвоения ими учебного материала, изменения поведения учащихся под влиянием учебного процесса, индивидуальных особенностей учащихся и др. В результате подобных исследований устанавливается эффективность обучения. Если эффективность низкая, исследования продолжаются.

3. Исследование средств обучения и учебной документации — учебников и учебных пособий, образовательных стандартов, учебных программ, тематических планов, методических пособий, учебных планов, журналов успеваемости, экзаменационных ведомостей и др. Анализ средств обучения позволяет установить их соответствие требованиям конкретной системы обучения. При анализе образовательных стандартов и учебных программ изучается соответствие целей обучения социальному заказу, индивидуальным потребностям учащихся и условиям обучения, а также соответствие содержания учебного предмета целям обучения. При анализе методических пособий устанавливается соответствие описанных в них технологий обучения целям и содержанию учебного предмета. В ходе анализа учебников и учебных пособий определяется их соответствие целям, содержанию учебного предмета и технологиям обучения. Любое выявленное несоответствие — отправная точка для дальнейшего преобразующего исследования.

В ходе диагностических исследований определяют соответствующие целям исследования параметры системы обучения, среди которых наиболее важные — эффективность и интенсивность обучения.

Под **эффективностью обучения** понимают степень соответствия полученных результатов поставленным целям обучения. В методиках обучения языку чаще всего исследуют эффективность формирования знаний о языке, культуре, стране изучаемого языка и способов деятельности (речевых умений). Основной показатель эффективности обучения — эффективность усвоения учебного материала. Дополнительные показатели — время обучения (оно не должно превышать объём часов, установленный учебным планом на изучение данного материала) и отсутствие перегрузки учащихся и преподавателей.

Эффективность усвоения учебного материала обычно измеряют количеством правильных ответов, однако возможное их количество в разных учебных ситуациях может быть разным, поэтому результаты такого измерения в абсолютных величинах несопоставимы. Для сравнения этих результатов используют процентные оценки.

Существуют разные способы расчёта эффективности усвоения учебного материала. Наиболее простой — определение её по формуле

$$K = \frac{a}{A} \cdot 100\%,$$

где:
K — коэффициент усвоения;
a — объём учебного материала, реально усвоенный учащимися за определённое время;
A — объём учебного материала, который учащиеся должны были усвоить за определённое время.

В методике обучения иностранному языку под объёмом усвоенного учебного материала обычно понимают количество усвоенных языковых единиц либо количество правильно выполненных речевых операций или действий.

Второй важный параметр обучения — его интенсивность. **Интенсивность обучения** — это объём работы, выполняемый в заданные промежутки времени. Интенсивность обучения прямо пропорциональна количеству единиц обучения, приходящихся на каждую отдельную единицу времени, и обратно пропорциональна количеству единиц времени, приходящихся на каждую отдельную единицу обучения. Под единицей обучения понимают как единицы языкового материала, так и определённые навыки и умения их употребления. Интенсивность обучения выражается формулой

$$Int = \frac{M}{N} \cdot 100\%,$$

где:
Int — интенсивность обучения;
M — количество единиц обучения;
N — количество единиц времени обучения (занятий).

К основным **методам диагностических исследований** относятся наблюдение, тестирование, самонаблюдение, устный и письменный опросы, лонгитюдные методы.

Наблюдение представляет собой специально организованное восприятие и регистрацию педагогических явлений и процессов. Оно протекает в естественных условиях процесса обучения. Наблюдение непосредственно отражает явления, даёт возможность обнаружить конкретные факты, которые затем описываются, анализируются, обобщаются и интерпретируются, и уловить внутренние связи между этими фактами, тенденции развития педагогических явлений.

Предварительно намечается план, по которому и проводится наблюдение. Оно будет тем более качественным, чем меньше берётся исследуемых признаков. Обычно внимание исследователя сосредоточено на одном-двух параметрах процесса обучения. Весь ход наблюдения должен протоколироваться, форма протокола зависит от предмета и задач исследования, а также от выдвинутых гипотез. В протокол записывается только то, что прямо или косвенно содействует решению проблемы, при этом фиксируются подлинные факты, которые наиболее точно представляют конкретную ситуацию. Нельзя заменять факты оценочными замечаниями или преждевременной интерпретацией явлений. Следует записывать и те факты, которые приходят в противоречие с позицией исследователя, а не только такие, которые подтверждают её. Часто при протоколировании кроме содержательной стороны обучения фиксируются и временны́е параметры. Исследователь записывает ход наблюдения в специальный дневник, может также использоваться аудио- и видеоаппаратура.

При проведении единичного наблюдения присутствие нового для учащихся человека влияет на их поведение и может нарушить естественный ход занятий, однако при повторном или длительном наблюдении все привыкают к наблюдателю и естественный ход процесса обучения восстанавливается.

Разновидность метода наблюдения — анализ письменных работ учащихся, наглядно показывающий, какой учебный материал ими усвоен, а какой по-прежнему вызывает затруднения. Изучив выявленные ошибки, исследователи разрабатывают различные варианты оптимизации процесса обучения.

Наблюдение может использоваться на разных этапах методического исследования. На начальных стадиях оно позволяет обнаружить методическую проблему и точнее сформулировать задачи исследования. В этих случаях наблюдение ещё не соответствует необходимым требованиям, так как в поле особого внимания исследователя находятся не один-два параметра, а целостный процесс обучения. На более поздних стадиях, когда предмет исследования уже определён, наблюдение становится целенаправленным, планомерным и систематическим.

Основное достоинство метода наблюдения в том, что в центре внимания исследователя находится естественный учебный процесс в конкретной системе обучения. Главный недостаток этого метода состоит в том, что он при значительных затратах времени и усилий не позволяет исследователю собрать большой корпус данных. Кроме того, полученные сведения часто не поддаются систематизации и статистической обработке. Для устранения этих недостатков используют такой метод диагностики, который требует от участников процесса обучения действий, гарантированно дающих исследователю необходимую информацию о параметрах системы обучения, — тестирование.

При *тестировании* учащимся предлагают выполнить систему специально подготовленных заданий (тестов), а затем результаты подвергают статистической обработке. Получаемые в ходе тестирования данные отражают все необходимые стороны предмета исследования, поддаются систематизации. В отличие от наблюдения тестирование — намного более экономичный по времени метод диагностики процесса обучения.

Организованное на начальных стадиях методического исследования тестирование иногда называют констатирующим экспериментом (констатирующим — потому что оно даёт довольно объективную количественную и качественную информацию о состоянии процесса обучения, экспериментом — потому что это определённое вмешательство в естественный ход процесса). Констатирующий эксперимент в методических исследованиях может либо иметь самостоятельное значение, либо выступать в качестве констатирующей части преобразующего исследования — предэкспериментального среза.

Тестирование проводится по определённому плану. Для него готовятся тесты и разрабатывается система их оценки. В отличие от учебного тестирования, цель которого — установление уровней коммуникативной компетенции учащихся, научное тестирование направлено на выявление степени усвоения учащимися отдельных компонентов этой компетенции.

Как метод диагностики тестирование имеет недостаток: оно вносит некоторую искусственность в процесс обучения. В зависимости от характера и материала тестов исследователи одних и тех же явлений могут получить разные результаты. Кроме того, при тестировании испытуемый в большей степени контролирует свои речевые действия, чем в естественных речевых ситуациях, и это может давать искажённую картину реального состояния его коммуникативной компетенции. Именно поэтому многие зарубежные исследователи отдают предпочтение наблюдению.

Наблюдение и тестирование при всех недостатках являются довольно точными методами, позволяющими получить объективную информацию о функционировании системы обучения.

Наряду с ними иногда используют менее объективные методы — самонаблюдение и опросы.

О *самонаблюдении* (интроспекции) как методе диагностики можно говорить, если исследователь сам проводит учебное занятие и одновременно ведёт наблюдение за его ходом. Считается, что этот вид наблюдения глубже, чем внешнее наблюдение, так как преподаватель способен лучше, чем посторонний наблюдатель, анализировать процесс обучения. Однако субъективное отношение к тому или иному явлению может оказать влияние на результаты наблюдения. Кроме того, поскольку наблюдение оказывается дополнительной задачей, преподаватель не в состоянии всё время с нужной точностью следить за наблюдаемыми объектами.

Недостаток самонаблюдения состоит и в том, что в ходе занятия невозможно вести систематические записи. Исследователь вынужден запоминать многие факты, чтобы записать их позднее. Это означает, что самонаблюдение — менее точный метод диагностики процесса обучения, чем внешнее наблюдение, хотя и столь же значимый.

Опрос — метод выяснения субъективных мнений и оценок. Проводится по предварительно составленному опроснику. Согласно общим требованиям, он должен включать вопросы:
- отвечающие исследуемой проблеме или отдельным её аспектам (чтобы полученная информация могла быть использована для проверки гипотез исследования);
- расположенные в последовательности от общих к специальным, от лёгких к трудным;
- однозначные, недвусмысленные;
- лаконичные, конкретные и понятные для всех отвечающих (если вопросы неточны, неопределённы, респондент не сможет дать ответ, представляющий информационную ценность);
- стилистически грамотные;
- составленные так, чтобы посредством их можно было проверить объективность ответов на предыдущие вопросы (это требование относится не ко всем, а к части вопросов).

В вопросник не следует включать вопросы:
- противоречащие педагогическому такту и профессиональной этике;
- наводящие респондента на тот или иной ответ;
- предопределённые ответы на которые являются социально желательными;
- направленные на получение информации, которой респондент не располагает.

Существуют две разновидности опроса: устный (беседа, интервью) и письменный (анкетирование). *Устный опрос* — более гибкий метод, так как он позволяет исследователю чутко реагировать на все изменения ситуации общения, способствует углублённому пониманию всего контекста, а также мотивов отдельных ответов респондента. Исследователь не только получает информацию, как при использовании других методов, но и в соответствии с реакцией респондента может направить беседу в необходимое русло. Непосредственный контакт респондента и исследователя требует от последнего определённых качеств характера, умения завоёвывать доверие собеседника. Если исследователь этого достигнет, то устный опрос даст ему такую информацию, которую невозможно получить никаким другим методом. Однако различные обстоятельства (например, чрезмерная взволнованность, невнимательность, усталость, скромность отвечающего, соображения престижа и др.) могут быть причиной необъективных ответов.

Достоинства *письменного опроса* (анкетирования) — быстрота применения и возможность получения ответов на вопросы, которые по различным субъективным причинам при устном опросе остаются без ответа. Наиболее ответственный этап подготовки к анкетированию — составление анкеты. Даже опытные исследователи часто сначала создают пробный вариант анкеты и проверяют его на нескольких респондентах, выясняя, какие вопросы непонятны, на какие респонденты не хотят отвечать и т.д. Затем уже готовится анкета для массового опроса.

Существуют два типа анкет: открытые и закрытые. Пункты открытой анкеты предполагают некоторые рамки ответа, но не определяют ни его содержание, ни форму. Отвечающий сам выбирает объём ответа и информацию, которую считает необходимым сообщить. Использование открытых анкет даёт возможность глубже проникнуть в исследуемые явления, лучше понять позиции респондентов, однако при этом статистическая обработка полученных данных оказывается трудоёмкой и требует больших затрат времени.

Пункты закрытой анкеты предлагают респонденту выбор из двух или более вариантов ответа. Данные, полученные при использовании закрытых анкет, обрабатываются легче и быстрее.

Методы устного и письменного опроса в диагностических исследованиях обычно выступают в качестве дополнения к наблюдению или тестированию. Например, методы наблюдения или тестирования позволяют установить трудности, стоящие перед изучающим иностранный язык, однако при их помощи не всегда возможно установить причины трудностей. Для решения этой задачи используют методы опроса (открытое анкетирование или беседу), хотя полученные таким путём данные обладают высокой степенью субъективности. Устный и письменный опросы применяют и как самостоятельные методы диагностики в тех случаях, когда исследуемые проблемы нельзя изучить какими-либо другими методами.

Все диагностические методы могут быть использованы в *лонгитюдном исследовании* — длительном (долгосрочном) исследовании процесса обучения. Оно используется для изучения динамики развития какого-либо педагогического явления, например динамики становления определённого грамматического навыка.

Процедура лонгитюдного исследования включает:
- определение педагогического явления, динамику которого предполагается изучить;
- периодическое, через равные промежутки времени, проведение диагностических срезов, позволяющих измерить состояния этого явления;

- математическую обработку полученных результатов и их отражение на графиках.

В ходе срезов используют какой-либо один из диагностических методов: наблюдение, тестирование, самонаблюдение или опрос. Для сравнения результатов разных срезов необходимо обеспечить единый характер их проведения. Например, если используются тесты, то все они должны составляться по единой методике и оцениваться на основе единых критериев (с тем чтобы их результаты были сопоставимы).

Диагностические исследования являются базой для последующих преобразующих исследований и часто включаются в их состав.

Преобразующие исследования направлены на оптимизацию системы обучения. Они проводятся в тех случаях, когда определённые параметры процесса обучения, установленные в ходе диагностических исследований, не соответствуют предъявляемым к ним требованиям. В этих условиях исследователь устанавливает причины неудовлетворительного состояния системы обучения, разрабатывает способы её оптимизации и проверяет их действенность в реальных условиях обучения.

Оптимизация обучения — это научно обоснованное приведение системы обучения в наилучшее (оптимальное) состояние. Критериями оптимизации являются качество обучения, объём изученного материала, время обучения, отсутствие перегрузки преподавателей и учащихся. Основные аспекты оптимизации обучения: повышение эффективности и интенсификация обучения.

Проблема *повышения эффективности обучения* оказывается актуальной прежде всего в тех случаях, когда в ходе диагностических исследований устанавливается несоответствие результатов обучения поставленным целям. Можно выделить несколько основных путей повышения эффективности.

1. Рационализация содержания учебного предмета — изменение объёма изучаемого материала, его характера и структуры, способа его организации в рамках учебного курса; разра-

ботка новых правил, новых видов упражнений или нового наполнения уже известных упражнений, новых учебных текстов.

2. Рационализация технологий обучения — поиск оптимального соотношения приёмов обучения, оптимального порядка их следования; разработка новых технологий.

3. Увеличение объёма учебных часов или экстенсификация обучения, т.е. изменение учебного плана; увеличение учебного времени за счёт консультаций, дополнительных внеаудиторных занятий; увеличение объёма домашних заданий.

4. Корректировка целей обучения (в тех случаях, когда они явно завышены).

Использование двух последних способов повышения эффективности не всегда возможно, так как связано с внесением изменений в образовательные стандарты, учебные программы и учебные планы. В методических исследованиях преобразующего характера обычно подвергаются рационализации либо содержание учебного предмета, либо технологии обучения, при этом цели и временные параметры остаются неизменными. В первом случае дополнительно исследуются лингвистические, а также лингвокультурологические, во втором — психологические аспекты обучения. Суть преобразующих исследований, направленных на повышение эффективности обучения, состоит в разработке новых вариантов (моделей) обучения, в их научном обосновании и доказательстве их более высокой эффективности, для чего осуществляют сравнение эффективности нового и действующего вариантов обучения по одним и тем же критериям.

Под *интенсификацией обучения* понимают увеличение объёма работы в фиксированные промежутки времени или, наоборот, уменьшение временных интервалов при фиксированном объёме работ. Интенсивное обучение — такое обучение, при котором:

- тот же самый объём материала может быть усвоен за более короткое время;
- больший объём материала может быть усвоен в течение того же самого учебного времени.

Проблема интенсификации обучения оказывается актуальной в тех случаях, когда обучение эффективно (т.е. в ходе диагностических исследований установлена высокая степень соответствия результатов обучения поставленным целям), однако время, затрачиваемое на изучение учебного материала, не удовлетворяет исследователей. В целях интенсификации исследователь разрабатывает новые, интенсивные варианты обучения.

Основные пути интенсификации обучения:
- рационализация содержания учебного предмета (экономный и целесообразный объём материала) и имеющихся технологий обучения;
- разработка новых технологий обучения — применение интенсивных методов, широкое использование технических средств, создание комфортной обстановки в аудитории и др.

Имеет смысл заниматься проблемой интенсификации только тогда, когда от неё не страдает эффективность обучения. Если эффективность снижается, тем самым ставится под сомнение сама идея интенсификации обучения. Кроме того, нельзя интенсифицировать процесс обучения до бесконечности, существует предел (мера интенсивности), за которым обучение уже не будет эффективным.

Суть преобразующих исследований, направленных на интенсификацию обучения, состоит в разработке новых вариантов (моделей) обучения, в их научном обосновании и в доказательстве их более высокой интенсивности, т.е. того, что они требуют намного меньше времени, чем традиционные варианты обучения, либо что за одно и то же время учащиеся усваивают больше учебного материала, чем в традиционной системе обучения. Установление более высокой интенсивности нового варианта обучения осуществляется путём его сравнения с традиционным вариантом обучения. Однако прежде чем устанавливать степень интенсивности, исследователь должен убедиться в том, что новый вариант не менее эффективный, чем традиционный.

Выделяются два метода преобразующего исследования: ***опытное обучение (опытная работа)*** и ***обучающий эксперимент***. Это методы внесения преднамеренных изменений в процесс обучения, рассчитанные на получение более высоких, чем обычно, результатов обучения.

Опытное обучение и обучающий эксперимент включают общие исследовательские процедуры. К ним относятся:
- диагностика существующего процесса обучения;
- разработка нового варианта обучения;
- обучение специально отобранных групп по новой методике;
- диагностика результатов обучения по новой методике;
- сравнение результатов нового и прежнего вариантов обучения.

Опытное обучение и обучающий эксперимент различаются по следующим параметрам.

1. Предметы исследования. В ходе опытной работы проверяется действенность всей системы обучения, в которой были осуществлены оптимизирующие преобразования, в то время как эксперимент направлен на проверку действенности лишь одного педагогического фактора.

2. Степень точности результатов. Опытное обучение даёт только общее, суммарное представление об эффективности того или иного варианта обучения или учебного комплекса, оно не позволяет установить, какой фактор даёт больший эффект, а какой меньший, как эти факторы взаимодействуют в процессе обучения, каковы причинно-следственные связи между ними. Эксперимент же даёт возможность свести к минимуму количество факторов, влияющих на результаты обучения, что позволяет проследить развитие отдельных сторон и связей педагогических явлений, установить причинно-следственные связи между ними и более точно зафиксировать полученные результаты.

3. Преподаватели, вовлечённые в исследование. Обучающий эксперимент проводит сам исследователь или преподаватели, которых он подготовил; опытное обучение проводится

преподавателями, которые могут и не быть непосредственно связанными с исследователем.

4. Число учебных групп, вовлечённых в исследование. Эксперимент проводится на ограниченном числе учебных групп, а опытное обучение предполагает массовость обследования. Это в значительной степени компенсирует невысокую точность его результатов по сравнению с экспериментом.

5. Средства диагностики. Для проведения констатирующего и контрольного срезов в ходе эксперимента используют преимущественно тестирование обучающихся, а в ходе опытного обучения могут применяться также наблюдение, самонаблюдение, устный и письменный опросы преподавателей, работавших по старой и новой методикам.

В ходе эксперимента преднамеренно изменяют ход процесса обучения, вводя в него новые факторы. Фактор, вновь вводимый или изменяемый экспериментатором, называется **экспериментальным фактором**, или **независимой переменной**. Фактор, изменяющийся под влиянием экспериментального фактора, называется **зависимой переменной**. Суть эксперимента состоит в установлении причинно-следственных связей между независимой и зависимой переменными. Трудность исследования этих связей в том, что в реальном процессе обучения зависимая переменная изменяется под влиянием не только экспериментального, но и других факторов — **дополнительных переменных**.

Различают естественный и лабораторный эксперимент. **Естественный эксперимент** проходит в условиях обучения целой группы без нарушения естественного хода учебно-воспитательного процесса. При **лабораторном эксперименте** одного или нескольких учащихся изолируют от остальной учебной группы в целях устранения действия дополнительных переменных. Недостатком лабораторного эксперимента является искусственность ситуации обучения, что хорошо понимают и преподаватель, и учащиеся. Именно поэтому в методических исследованиях чаще используют естественный эксперимент.

При подготовке обучающего эксперимента определяют экспериментальную и контрольную группы. Если есть возможность, лучше предусмотреть несколько экспериментальных и контрольных групп. В процесс обучения в экспериментальной группе вводится новый фактор, а в контрольной он не вводится или вводится какой-нибудь другой фактор.

При обучающем эксперименте необходимо:
- уравнять условия учебной работы (кроме экспериментального фактора) в экспериментальной и контрольной группах;
- определить при помощи тестирования начальный уровень исследуемых знаний, умений или навыков учащихся в обеих учебных группах; найти для них соответствующие средние показатели — $Н_э$ и $Н_к$;
- провести учебную работу в экспериментальной группе с введением экспериментального фактора, а в контрольной группе — без него или с введением какого-нибудь другого фактора;
- определить уровень исследуемых знаний, умений или навыков учащихся в экспериментальной и контрольной учебной группах после окончания эксперимента; найти для них средние показатели — $К_э$ и $К_к$;
- в обоих случаях вычесть из среднего показателя окончательных знаний средний показатель начальных знаний:

$$К_э - Н_э = Д_э \text{ и } К_к - Н_к = Д_к;$$

разности покажут прирост знаний, умений и навыков в экспериментальной и контрольной группах;
- вычислить сравнительную эффективность экспериментального фактора:

$$Д_э - Д_к = Д.$$

Если же у учащихся нет предварительных знаний об исследуемом явлении или эти знания одинаковы в контрольной и экспериментальной группах, то сравнительную эффективность экспериментального фактора можно вычислить, если вычесть из среднего показателя окончательного уровня знаний экспериментальной группы средний показатель окончательного уровня контрольной группы: $К_э - К_к = Д$, так как $Д = Д_э - Д_к$, а если $Н_э = Н_к$, то $Д_э = К_э$ и $Д_к = К_к$.

В классическом обучающем эксперименте диагностика экспериментальных и контрольных учебных групп осуществляется по меньшей мере два раза — до и после экспериментального обучения. Если есть возможность, спустя некоторое время проводится ещё и отсроченный срез, позволяющий судить о прочности усвоения учебного материала.

Из всех дополнительных переменных, оказывающих влияние на результаты эксперимента, наиболее серьёзными являются субъективные факторы — переменные, обусловленные личностью учащихся и преподавателей. Для уменьшения влияния этих переменных проводят **перекрёстный эксперимент**, состоящий из двух этапов. На первом этапе одна группа (группа А) выступает в качестве экспериментальной, а другая (группа Б) — в качестве контрольной. На втором они меняются местами: группа А становится контрольной, а группа Б — экспериментальной. Если экспериментальное обучение действительно приводит к более высоким результатам, чем обучение в обычных условиях, то это будет заметно на всех этапах проведения эксперимента независимо от того, какая группа выступает в качестве экспериментальной, а какая — в качестве контрольной. Такой эксперимент даёт возможность уравнять дополнительные переменные, обусловленные личностью учащихся (табл. 1).

Таблица 1

Перекрёстный эксперимент, уравнивающий дополнительные переменные, обусловленные личностью учащихся

Этапы эксперимента	Группы	
	А	Б
I	ЭГ	КГ
II	КГ	ЭГ

Если же необходимо уравнять дополнительные переменные, обусловленные личностью преподавателя, то схема перекрёстного эксперимента будет несколько иной (табл. 2).

Таблица 2

Перекрёстный эксперимент, уравнивающий дополнительные переменные, обусловленные личностью преподавателя

Этапы эксперимента	Группы	
	Экспериментальная	Контрольная
I (например, 1-е полугодие)	Преподаватель А	Преподаватель Б
II (например, 2-е полугодие)	Преподаватель Б	Преподаватель А

В таком эксперименте на первом этапе в экспериментальной группе работает преподаватель А, а в контрольной — преподаватель Б. На втором этапе они меняются. Если экспериментальное обучение действительно приводит к более высоким результатам, чем обучение в обычных условиях, то это не будет зависеть от того, какой преподаватель работает в экспериментальной группе, а какой — в контрольной.

Если изменение зависимой переменной вызывается не одним фактором, а совместным действием нескольких факторов, то планируют эксперимент с несколькими независимыми переменными. Например, предмет исследования — влияние ряда методов обучения и опыта преподавателя на успешность усвоения учебного материала учащимися. В этом случае отбирают четыре эквивалентные группы и двух преподавателей с различным уровнем мастерства (табл. 3).

Таблица 3

Эксперимент с двумя независимыми переменными

Преподаватель	Учебные методы	
	М1	М2
Опытный А	Группа 1	Группа 2
Менее опытный Б	Группа 3	Группа 4

При статистической обработке результатов этого эксперимента можно выяснить, оказали ли на результаты существенное влияние методы обучения, опыт преподавателя, совместное влияние учебного метода и опыта преподавателя.

Иногда выделение экспериментальной и контрольной групп оказывается невозможным, потому что имеется только одна учебная группа. Это часто бывает при обучении русскому языку как иностранному в нефилологических вузах. В таких случаях исследователь сопоставляет экспериментальные данные с данными, полученными до эксперимента при работе в обычных условиях. Например, преподаватель использует новую методику и в конце года подводит итоги. Полученные результаты он сравнивает с результатами прошлых лет в той же самой системе обучения. Однако в этом случае выводы следует делать очень осторожно, так как сравниваемые данные собраны в разное время и в разных условиях. Проведение обучающего эксперимента с одной учебной группой является скорее исключением, чем правилом.

При проведении преобразующего исследования может возникнуть ещё одна серьёзная проблема. Иногда исследование направлено на разработку принципиально нового учебного материала, ранее вообще не изучавшегося в традиционной системе обучения. Это может быть новый языковой или страноведческий материал. В этой ситуации сопоставление экспериментального варианта обучения с традиционным вообще не имеет смысла, так как результаты обучения в экспериментальных группах будут выше, чем в контрольных, что ясно ещё до проведения эксперимента. В рассматриваемом случае надо решить вопрос: за счёт какого учебного материала включать в процесс обучения экспериментальный материал? Решение этого вопроса оказывается очень непростым: оно требует доказательств того, что какой-то другой учебный материал в курсе обучения излишний и его можно исключить из рабочей программы без ущерба для реализации конечных целей обучения. Если же исключить этот материал из учебного плана невозможно, то перед исследователем встаёт новая задача — интенсифицировать традиционный процесс обучения, добиться ощутимой экономии учебного времени и только тогда вписать экспериментальный материал в рабочую программу. В этом случае фактически осуществляется двойное исследование: разработка и внедрение нового, экспериментального учебного материала и интенсификация традиционного процесса обучения.

При выполнении методических исследований учёные обычно опираются на данные лингвистики и психологии, опубликованные в научной литературе, однако часто оказывается, что этих данных недостаточно, и тогда методисты сами вынуждены их добывать, проводя в рамках методических исследований небольшие лингвистические и психологические исследования.

Из методов лингвистического исследования чаще всего используют описательный и сопоставительный методы.

Описательным методом называется система научно-исследовательских приёмов, применяемых для характеристики явлений языка на данном этапе его развития. Этот метод включает следующие приёмы лингвистического анализа:
- лингвистическое наблюдение;
- лингвистический эксперимент;
- инвариантный анализ;
- лингвистическое сравнение;
- позиционное сравнение;
- оппозиционный анализ;
- преобразование и подстановку.

Сопоставительный метод — это система научно-исследовательских приёмов, используемых для выявления общего и специфического в сравниваемых языках и культурах. Он применяется главным образом в методиках обучения неродным языкам. Данные сопоставления языков используются для разработки приёмов объяснения, организации усвоения и контроля усвоения учебного материала, а также для определения последовательности изучения языковых явлений в учебном курсе.

Исходный пункт сопоставления — форма и значение единиц, принадлежащих разным языкам. На этой основе выделяют два типа сопоставления языков: формальное и семантическое.

При формальном сопоставлении устанавливаются одинаковые формы в двух языках, например рус. *интеллигенция* — исп. *inteligencia*, и исследуются особенности их значения и употребления. В таком случае один язык выступает в качестве эталона, а второй сравнивается с ним. Формальное сопоставление невозможно в случае отсутствия необходимых форм или категорий в каком-либо из языков. Например, нельзя сравнить грамматическую категорию артикля в русском и английском языках, так как в русском она отсутствует. При семантическом сопоставлении устанавливают общие (универсальные) языковые значения и исследуют особенности их выражения в разных языках.

В зарубежной лингвистике сопоставительный метод часто называют **методом контрастивного анализа**. Он был разработан в 1950—1960-х годах и использовался для прогнозирования трудностей овладения иностранным языком. Учёные предполагали, что различия языковых явлений двух языков являются причиной трудностей овладения этими явлениями на втором языке, а показателями этих трудностей будут ошибки в речи учащихся. Эта «сильная версия гипотезы контрастивного анализа» не была подтверждена в ходе эмпирических исследований: оказалось, что, с одной стороны, многие ошибки, предсказанные лингвистами, так никогда и не появлялись в речи учащихся на втором языке, но, с другой стороны, в ней имелись ошибки, предсказать которые при помощи контрастивного анализа было невозможно. Поэтому уже в 1970-х годах получила распространение «слабая версия гипотезы контрастивного анализа», в соответствии с которой осуществлялись сбор ошибок учащихся, их анализ и интерпретация. При этом межъязыковое сопоставление использовалось на этапе анализа лишь как один из приёмов диагностики этих ошибок.

В методиках обучения языку часто применяются и методы психологического исследования. Строгое разграничение методов психологического и педагогического исследования некорректно, так как и в психологии, и в педагогических науках применяются одни и те же методы: наблюдение, тестирование, самонаблюдение (интроспекция), опросы, эксперимент. Однако спектр методов в психологии намного шире, чем в педагогике. Это объясняется, во-первых, тем, что не все методы психологической науки соответствуют предмету педагогики, а во-вторых, тем, что не все методы, соответствующие её предмету, целесообразно использовать в условиях обучения. Так, в отличие от психологов, методисты не прибегают к такому методу, как измерение кожно-гальванической реакции испытуемых (КГР), позволяющее судить о протекании внутренних психических процессов.

И психологи, и методисты, исследующие процесс обучения языку, используют методы диагностики индивидуальных различий, общих, учебных и специальных способностей учащихся (наблюдение, тестирование, опрос). Применяются и методы психолингвистики, например метод ассоциативного эксперимента, позволяющий получить информацию о структуре внутреннего лексикона испытуемых, о характере имеющихся у них вербальных ассоциаций.

Литература

Ванников Ю.В., Кудрявцева Т.С. Проблема интенсификации обучения иностранцев русскому языку и понятие структуры методических факторов // Русский язык за рубежом. 1980. № 5.
Кыверялг А.А. Методы исследований в профессиональной педагогике. Таллин, 1980. Гл. 1, 2.
Любимова Н.А., Бузальская Е.В. От приёма к методу: как пройти этот путь с наименьшими потерями. СПб., 2016. Гл. 1, 3.
Методология и методы педагогических исследований / Под ред. Я. Скалковой. М., 1989. Гл. 2—4.
Московкин Л.В. Методологические аспекты лингводидактики и методики обучения языку. СПб., 2002.

Вопросы и задания

1. Назовите признаки научного исследования.

2. Какие существуют виды научно-методических исследований?

3. Что такое эффективность обучения?
4. Что такое интенсивность обучения?
5. Охарактеризуйте наблюдение как метод диагностического исследования.
6. Расскажите о методике проведения письменного опроса.
7. Что такое лонгитюдное исследование?
8. Назовите направления оптимизации обучения.
9. Что такое преобразующее исследование?
10. Чем опытное обучение отличается от обучающего эксперимента?

Рекомендуемая литература ко всему курсу

Азимов Э.Г., Щукин А.Н. Новый словарь методических терминов и понятий (теория и практика обучения языкам). М., 2010.

Акишина А.А., Барановская С.А. Русская фонетика на фоне общей: учебное пособие. 6-е изд. М., 2011.

Арутюнов А.Р. Теория и практика создания учебника русского языка для иностранцев. М., 1990.

Беликов В.Н., Крысин Л.П. Социолингвистика. М., 2001.

Битехтина Н.Б., Климова В.Н. Русский язык как иностранный: фонетика. М., 2011.

Вагнер В.Н. Методика преподавания русского языка англоговорящим и франкоговорящим. М., 1995.

Вахтин Н.Б., Головко Е.В. Социолингвистика и социология языка: учебное пособие. СПб., 2004.

Вежбицкая А. Язык. Культура. Познание. М., 1996.

Верещагин Е.М., Костомаров В.Г. Язык и культура: Три лингвострановедческие концепции: лексического фона, речеповеденческих тактик и сапиентемы / Под ред. и с послесл. акад. Ю.С. Степанова. М., 2005.

Воробьёв В.В. Лингвокультурология. М., 2008.

Герд А.С. Введение в этнолингвистику. СПб., 2001.

Глухов Б.А., Щукин А.Н. Термины методики преподавания русского языка как иностранного: [словарь]. М., 1993.

Зиновьева Е.И. Русская ментальность в зеркале языка: учебное пособие. М., 2010.

Зиновьева Е.И., Юрков Е.Е. Лингвокультурология: теория и практика. СПб., 2009.

Капитонова Т.И., Московкин Л.В. Методика обучения русскому языку как иностранному на этапе предвузовской подготовки. СПб., 2005.

Кириллова Н.Н., Афанасьева А.А. Практическое пособие по лингвокультурологии: Французский язык. СПб., 2008.

Книга о грамматике: Русский язык как иностранный / [А.В. Величко и др.]; под ред. А.В. Величко. 3-е изд., испр. и доп. М., 2009.

Кожина М.Н., Дускаева Л.Р., Салимовский В.А. Стилистика русского языка: учебник. 5-е изд., стер. М., 2016.

Костомаров В.Г. Памфлеты о языке: родном, благоприобретённом и русском языке в Евразии: монография. М., 2015.

Крысин Л.П. Русское слово, своё и чужое: исследования по современному русскому языку и социолингвистике. М., 2004.

Ларина Т.В. Категория вежливости в английской и русской коммуникативной культурах. М., 2003.

Лингводидактическая программа по русскому языку как иностранному: элементарный уровень, базовый уровень, первый сертификационный уровень: учебное пособие... / [З.И. Есина и др.]. М., 2010.

Лысакова И.П. Лингвокультурология и межкультурная коммуникация: К вопросу о понятийном аппарате дисциплин // Вестник Российского университета дружбы народов. Серия «Вопросы образования: языки и специальность». 2008. № 4. С. 50—52.

Лысакова И.П., Железнякова Е.А., Пашукевич Ю.С. Азбука вежливости: учебное пособие для детей, начинающих осваивать русский язык / Под ред. проф. И.П. Лысаковой. М., 2013. (Приложение: диск с мультимедийным тренажёром «Мы принимаем гостей»; авторы — О.В. Миловидова, Ю.С. Пашукевич.)

Лысакова И.П., Матвеева Т.Н., Иванова Е.А. Русский язык в ситуациях общения. М., 2005. (Мини-разговорник в форме закладок, 16 тем; для начинающих изучать русский язык.)

Любимова Н.А. Лингвистические основы артикуляции русских звуков. Постановка и коррекция. М., 2011.

Методика межкультурного образования средствами русского языка как иностранного: книга для преподавателя / А.Л. Бердичевский, И.А. Гиниатуллин, И.П. Лысакова, Е.И. Пассов; под ред. проф. А.Л. Бердичевского. М., 2011.

Московкин Л.В., Щукин А.Н. История методики обучения русскому языку как иностранному. М., 2013.

Назаренко А.Л. Информационно-коммуникационные технологии в лингводидактике: дистанционное обучение. М., 2013.

Общеевропейские компетенции владения иностранным языком: Изучение, обучение, оценка / Департамент по языковой политике, Страсбург. М., 2005.

Одинцова И.В. Звуки. Ритмика. Интонация. М., 2011.

Основы методики обучения русскому языку как неродному / Под ред. проф. И.П. Лысаковой. СПб., 2015.

Пассов Е.И. Метод диалога культур: Эскиз-размышление о развитии методической науки. Липецк, 2011.

Пассов Е.И., Кибирева Л.В., Колларова Э. Концепция коммуникативного иноязычного образования (теория и её реализация): методическое пособие для русистов. СПб., 2007.

Практическая методика обучения русскому языку как иностранному: [учебное пособие] / [А.Н. Щукин, А.А. Леонтьев, М.Н. Шутова и др.]; под ред. А.Н. Щукина. М., 2003.

Практическая стилистика русского языка для учащихся с неродным русским языком: учебное пособие для продвинутого этапа: (I—II сертификационные уровни) / [И.П. Лысакова и др.]. М., 2007.

Прохоров Ю.Е., Стернин И.А. Русские: Коммуникативное поведение. М., 2006.

Рожкова Г.И. Очерки практической грамматики русского языка. М., 1987.

Русский букварь для мигрантов: [Учебно-методический комплекс] / Под ред. проф. И.П. Лысаковой. М., 2010. (Включает издания «Методическое руководство для преподавателей», «Русский букварь для мигрантов: учебное пособие», «Рабочая тетрадь для ученика» и игровой мультимедийный тренажёр «Мой весёлый день» — электронное сопровождение учебно-методического комплекса.)

Телия В.Н. Русская фразеология: Семантический, прагматический и лингвокультурологический аспекты. М., 1996.

Тер-Минасова С.Г. Война и мир языков и культур. М., 2007.

Традиции и новации в методике обучения иностранным языкам: Обзор основных направлений методической мысли в России / Под ред. Л.В. Московкина. СПб., 2008.

Фонетический аспект общения на неродном языке: коллективная монография / [Т.А. Абрамова, О.В. Дьяченко, М.А. Иванова; редколлегия: Н.А. Любимова (науч. ред.) и др.]. СПб., 2006.

Формановская Н.И. Речевое взаимодействие: коммуникация и прагматика. М., 2007.

Хрестоматия по методике преподавания русского языка как иностранного / Сост. Л.В. Московкин, А.Н. Щукин. 3-е изд., стер. М., 2012.

Щерба Л.В. Преподавание языков в школе: Общие вопросы методики: учебное пособие: для студентов филологических факультетов. 3-е изд., испр. и доп. М.; СПб., 2002.

Щукин А.Н. Лингводидактический энциклопедический словарь: более 2000 единиц. М., 2007.

Щукин А.Н. Обучение иностранным языкам: теория и практика: учебное пособие для преподавателей и студентов. 4-е изд. М., 2010.

Учебное издание

**Лысакова Ирина Павловна
Васильева Галина Михайловна
Вишнякова Светлана Алексеевна
Матвеева Тамара Николаевна
Миловидова Ольга Витальевна
Московкин Леонид Викторович
Розова Ольга Георгиевна
Уша Татьяна Юрьевна
Хамшовски Светлана Алексеевна
Харченкова Людмила Ивановна
Хрымова Маргарита Борисовна**

Методика обучения русскому языку как иностранному
Учебное пособие для вузов

Редактор *А.К. Рябов*
Корректор *О.К. Юрьев*
Вёрстка *Т.В. Максимова*

Формат 60×90/16. Объём 20 п.л. Тираж 500 экз.
Подписано в печать 06.09.2016. Заказ № 10602

Издательство ООО «Русский язык». Курсы
125047, г. Москва, 1-я Тверская-Ямская ул., д. 18
Тел./факс: +7(499) 251-08-45, тел.: +7(499) 250-48-68
E-mail: russky_yazyk@mail.ru; ruskursy@mail.ru;
ruskursy@gmail.com; rkursy@gmail.com;
www.rus-lang.ru

Все права защищены. Книга или любая её часть не может быть скопирована, воспроизведена в электронной или механической форме, в виде фотокопии, записи в память ЭВМ, репродукции или каким-либо иным способом, а также использована в любой информационной системе без получения разрешения от издателя. Копирование, воспроизведение и иное использование книги или её части без согласия издателя является незаконным и влечёт уголовную, административную и гражданскую ответственность.

Отпечатано с готового оригинал-макета издательства
в типографии ООО «Паблит»,
Адрес: 127282, г. Москва, ул. Полярная, 31В, стр.1. Тел. 8(495) 685-93-18